清華幼教
后勤服务保障

杨瑞清 晏红 主编

清華大学出版社
北 京

内容简介

在新时代高质量发展的背景下，清华洁华幼儿园既扎根本土又创新实践。在传承清华育人精神，追求高质量办园的过程中，积累了丰富的经验，形成了自己的办园风格，潜心实践清华幼教理念。《清华幼教后勤服务保障》对清华幼教后勤服务保障五个方面进行了系统总结，包括概述、总务管理与服务保障、卫生保健与保育指导、膳食管理与服务保障、安全管理与服务保障等，旨在促进幼儿园明确未来发展的新目标，也为全社会追求幼教高质量发展贡献清华幼教方案。本书可作为高等院校学前教育专业的参考书，也可作为幼儿园管理人员的工作参考手册。

图书在版编目（CIP）数据

清华幼教后勤服务保障 / 杨瑞清, 晏红主编. -- 北京：清华大学出版社, 2025. 8.

ISBN 978-7-302-67946-2

Ⅰ. G617

中国国家版本馆CIP数据核字第20258WJ779号

责任编辑：杨爱臣
装帧设计：何凤霞
责任校对：王荣静
责任印制：刘 菲

出版发行：清华大学出版社
网 址：https://www.tup.com.cn，https://www.wqxuetang.com
地 址：北京清华大学学研大厦 A 座　　邮 编：100084
社 总 机：010-83470000　　邮 购：010-62786544
投稿与读者服务：010-62776969，c-service@tup.tsinghua.edu.cn
质 量 反 馈：010-62772015，zhiliang@tup.tsinghua.edu.cn
印 装 者：大厂回族自治县彩虹印刷有限公司
经 销：全国新华书店
开 本：185mm×260mm　　印 张：17　　字 数：282千字
版 次：2025 年 8 月第 1 版　　印 次：2025 年 8 月第 1 次印刷
定 价：46.00 元

产品编号：108574-01

编委会

前言

清华洁华幼儿园附属于清华大学，于 1948 年建园，坐落在风景秀丽、人文日新的清华大学校园内。作为一所北京市大型公办示范幼儿园、北京市办园质量综合督导 A 级园，实施一园两址一体化管理，面向清华大学教职工及周边社区居民提供优质的托育和幼教服务，在市区幼教领域发挥示范辐射作用。

“清华幼教”是清华大学整体教育体系的重要组成部分，亦是清华园中一道亮丽的风景线。她传承清华大学“爱国奉献，追求卓越”的优良传统，秉承“行胜于言”“自强不息，厚德载物”的校风校训，一代代清华幼教人长期潜心研究与探索，形成“自强不息，厚德幼教，行胜于言，专业育人”的园本文化。我们认为，教育的本质是“为了人的幸福”，我们追求“让教师享有教育幸福，让幼儿获得幸福教育”的事业理想，在此影响下形成清华幼教独特的办园理念与教育模式。我们所积极建构的“幸福教育”，就是要打造最具幸福感的校园、最健康快乐的幼儿、爱与尊重的师幼互动、信任与合作的家园关系以及专业优质的托幼教育。

在市区教委和清华大学的指导与支持下，幼儿园认真贯彻落实党的教育方针、政策，坚持立德树人根本任务，以《幼儿园工作规程》《幼儿园教育指导纲要（试行）》《3—6 岁儿童学习与发展指南》《幼儿园保育教育质量评估指南》精神为指导，坚守教育初心，牢记育人使命，全园教职工形成了对“优质幼教”的共同理解，即优质幼教：是让教师享有教育幸福，让幼儿获得幸福教育；是面向全体幼儿，一个都不能少的教育；是促进幼儿德智体美劳全面和谐发展，关注个性需求的教育；是支持幼儿主动学习，

前言

培养幼儿自主能力与创新精神的教育。我们以此践行清华幼教人对所有在园儿童的郑重承诺："许孩子一个健康、快乐、全面发展的童年！"

当前，在国家发展战略中明确提出"建构高质量教育体系"作为我国教育高质量发展的目标方位和战略起点。学前教育作为基础教育的开端，是国民教育体系的重要组成部分，因此，积极探索适应全面建设社会主义现代化强国需要的学前教育的新理念新举措新模式成为全体幼教人的责任与使命。作为耕耘幼教一线的实践者，清华附幼高度重视教科研工作，确立"教研兴园，科研兴教"的发展方向，强化全园教育科研意识，注重研究创新与实践经验的积累与提升，先后承担国家、市、区多项重点课题及国际合作研究项目，出版《儿童成长档案》《清华幼教园本课程实践研究》《清华幼教园本培训》《幼儿膳食营养宝典》等7套16册实践研究成果。实践证明，它在有效促进幼儿园实现更高水平专业化管理、教职工队伍提升、园本课程建构及家园共育等方面发挥了极为重要的作用。近年来，幼儿园以促进幼儿自主学习为核心，围绕清华园独特的自然与人文环境，不断推进主题活动课程走向更加深入与创新，全园性室内外自主游戏、四大活动季、跨年龄段探究活动、户外大型联动游戏和幼儿定向拓展活动等使园本课程在资源挖掘和时空拓展方面做出创新性探索，从更多元的角度共同支持幼儿深度学习、主动发展。

"十四五"期间，幼儿园申报的中国学前教育研究会课题"新时代建设高质量幼儿园教育体系实践研究"，获批立项。作为课题研究的重要成果，一套凝聚了全体清华幼教人的教育实践经验与智慧，全方位诠释清华

前言

幼教管理文化与办园水平的清华幼教丛书——《清华幼教文化与管理》《清华幼教保育教育》和《清华幼教后勤服务保障》即将与大家见面了！为此，我们欣喜而忐忑：欣喜于园里各位“作者们”在繁忙的工作之余满怀幼教拳拳之心、挥汗笔耕后终成“答卷”，忐忑于我国学前教育发展历经百廿余年，同行中自是山外有山，百花齐放。

但是，我们热爱幼教事业，是脚踏实地、严谨务实的实践者和研究者；我们热情而坦诚，希望将自己在“建构新时代高质量幼儿园教育体系”方面所进行的探索与做法与大家交流，闻过则喜，互学共进。

苏霍姆林斯基曾这样说：“理想的教育是培养真正的人，让每一个人都能幸福地度过一生，这就是教育应该追求的恒久性、终极性价值。”当我们把“优质幼教”定位于“双幸福教育”时，我们关怀到了教育的两大主体——儿童与教师，尊重他们的地位，支持他们的成长，关注他们的幸福，对于一所学校而言，还有什么比这更重要呢？圣雄甘地有名言：“幸福就是你所想，所说和所做和谐统一。”我认为，教育之育应该从尊重自然、尊重生命、关爱人的幸福开始，支持幼儿主动学习，成就教师专业发展，追求“双幸福”的幼教理想，在付诸实践的过程中我们实现了想、说、做的和谐统一，它使人心胸开阔，信心百倍，为了心中的理想，我们将一直奋勇前行！

杨瑞清 园长

2025 年 1 月

目 录

第一章 后勤服务保障概述

随着社会经济的发展和人民生活水平的不断提升，人民群众对高质量学前教育的需求也不断增强。幼儿园后勤服务保障是幼儿园管理的重要组成部分和重要保障，维护幼儿园的日常运行和保证幼儿的健康发展，影响着幼儿园的办园水平、家长工作、幼儿发展、社会认可等方面。清华洁华幼儿园本着“以人为本，厚德服务”管理理念以及所倡导的制度化、规范化、专业化的管理方式，对幼儿园的管理不断进行发展创新，以最大限度地满足家长和幼儿对服务质量的需求，打造高标准、高质量、家长和社会满意的幼儿园，实现“服务育人”的最终目标。

第一节 后勤服务保障的理念

清华洁华幼儿园附属于清华大学，融百年清华精神和70余年专业积淀的清华优质幼教，始终坚持服务清华大学和首都幼教的办园宗旨，潜心实践，专业育人，推动清华幼教迈向高质量发展，后勤服务保障工作的内涵也在不断拓展和丰富。幼儿园后勤服务工作在清华大学后勤服务理念的引领下，遵循“以人为本，服务育人”的宗旨，坚持“为一线教学服务、为教育教学提供坚实保障”“行胜于言、厚德服务”的服务保障理念，凸显后勤服务的育人功能。

一、清华大学后勤服务精神

清华大学后勤始终坚持一流标准，坚持求真务实的精神，实事求是，科学发展，把握“后勤的发展要为学校工作与发展提供可靠保障”这一原则，从学校实际出发，解放思想，坚持为培养人服务、为教学科研服务、为师幼员工生活服务，坚持以育人为本、以学校为主体、体制改革与机制转变并重、服务专业化的原则。积极推进“小机关、多实体”的运行模式，调整了后勤的机构设置和任务职能，为学校基础设施运行、餐饮与师幼生活等提供优质服务；积极引进和统筹社会优质资源，提高后勤为学校服务的能力与水平；努力构建“管理科学高效、服务优质规范、保障安全可靠、资源配置合理、环境文明优雅、全面和谐进步”的后勤服务保障体系。

二、幼儿园后勤服务理念

幼儿园后勤管理工作是园所整体工作的基础和保障，直接关系到幼儿园保育教育质量的提升。在清华大学“三服务、两育人”方针的引领下，幼儿园树立全面、协调、高效、可持续的科学发展观，坚持“后勤保障，服务育人”的宗旨，以主人翁的精神，主动服务，主动创造和维护良好的园所环境，主动做好为师幼服务的工作，助力幼儿园各项工作的顺利开展。幼儿园将“行胜于言，厚德服务”理念应用到后勤工作中，加强后勤管理，从规章制度入手，在制度中对后勤服务理念进行强化，使每一位后勤员工都认识到其重要性，自觉提升厚德服务的思想。

三、建设高质量后勤服务保障体系

以高质量的管理实现高质量服务，高质量后勤服务保障体系主要包括高标准的安全管理、专业的卫生保健与保育、科学的膳食管理、规范的财务保障与资产管理等。安全管理依据北京市中小学、幼儿园平安校园建设验收标准，构建幼儿园安全风险防控体系，促进幼儿园安全规范化管理，实现安全工作全覆盖，保障幼儿和教职工安全。卫生保健贯彻落实《托儿所幼儿园卫生保健管理办法》，规划保健医队伍，提高对幼儿良好习惯的引导，以专业、精湛的卫生保健水平为幼儿和教职工提供健康科学的保障。依据餐饮服务食品安全量化分级管理和《中国居民膳食指南2022》中学龄前儿童膳食管理要求，实施食品安全全流程管理，为幼儿在园一日三餐饮食安全保驾护航。按照幼儿园内控管理制度做好财务预算、收支管理、采购管理、实物资产管理、建设项目管理等，提升后勤管理的整体效能。

后勤服务保障立足幼儿园管理、教科研、后勤等工作需要，以人性化的规章制度将各部门岗位职责和工作内容加以有效划分，科学完善职能配置，持续加强人员培养，不断提升服务保障能力，精准化、个性化满足幼儿园发展需求，提升工作质量，实现幼儿园管理工作的科学性和系统性。

（赵翠翠）

第二节 后勤服务保障的依据

学前阶段作为基础教育的重要阶段，后勤服务保障既要遵循国家教育方针政策的指引，又要基于园所特色，满足自身的发展规划和需求，从而实现阶段性目标，为园所的整体发展助力。

一、国家教育方针政策

幼儿园后勤服务保障是整个幼儿园管理的组成部分，它必须遵循有关的教育规律，受教育规律的制约，遵循党的教育方针、政策。国家及上级管理部门颁布的法律法规、方针和政策，为后勤工作指明方向，奠定理论基础。

为加强对幼儿园的监督监管，强化作为基础教育重要组成部分的幼儿园教育，提升办园水平和保教质量，国家从不同层面对幼儿园提出了明确的要求，颁布的《幼儿园工作规程》《幼儿园教育指导纲要（试行）》《北京市幼儿园办园质量综合督导评估》《北京市中小学幼儿园平安校园建设标准（试行）》等文件，均对园所安全、空间设施、卫生保健、玩具材料等内容提出了明确要求，成为幼儿园后勤服务保障的重要依据。由于后勤服务保障涵盖卫生保健、师幼安全、总务维修、环境创设等后勤服务领域，后勤工作与人、财、物等联系密切，工作范围广，需遵循上级管理部门的具体要求，如卫生保健、食堂管理、财务管理等，都须接受直属管理部门的监管，园所各后勤部门需要严格执行相关的政策制度。

二、幼儿园发展规划

园所自身的发展理念和工作规划，为后勤工作确定具体可行的阶段目标。在国家方针政策的引领下，幼儿园结合自身发展需求，制订园所发展规划和学期工作计划，内容涉及幼儿园整体发展的规划、预期发展目标、阶段性推进工作等，学期工作计划包含本学期幼儿园的重点工作内容和学期工作目标。后勤基于园所整体的发展规划进行细致的部署与安排，从园所环境修缮、安全管理、卫生保健、食品安全等角度对全园的学期工作进行规划，集合园所人、财、物、信息等多方力量，确定各部门的具体工作目标和任务，齐心协力达成本学期园所发展的重点目标。因此，幼儿园发展规划决定了后勤服务保障各阶段的目标，让后勤工作有据可依、切实可行、扎实有效。

三、保教活动需求

后勤工作是幼儿园整体工作的重要组成部分，是幼儿园实施管理育人、服务育人、环境育人的主要内容，是保教工作得以顺利开展的基础保障。后勤管理包含对幼儿园人、财、物、时间、空间、信息等方面的管理，其管理有效性直接关系幼儿园整体发展。幼儿园后勤管理既要遵循教育规律，又要体现服务意识，面对师幼对园所工作生活的美好期待，后勤管理要坚持以园所为主体，以幼儿发展需要为根本。

幼儿园教育的主体在于保教活动的实施，因此遵循幼儿教育规律，必须全面保障保教活动的设计与实施，从园所资源建设、环境设置、财务规划、幼儿卫生保健、安全等多角度全方位关注幼儿的一日生活，从饮食、安全、教育活动资源创设等方面促进幼儿的全面发展，为幼儿德智体美劳的全面教育提供充足的空间、充分的资源，保障保教活动的顺利实施。

同时，科学保教活动的实施离不开专业队伍的建设，专业的教师队伍建设需要后勤的保障与支持。从资源建设、物质保障、安全防护等方面为高质量的教师队伍建设助力。

四、幼儿园管理制度

后勤服务保障作为一项基础性和保障性的工作，是幼儿园工作中必不可少的重要组成部分。做好后勤服务保障工作，必须建立健全的规章制度。以制度管事、以制度管人，是落实幼儿园后勤服务保障的重要依据。幼儿园通过制定后勤管理制度，以此促使后勤人员明确自身的职责、任务和工作内容，更好地为师幼提供服务和保障。如制定后勤采购制度、财产保管制度、户外玩具使用维修制度、门卫安全巡视制度、资料室管理制度、物品使用发放制度等，使后勤管理和服务保作有章可循。规章制度和岗位职责是后勤服务保障工作制度化、规范化、科学化的坚实保障，也是后勤服务工作质量的基本要求。

（刘婧雅）

第三节 后勤服务保障的意义

后勤服务保障立足于服务定位，深入理解、分析幼儿园中心工作和教职工多样化需求，服务、保障、支持幼儿园中心工作。实施“行胜于言，厚德服务”的管理理念，根据后勤服务保障工作创新要求，运用多样化的后勤服务手段，全面提升后勤服务保障质量。

一、幼儿园各项工作的保障与前提

《幼儿园工作规程》强调，幼儿园要从幼儿身心发展规律和特点出发，根据国家教育基本方针将教育和保育二者相结合，在此基础上，全面发展幼儿德、智、体、美、劳。同时强调，幼儿园要规范自身行为和制定科学管理方案，保证教育和保育质量，从而做到和谐发展幼儿身心。实现这一目标，离不开幼儿园管理，而后勤服务保障作为幼儿园管理的重要内容之一，涉及幼儿园安全、卫生、健康、环境等，既是确保幼儿园保教工作正常开展的重要因素，也为师幼的生活和学习提供了完善的物质基础，实现了各项资源的优化配置，为幼儿的游戏、生活与学习和教职工的学习、工作提供保障，为实现幼儿园教育目标创造适宜的条件。办学条件的改善，校园环境的美化，安全秩序的稳定，园所服务保障质量和品位的提升，能为师幼带来更多的获得感、幸福感、安全感。

二、幼儿园管理的有机组成部分

幼儿园后勤服务保障的重要性是由幼儿园保教结合的工作性质决定的。《幼儿园教育指导纲要（试行）》中强调保育在幼儿园教育中的重要性，保育是幼儿园工作的重中之重，而与保育工作直接相关的就是幼儿园的后勤服务保障。幼儿园服务保障是与幼儿园保教工作关系密切的一项重要工作，幼儿园后勤工作与幼儿园保育教育等深度融合，它涉及财务管理、资产管理、安全管理、基础建设等多方面内容，囊括人、财、物，是幼儿园的发展和各项工作正常开展的保障，为教育教学工作起着先行和保障作用。

幼儿园后勤服务保障的地位和作用体现在服务、保障、驱动、协调方面。服务主要体现在幼儿园后勤管理以人文化的管理理念和专业素养用心做好满足幼儿和教职工的生活、游戏和学习需要。保障重点体现在基础设施设备管理、物资管理、安全管理等落到实处，保障幼儿园的顺畅运行。驱动是基于幼儿园管理和保育教育需要，后勤管理以服务为根本，抓落实、见成效。后勤管理的一大特点是统筹，将全园的人、财、物进行统筹，做到各项资源“物尽其用，人尽其才”。后勤服务保障的另一大特点是协调，全园各部门工作人员和工作内容协调共进，推动幼儿园建设与发展。幼儿园后勤服务保障的质量好坏与效率高低，直接影响着整个幼儿园各项工作的是否正常运行以及幼儿园的长远发展。

三、提升幼儿园办园质量的现实之需

在教育体系中，学前教育作为其重要组成部分，不仅是基础教育的开端，也是一种社会公益事业。党的二十大报告提出，办好人民满意的教育，加快建设高质量教育体系，促进教育公平，这是对教育事业发展的基本要求。学前教育是高质量教育体系中最基础和起始的环节，在高质量体系建设中，要充分发挥奠基性和持续性的作用和影响。学前教育的高质量发展最核心的标志是儿童的全面和谐发展。后勤服务保障作为幼儿园办园质量的基石，影响着幼儿园的办园水平、家长工作、幼儿发展、社会认可等方面。幼儿园后勤管理从物质环境的创设到精神环境的营造，不断提升管理水平，防范风险，助力幼儿的全面发展。幼儿园通过优化、改善办园条件，为幼儿生活与游戏创设更加安全、舒适、优美的班级环境和公共环境，促进幼儿快乐全面成长，提升办园质量。

幼儿园后勤服务在保障日常运行、有机管理、提升办园质量等方面都具有重要意义。幼儿园应高度重视后勤服务保障工作，不断提升服务水平，为幼儿的健康成长和全面发展提供有力保障。

（赵翠翠）

第四节 后勤服务保障的组织管理

后勤服务保障的组织管理，是指通过合理划分组织结构，明确岗位职责和人员分工，从而有效实现组织管理目标。具体包含组织结构的设计，人员的合理配置，制度的全面保障，以帮助组织实现高效运行，真正助力园所的整体发展。

一、组织管理目标

后勤的组织管理旨在创造良好的园所环境，丰富园所文化内涵，创设温馨适宜的氛围，以此促进幼儿的全面发展，教职工的教育幸福，在优化组织管理的过程中不断精进服务保障水平。

（一）打造优质园所环境

后勤保障与服务旨在为园所发展助力，从环境设置、资源建设、经费使用等多方面创设专业化、全面化、儿童化的园所环境。加强后勤部门的组织管理，目标在于通过多方合力提升服务水平，统一认识，明确目标，打造最优的园所环境，为园所的蓬勃发展助力。

（二）创设适宜园所氛围

适宜且向上的园所文化氛围的创设，集合安全、卫生保健、环境创设等多项内容，合理组织幼儿园人、财、物、事、时间与信息等，综合调配全部资源，为园所良好物质环境和人文氛围助力，营造适宜幼儿健康成长，教师专业发展的园所环境，保障全园工作正常运行。

（三）提升服务保障水平

后勤保障服务的组织管理，旨在通过制度和组织机构的合理设置，为幼儿园安全高效的优质教育服务。通过不断优化人员配备、物资补给、环境修缮等内容，在日常保障工作中加强服务水平，更高效地完成服务工作，贴合后勤工作全局性、前沿性、服务性的基本特点。

二、组织管理原则

科学精细的后勤组织管理结合幼儿园发展规划和园所岗位设置，需在管理中遵循归口管理、三级管理、服务性和精细化四项原则，指导后勤服务工作的高效开展。

（一）归口管理原则

后勤服务工作复杂且精细，提升服务质量，必须先明确组织管理细节和要求。针对后勤人员工作内容和要求需有明确的规定，以制度化的形式进行呈现。将丰富的工作内容细化到不同部门和具体人员，进行精细的分工合作。合理划分资料室、总务室、财务室、安全办公室等多部门的工作内容，实现部门主管、通力协作的目标。

（二）三级管理原则

园所教师与幼儿群体庞大，各年龄段的人数较多，形成了幼儿园特有的“园级—年级—班级”三级管理模式。在后勤工作的安排与规划上，将年级主任作为重要一环，衔接班级与各部门。及时了解班级教育教学、生活、安全等活动需求，对接各部门进行补充和调整，如玩教具配备、班级生活用品发放、班级物品采买等，需要年级主任调研需求后汇总至各部门，以保障教育教学活动的顺利开展。

（三）服务性原则

后勤管理面向的是全园幼儿与教师，因此做好教育教学活动的保障与服务，是后勤工作的重点内容，因此及时性、灵活性、全局性是后勤服务工作的重要特点，服务性在其中尤为突出。后勤各部门以服务性原则为主体，结合日常教学、大型活动、节日活动等需要，及时满足班级对于公共环境、物质资源、人员调配等方面的需求，服务于幼儿适宜发展环境的构建、丰富教师活动设计的支持。

（四）精细化原则

各部门通力合作，共同组成园所后勤管理的坚强后盾，支持教育教学工作的开展。在本部门工作的安排中，遵循精细管理的原则，细化工作任务分配，结合学年重大活动、例行资源配备等，结合不同时间段的需求，以先行、全面、细致等要求开展管理工作，将班级需求设想在前，完善在后，达成工作内容的精细安排、全面有效，让后勤工作真正高效高质量。

三、组织机构及岗位职责

园长引领全园后勤工作方向，后勤副园长主要负责全园后勤保障工作，各后勤部门主任负责具体工作细则，保障园所建设和整体发展。

（一）后勤副园长职责

后勤副园长是园长的助手，主管幼儿园安全、卫生保健、幼儿膳食、总务等工作。主要职责如下：

1. 在园长指导下，负责制订落实全园后勤工作计划，并对后勤工作进行全面总结和汇报。

2. 指导后勤各部门制定和完善后勤各项工作制度，做好检查监督落实。

3. 指导落实全园安全工作，定期组织召开安全委员会会议，监督检查落实各项安全制度。

4. 指导医务室认真执行有关卫生保健方面的法律法规、方针、政策和上级主管部门的规定。

5. 指导食堂部门保证幼儿的饮食安全以及幼儿膳食营养工作的落实，按时组织召开膳食委员会会议。

6. 指导落实园所绿化及园容园貌的美化。

7. 指导落实园所基建、修缮、设施设备的安全管理。

8. 组织后勤人员定期和及时检查、维修、维护园内设施设备。

9. 指导做好幼儿园库房及资产管理。

10. 指导落实保育员工作管理，制订落实保育员培养工作计划，并做相应的培训及总结。

11. 检查督促所分管各组负责人的工作，审阅他们的工作计划、工作记录和总结，定时听取他们的汇报，帮助他们解决问题。

12. 负责节假日值班排班工作。

13. 组织后勤人员的政治思想及业务学习，不断提升后勤服务保障意识和能力。

14. 主动向园长汇报工作。

（二）安全干部职责

1. 负责制订学期安全工作计划，提出对安全工作的建议与设想，学期末做出全面深入的总结。

2. 定期检查与不定期抽查保安人员工作。

3. 遇到节假日，协助后勤副园长安排好保卫人员的安全保卫工作。

4. 每学期初，组织班级及各部门有关人员签订安全责任书。

5. 检查安全制度落实情况，做到日巡查、周小查、月大查、节假日重点查，并有记录，确保各项安全制度的落实。

6. 针对园里大型活动制定安全工作预案。

7. 放假前后，与保管员、维修人员检查园里各项消防设施、水电设施、门窗、桌椅、大型玩具管理情况等，确保假期安全及开学各种设施安全使用。

8. 及时上报维修计划，排除安全隐患，挂销账记录。

9. 协助园领导对全园教职工进行消防安全、交通安全、特种设备安全等安全知识的宣传和培训，做好消防演习、自救练习等。

10. 做好消防、技防、物防、交通设施、房屋安全管理，定期检查保障设施设备的稳定运行。

11. 做好园所基建、修缮的安全管理。

12. 主动向园领导汇报本部门工作情况。

（三）医务室主任职责

1. 协助园领导组织实施各项卫生保健工作方针、政策和法规，严格履行监督职责。

2. 负责制订、落实幼儿园卫生保健工作计划，学期末做出全面深入的总结。

3. 研究调配和改善幼儿膳食，检查指导幼儿饮食、饮水状况，并对幼儿园及班级环境卫生进行定期的检查与指导。

4. 密切与上级各有关卫生保健机构联系。

5. 安排并指导保健医完成分管的各项日常卫生保健工作。

6. 每月召开医务室例会，对本月卫生保健工作进行总结，安排下个月重点工作。

7. 检查并确保各类卫生保健资料的完整性、准确性。

8. 根据季节特点，确定各阶段卫生保健教育内容，对全园教职工及家长做好卫生保健及防病常识的宣传、指导工作。

9. 做好幼儿的体能、体质测查与分析，及时将结果反馈给班级教师。

10. 妥善管理医疗器械、消毒用具和药品等。

11. 设计并组织开展保育工作培训，提升保育员业务能力。

12. 主动向园领导汇报幼儿园卫生保健工作情况。

（四）食堂管理员职责

1. 食堂管理员在后勤园长和主管保健医的领导下，负责全园的食品卫生安全、膳食营养工作。

2. 负责监督所有购进食品的检查和验收工作，严把进货关，严禁过期、腐烂变质及感官性状不良的食品流入食堂。

3. 负责主副食加工过程的质量把关和监督检查。

4. 参与食谱的制订，定期参加膳食委员会，根据膳食委员会提出的建议，不断提高膳食质量，增加主副食花样。

5. 负责食堂人员的晨检、卫生及食品安全工作。

6. 负责定期组织食堂人员学习《中华人民共和国食品安全法》《餐饮服务食品安全操作规范》《餐饮服务食品采购索证索票管理规定》等法律法规，负责组织主副食班花样食谱的开发。

7. 负责监督库房管理员的食品留样及库房管理工作。

8. 负责带领食堂员工严格按照食谱制作食物，并按照出勤幼儿人数带量制作食物。

9. 负责检查指导消毒室的工作，严格执行各类餐具和用具的清洗消毒制度。

10. 负责监督食堂设施设备的安全操作及保养工作，并做好食堂防火、防盗、防食物中毒等工作。

11. 主动向园领导汇报本部门工作情况。

（五）总务管理员职责

1. 每学期制订与本职工作相关的工作计划和小结。

2. 购置幼儿园教育教学、各项工作开展所需的物品，保证质量，确保幼儿园各项工作的开展，同时确保合理使用有限的经费。

3. 有效整理幼儿园已有的财产，及时为第一线提供各种所需物品。

4. 新购入物品凭发票入账，领用或借出物品手续齐全，领用人和借用人必须签名。

5. 做好幼儿物品发放及参加各种活动人数的记录、统计工作。在代办费的使用上与出纳协调好。

6. 管理好幼儿园所有的财产，负责设立固定资产、底值耐久、消耗品的三大账册，并设立相应的明细账。

7. 负责办理固定资产报废、报损申请手续及相关工作。

8. 负责幼儿园的硬件设施、保教设备及办公用品的日常维护保养和维修工作，确保设备正常运行。

9. 协助做好幼儿园改建、装修施工任务。

10. 配合安全部门做好幼儿园安全工作检查。

11. 做好储藏室的整理保管工作。

12. 主动向园领导汇报本部门工作情况。

（刘婧雅）

第二章

总务管理与服务保障

总务管理与服务保障是指幼儿园的总务后勤事项管理，包含幼儿园环境创设，资产的使用登记、维修维护，幼儿园玩教具材料、办公用品、图书的采购及维护管理，做好相应的财务管理，负责幼儿园的其他后勤服务保障等。

总务管理与服务保障根据国家及教育管理部门的有关方针政策，充分发挥幼儿园人力、物力和财力的作用，为教职工和幼儿创造良好的工作、学习和生活环境，建立幼儿园良好的物质保障规章和秩序，保证保育教育、教科研等工作的顺利进行，保持幼儿园在教育事业上的可持续发展。

第一节　幼儿园环境创设

幼儿的健康成长离不开环境的相互作用，环境在幼儿发展中发挥着重要的教育价值。幼儿心理学研究表明，对于 3 ～ 6 岁的幼儿来说，不具备成人对环境具有的选择、适应、改造的能力，这决定了幼儿对环境具有广泛的接受性和依赖性。历经 70 多年的历史积淀，清华洁华幼儿园富有深厚的文化底蕴和内涵，让园所环境渗透“和谐、研究、求真、务实”的园本文化，与“优质幼教”目标相一致，体现“让教师享有教育幸福，让幼儿获得幸福教育”的理念，创设展现园所特色的环境。

一、环境创设的作用

幼儿园环境对幼儿身心全面发展有重要作用，能有效支持园所文化理念深化、保教活动的多样开展。明晰环境创设的重要作用，才能以此指引实践，发挥环境育人的价值。

（一）支持幼儿全面发展

《幼儿园教育指导纲要（试行）》中明确提出：“环境是重要的教育资源，应通过环境的创设和利用，有效促进幼儿的发展。”由此可见，“有效促进幼儿发展”是环境创设重要作用之一。幼儿园应为幼儿提供健康、丰富的生活和活动环境，满足幼儿各领域均衡发展的需要，引导幼儿在享受快乐童年生活的同时获得有益于身心发展的经验。幼儿园的空间设施、活动材料、墙面布置等应有利于支持幼儿自主游戏，持续开展不同主题的探索活动，有利于激发幼儿与周围环境的互动，在潜移默化中获得成长，从而促进幼儿身心健康、全面和谐发展。

（二）宣传幼儿园文化理念

环境作为显性的物质基础，成为幼儿园文化理念最直观的载体，园所整体环境风格、内容包含着对不同群体的宣传和影响。面向幼儿，“环境是第三位教师”，物质基础为幼儿发展产生潜移默化的作用，支持幼儿活动的丰富多彩，是助力成长的良好伴侣。面向家长，园所环境的展现为家园共育奠定基础。家长从园所环境了解幼儿园培养目标，了解环境赋予幼儿成长的价值，为家园合力促进幼儿全面发展明确方向。面向外界同仁，环境是园所文化内涵最好的介绍，孕育了园所发展历程和理念，让大众在环境参观中加深了解，也在同行业的相互学习中不断丰富变化。

（三）促进幼儿园队伍建设

幼儿园的环境创设为教师成长营造宽松的环境。物质环境创设让教师能在舒适的环境中享受教育幸福，并借助环境作用增强教育效果，为丰富教学手段奠定基础。精神环境的营造让教师在温馨自在的环境中追求教育信仰，幼儿园文化理念是精神环境的核心，目标的一致让教师能够大胆创新，在包容性极强的氛围中实现理念和实践的融合，不断迸发新思考新尝试。同时，园所环境创设是一个团队精心设计和打造的结果，需要发挥团队力量与智慧共同来完成。在创设和更新环境的过程中包含着教师对园所发展规划和文化理念的认识，积极发挥团队精神，挖掘教师潜能，在共同创设园所环境的过程中促进教师的认同感和幸福感，促进和谐共进的教师队伍建设。

二、环境创设的原则

幼儿园环境创设以幼儿发展需求为依据，与园所发展理念相结合，兼顾安全性、全面性、与教育目标一致性、幼儿参与性、发展适宜性等原则，增强环境对幼儿发展的重要作用。

（一）安全性

《幼儿园教育指导纲要（试行）》中指出，幼儿园必须把保护幼儿的安全健康放在工作首位。因此，安全是幼儿园的基本责任。打造安全的环境是保障幼儿人身安全的基础。设施设备的选择与投放、材料选择与使用、工具的提供等均需强化安全因素，坚持“以保障安全为先”的原则。

（二）全面性

环境创设不单单是物质环境创设，它还包括精神环境的创设。《幼儿园教育指导纲要（试行）》中指出：“树立正确的健康观念，在重视幼儿身体健康的同时，要高度重视幼儿的心理健康。”因此，要关注环境创设的全面性，创设优质的物质环境同时也要营造宽松愉悦的精神环境，为教师和幼儿心理健康提供良好的精神保障。同时，教师专业化队伍建设需要优秀的幼儿园精神文化氛围做支撑，“以人为本”的理念贯穿幼儿园事业发展。

（三）注入园本特色与文化

具有特色的园所文化是幼儿园发展的灵魂。优秀的园所文化能够凝聚人心，也可以提升园所文化品位。因此，在环境创设过程中，园所文化的注入是必然。通过环境的打造让每一个人都能够感受幼儿园的特色文化，以环境为载体，将园所特色文化注入每一位教职工、幼儿及家长的心中，做到“润物细无声”的效果，最终实现“让教师享有教育幸福，让幼儿获得幸福教育”目标。

（四）与教育目标一致性

环境创设是为教育而服务的，幼儿园的环境创设也是课程体系的一部分。因此，幼儿园环境创设应考虑到教育目标，并与目标相一致，以目标为指引，营造一个富有教育意义的大环境，从而促进幼儿身心健康和谐发展。

（五）师幼共同参与

幼儿是环境的主人，幼儿园是老师和幼儿共同生活和学习的场所。对待事物他们有自己的思想和看法。幼儿园要尊重和接纳师幼的想法，为师幼搭建平台，使他们的想法得以实现。环境创设是师幼展示的一个很好的平台，在共同创设的过程中加深教师对园所文化理念的认识，促进幼儿对环境的认同感和效能感。

（六）开放性

开放性原则是指创设幼儿园环境，不仅要考虑幼儿园内环境要素，同时也要重视园外环境的各要素，两者有机结合，在空间、内容、方式和参与者等方面都体现出开放的理念，形成开放的幼儿园环境系统。幼儿园位于美丽的清华园内，资源非常丰富，园所主张“请进来，走出去”的大教育思想，让更多的人参与到教育实践中来，让幼儿获得更专业的知识，让老师和幼儿眼界更加开阔。

（七）发展适宜性

发展适宜性原则是指幼儿园环境创设要符合幼儿的年龄特点及身心健康发展规律，促进每个幼儿全面和谐的发展。从一般年龄特征来看，小班、中班、大班身心发展特点上的差异是非常明显的，其身心发展所需要的成长环境也不尽相同，因此，要根据幼儿不同的年龄特征，为其提供适宜的发展环境。

（八）美化教育融为一体

环境创设在潜移默化中促进幼儿的全面发展，在环境中渗透五大领域的内容，尤其将环境创设与幼儿审美教育相融合，为幼儿创设一个美的环境，让幼儿受到美的熏陶。在环境创设的过程中自然融入美术教育，引导幼儿在参与的过程中欣赏美、感受美、创造美。

（九）重视环保与简约

遵循国家绿色环保的理念，幼儿园始终坚持用干净环保的材料创设适宜幼儿成长的环境。在创设有准备的环境时注重以幼儿为本，强调精心与务实。在环境创设过程中，应坚持低费用、高效益的经济原则，勤俭节约，因地制宜，就地取材，不浪费宝贵资源，不盲目攀比，不追求设备设施的高档化，提倡环保与简约。

三、环境创设的内容

环境创设包括物质环境和精神环境两个方面的内容，力求环境创设富有特色的同时促进师幼健康发展，保证物质资源充足丰富，精神环境宽松自由。

（一）物质环境创设

幼儿园的物质环境创设遵循“环境充分满足幼儿发展”的原则，以创设五大环境为目标，即健康、安全的生态环境，宽松、舒适的生活环境，丰富、新颖的游戏环境，专业、独特的教育环境，文明、优雅的育人环境。五大环境涵盖了健康与教育、自然与人文。

1. 注重文化传承，丰富环境内涵

幼儿园有着70多年的历史，长期的潜心研究与探索形成了清华幼教独特的办园理念和教育模式。继承历史精华，适应当前形势，面向未来发展，力求达到优秀传统和时代精神的统一。近年来幼儿园注重在原有基础上提升园本文化精髓与内涵，积极营造“和谐、研究、求真、务实”的园本文化。

（1）公共楼道环境

公共楼道环境是往来人员均能看到的区域，充分利用该环境加强幼儿园文化理念的宣传，促进家园社协同育人。幼儿园注重综合利用社区资源，加强对大学人文、科学与自然环境的利用，加强幼儿自然与社会科学教育的启蒙。社区包含的邮局、超市、医院、图书馆、实验室都是幼儿学习的课堂。幼儿园以四大活动季为载体，综合利用多样化的学习资源拓宽幼儿学习环境，活动包含小脚丫走清华自然篇、小脚丫走清华人文篇、书香童年和京娃迎新春。将活动记录装饰在公共环境中，来访人员可以通过“前言”了解到每一个活动季开展的原因、背景。透过一张张精美的照片了解到活动的生动与有趣，对幼儿园的教育生态加深了解。

（2）班级楼道环境

文化是一个园所的灵魂。环境创设中注入幼儿园本土文化，让环境富有内涵是创设的重点。

一层门厅浸润清华精神。在环境中蕴含清华的文化内涵，让每一位清华园长大的幼儿能够在环境中感受清华精神。一层大厅展示师幼共同制作的有关清华园的经典景观，每一处浓缩景观都能让人了解到其中蕴含的清华文化。美丽的荷塘月色让幼儿受到文学的熏陶；宏伟的二校门诉说了清华发展的历史文化；神奇的日晷从小为幼儿埋下科学的种子；西大操场让幼儿感受“无体育不清华”的体育精神等。环境中的清华标志体现让幼儿能够充分感知文化内涵，在潜移默化的环境中孕育求真务实的精神。

二层门厅彰显北京特色。生长在首都，熟知北京特色，了解地方文化，培养幼儿爱祖国爱家乡的情感。在二层门厅，通过师幼作品能够让人了解到北京文化。彩泥制作的北京烤鸭、驴打滚、艾窝窝等美食让幼儿看到北京饮食特色；兔儿爷、脸谱、相声、庙会等场景让幼儿了解到北京非物质文化遗产；天安门、万里长城、水立方、鸟巢等微型景观让幼儿感受祖国建筑的宏伟与自豪。

三层门厅传承中国经典。加强爱国主义教育，在幼儿心中埋下热爱祖国热爱中华的种子，是培育祖国建设接班人的重要内容。三层门厅展示着国粹——京剧脸谱的各种画法；四大名著之一《西游记》泥工创作以及文房四宝等中华传统文化代表，增进幼儿对中国经典文化的了解，孕育爱国初心。

（3）功能教室环境

为促进幼儿五大领域全面发展，幼儿园针对不同发展需求开设了各具特色的功能教室。关注幼儿良好阅读习惯的培养，在环境创设中单独创设“书香乐园”阅读教室，引进众多的书籍，营造享受快乐阅读的空间。同时还将书香文化分布到多个地方，在各个公共楼道开设阅读角，引导幼儿随时随地进行阅读，在松弛自由的环境中感受书本的魅力，让书香浸润着幼儿的童年。

2. 密切配合教育，支持幼儿发展

（1）与主题教育相结合

“网络式主题活动课程”是幼儿园园本特色课程。《幼儿园教育指导纲要（试行）》中指出：“创设与教育相适应的良好环境，为幼儿提供活动和表现的机会与条件。”根据幼儿园课程特点，配合主题教育创设相适宜的公共环境，支持幼儿的发展。结合大班“爱国主义”主题教育，在大班楼道设计“我和我的祖国”版块，幼儿通过画展的方式展现了“中华美食”“珍稀动物”“科技强国”“五十六个民族是一家”“中国美景”等内容。结合中班“二十四节气”主题教育，在中班楼道布置了二十四节气小吊饰。整体环境的设计和展示均由师幼共同参与，展现幼儿在主题教育活动中的收获，并在环境的营造中不断巩固加深。

（2）与传统节日教育相结合

传统佳节是中华民族特有的文化瑰宝，班级教师开展丰富多彩的节日主题教育，引导幼儿了解传统文化的内涵和意义，以节日教育为线索加深幼儿对中华传统文化的了解。与教育活动相匹配的环境随之创设，根据不同节日特色营造欢乐的节日氛围。当国庆节来临之际，幼儿园都会在每个院子挂上党旗、国旗、彩旗，用气球等多种物品装饰幼儿园，营造爱党、爱国、爱家的氛围。元旦节、端午节、中秋节是重要的传统节日，用灯笼、中国结等带有浓厚中国元素的装饰物进行整体环境的装饰，与班级教育活动相辅相成。

（3）与行为习惯养成教育相结合

环境是无言的教师，良好的环境氛围是良好行为习惯养成的基础。班级教师关注幼儿良好生活习惯和学习习惯的培养，利用环境潜移默化的作用促进幼儿良好习惯的巩固强化。在楼梯上按照上下楼的顺序贴上小脚印，用环境告诉幼儿上下楼梯靠右行走，加强安全意识的培养；在水池边，贴上节约用水以及七步洗手法的图片，引导幼儿认真洗手，节约用水，加强良好生活习惯和环保意识的培养；楼道里用图画传递文明礼仪，比如与同伴友好相处、节约粮食以及垃圾分类等，加强文明礼仪的培养。

3. 合理利用空间，优化育人环境

（1）打造生态环境，提供亲密接触自然的机会

幼儿园绿地面积相对较大，花草树木种类、数量繁多。结合美丽的生态环境，教师带领幼儿开展了很多经典活动，如：银杏树之恋、山楂采摘季、游园会、放河灯、幼儿园的树、幼儿园的花、可爱的蚂蚁等。近年来，根据幼儿兴趣及发展需要，在老师们的建议下，幼儿园又开辟了种植区、砂石区等，给幼儿提供更多地接触自然、探索自然的机会。

（2）打造专项教室，提供多元化的发展空间

为给幼儿提供更加多元化的发展空间，幼儿园设置一些专项教室，如：书香乐园、舞蹈教室、音乐教室、绘画教室等。这些专项教室的创设为教师开展特色课程提供了资源，为幼儿个性化发展提供了支持，为优质教育的实现提供了重要条件。

（3）合理规划场地，创设有意义的学习场所

依据幼儿的年龄特点和需求，合理规划和利用空间，最大化地促进有效环境的利用率，支持教师自主学习，促进幼儿自主有序地游戏。灵活利用公共环境中的角落，布置温馨的游戏环境，投放适合教师以及不同年龄段幼儿阅读的各类书

籍；在门厅处饲养金鱼，供幼儿观察和欣赏；利用院落围墙设计攀爬区；开辟小菜园，为班级种植创造条件等。这些空间的利用不仅美化了环境，还给幼儿提供了更多的游戏机会。

（二）精神环境创设

良好的精神环境创设也是环境创设的重要组成部分，它是幼儿快乐学习，教师快乐工作的前提条件。良好的精神环境创设包括教职工和幼儿两个方面。

1. 为教职工创设“享受工作乐趣”的成长环境

教职工队伍建设是促进幼儿园高质量发展的源动力。幼儿园高度重视教职工队伍的建设，园所积极为不同特点和背景的教职工搭建成长平台，促进教职工分层分类培养，在切实的培养规划中让每一名教职员工感受到成长的快乐与喜悦。幼儿园提出“以事业带队伍”，实现个人与园所事业同步发展，感受“园荣我荣，园兴我兴”的大事业幸福。在工作中发扬“传帮带”“老带新”“一帮一”的优良传统，扎扎实实地帮助教职工成长。营造宽松自由的探索环境，在跟进新理念的过程中为教师提供尝试探索的空间，支持教师大胆尝试，创新完善教育形式，为教师专注教育幸福，实现教育信仰推波助力。

2. 为幼儿创设“快乐学习，快乐生活”的育人环境

良好的师幼关系是促进幼儿健康快乐成长的前提条件。创造宽松和谐的育人环境，在日常工作中鼓励老师学会接纳幼儿、理解幼儿、尊重幼儿，约束不恰当行为，在亲密的师幼关系中鼓励幼儿大胆表达自己的想法。同时关注同伴交往，引导幼儿尝试自主解决问题，学会交流思想，合理调节情绪情感，帮助幼儿建立良好的同伴关系，在良好的社会交往环境中感受轻松愉快的氛围，促进幼儿的健康发展。

随着教育理念的不断传承和完善，幼儿园环境创设也不断进行改进和调整。幼儿园高质量发展需要坚实的物质基础，始终坚持儿童视角，充分发挥环境的积极作用，促进幼儿在与环境的互动中得到全面发展。

（王桂红）

第二节 财务保障

幼儿园财务按照国家财政法规要求，以幼儿园发展规划为依据，对预算资金的筹措、计划、使用、监督和调节等方面进行管理，对保障园所运行、实现整体规划目标有重要作用。为有效提升财务管理水平，幼儿园不断加强制度建设和流程规范，助力幼儿园高质量发展。

一、幼儿园财务保障

规范幼儿园财务的同时也是规范幼儿园经济活动管理的相关业务流程，分解落实管理责任，加强经济活动风险防控，合理保证经济活动合法合规，保证资产安全和使用有效，提高幼儿园工作水平。

（一）财务保障的内涵

财务保障是指在幼儿园科学化、民主化、制度化的集体决策下，根据所制定的园所发展目标，依靠财务手段所给予的支持与保障。作为幼儿园运行和保障的核心，财务对于保障幼儿园运行，提高幼儿园效益具有十分重要的作用。实践表明，财务保障水平的高低对幼儿园的整体运行具有十分重要的影响。

（二）财务保障的内容

财务保障的内容极为丰富，不同的角度包含不同的内容。从幼儿园运行的角度，财务保障的内容包括以下六方面：预算管理、收支管理、采购管理、实物资产管理、建设项目管理和合同管理。从与幼儿园财务保障关联的角度，财务保障的内容包括了幼儿园与北京市教委、海淀区教委、举办者等主体之间的关系，同时还包括了幼儿园与家长之间的财务关系。

（三）财务保障的意义

财务保障，对一个单位至关重要，它能促进幼儿园的发展，更好地降低财务风险，为幼儿园经费使用与资金筹措所提供的措施，是后勤保障的重要组成部分。财务保障是幼儿园事业发展取得成功的关键因素之一，它能提高幼儿园资金利用的效率和效果，保证幼儿园日常生活、教学、教研等各项工作的顺利开展，是幼儿园日常运行的基础。有了最基本的财务保障，幼儿园才会拥有“安全感”，在面临困境时的抗风险能力更强。

（四）财务保障的作用

1. 资金运转作用

幼儿园的资金是园所正常运转和发展不可缺少的条件。为确保幼儿园资金的安全，维护幼儿园的经济秩序，根据《中华人民共和国会计法》《现金管理暂行条例》有关规定，规范使用资金，利用有限的资金完成幼儿园的发展目标。

2. 监督作用

财务保障中的监督作用可以使得幼儿园在运行过程中不断规范，确保幼儿园始终朝着所制定的目标前行。加强对决策事项执行和落实情况的监督，对发现的问题提出全面、准确、翔实的意见和建议，提供多个建议方案，及时纠错改正。

3. 平衡收支的作用

影响幼儿园收支平衡的因素有很多，例如购买材料购置成本变动、员工工资变动、突发情况（如疫情、传染病）等，财务部门根据收入情况，在幼儿园正常运转的前提下，严格控制运行中不合理的支出。

二、财务保障基本规范

幼儿园为 3 ～ 6 岁幼儿提供了健康成长的良好环境，创设了优雅有内涵的园所环境，提供了现代化的设施设备，组建培养了专业的教师队伍，从多个方面支持了幼儿的全面发展。

（一）收入

幼儿园收入是指幼儿园为更好地开展教育教学活动，在规定范围内，依法取得的资金。

1. 收入来源

幼儿园收入包括财政补助收入、事业收入、上级补助收入和其他收入。财政补助收入是指幼儿园从北京市教委、海淀区教委取得的生均补助及专项经费。事业收入是指幼儿园为在园儿童开展丰富多彩的教育教学活动依法取得的收入。上级补助收入是指幼儿园向举办者申请并取得的收入。其他收入是指除上述财政补助收入、事业收入及上级补助收入以外的各项收入，包括延时服务收入及利息收入等。

2. 收费标准

按照《幼儿园收费管理暂行办法》和《关于规范本市幼儿园收费有关问题的通知［京发改规（2012）4 号］》的规定，作为北京市示范园，按照市收费规定，收费内容包括保育教育费、幼儿代收膳食经费、幼儿代收生活用品和延时服务费。

3. 收费流程

为方便幼儿家长为幼儿缴纳托费，避免家长携带现金的不便，幼儿园特与银行签订了代扣协议。财务室月末根据各班老师统计的每日幼儿出勤情况表进行统计，根据幼儿出勤天数计算，保教费与餐费按整月收取，多退少补。如果由于幼儿园自身原因或确属幼儿患病，或转、退园，造成幼儿连续缺勤天数超过当月法定工作日一半时，退还月保育教育费的二分之一；当月全部缺勤，退还当月全部保育教育费。每月扣款前，给每名幼儿家长发放幼儿出勤情况表与扣款金额确认表，无异议后由银行代扣托费。

（二）资金保障

幼儿园将资金划分为流动资金、固定资金和专项资金。幼儿园对各项资金实行提前规划使用的政策，既要适应幼儿园教育发展的要求，又要提高资金有效利用率。

流动资金是指可以随时灵活支配的资金，多表现为库存现金和银行活期存款。流动资金具有灵活性、波动性和流动性的特点。

固定资金是指幼儿园将暂时不急用的资金存于定期存款和七天存款。固定资金循环的周期时间相对比较长，但是收益多于流动资金。幼儿园将定期存款化整为零，根据情况分为两笔到四笔不等，分别存于不同的季末，在提高利息收益的同时，也增加了固定资金的流动性，便于幼儿园遇到突发情况时资金的使用。

专项资金是指有指定用途的资金。幼儿园坚持专款专用的原则，并对各项专项资金单独核算，不与园内其他资金互相占用，确保专项资金按规定的用途使用。

（三）支出

1. 工资支出

各部门统计本部门人员考勤，上报人事部门汇总，财务室根据考勤编制当月工资表，经主管财务副园长审核，报园长审批后，编制发放工资银行明细，每月按时发放工资并在平台上及时上传工资条。当老师们对工资明细产生疑惑时，财务室积极核对并为老师们进行解答。

申报附加扣除，这是国家减少老百姓税收负担的一项重大举措，关注社会热点，联系教师的实际需求，财务室人员到税务局进行业务学习，加强对各项规定的了解，对各项条目进行逐一学习。帮助园所教师更简便操作，财务室制作简单易理解的法条阐释演示文档，以及包含详细申报流程的文档，同时对于教职工的个别疑问，利用微信、电话或面对面等多种交流形式进行解答。申报后为避免漏报，根据大学反馈的申报附加扣除明细，逐一与园所教职工进行核对，保证每位教职员工均能享受税收减免的优惠政策。

每年申报附加扣除和汇算清缴时，财务室均会发放清晰、明确的申报流程，及时提醒教职员工进行申报，提示年初附加扣除有变动的老师及时更新，避免个人损失，在集体告知和个别指导相结合中辅助全体教职工完成申报工作。

2. 业务支出

（1）经费的类别

根据费用性质及管理要求，幼儿园的经费支出分为自有经费支出和财政项目经费支出两类。

自有资金是幼儿园使用自有资金开展幼儿园内部日常有关教育与教学活动时发生的支出。自有资金为教育教学和行政工作提供资金保障，主要包括幼儿园人员支出、日常运行支出和专项支出。

财政拨款支出主要是指教委定期拨付的、为弥补幼儿园办园成本、完成工作任务而发生的项目性支出。

（2）支付方式

幼儿园资金支付方式包括现金、转账支票、银行汇款等。现金的使用范围包括：与单位业务相关的打车费、快递费、邮寄费、停车费及特殊业务，1000 元以下的业务可以使用现金结算的支出。支票的使用范围包括：不能使用现金方式结算的需通过银行转账方式结算的各类经费支出，1000 元以上的业务按规定使用支票或银行汇款方式结算。

（3）班费使用规范

班费是业务费的一部分，是为了更好让老师打造班级特色、开展丰富多彩的活动，灵活地根据本班需要、以学期为单位自行购买所需材料的经费。班费具有灵活、金额小、定期使用的特点，它属于自有资金的部分。

幼儿园是孩子们成长的摇篮，幼儿的成长与发展，离不开班级环境的作用，只有创设丰富多样的环境，才能让孩子们在潜移默化中获得成长助力，促进全面发展。而班费的设置，可以让班级老师们根据班级儿童的发展需要，配置与班级教育教学活动相关的环境材料。

班费特点是金额一般较小，老师们购买商品后需要开具正规发票，并备注购买明细与金额，报销时需要规范填写报销单、经费申请单的内容，比如：经费类型、所属部门、大小写金额的书写等。在报销过程中，会遇到发票不合格、发票与明细不匹配、发票超过报销时效或者商家不给开具发票的情况，财务人员积极指导教师积极与商家沟通，开具符合规定的发票。当票据大小不一样的时候，需要协助老师将票据进行整理，按照大小顺序摆放好并粘贴在一起，报销单据齐全后，财务人员根据老师们上交完整、真实、合法的报销单，审核并及时为老师们报销，减少占用老师们资金的时间，做好后勤部门的财务保障。

（四）预算

1. 预算原则与使用方法

为更好地服务一线教育教学活动、平衡收支、提高资金使用效率和效果，幼儿园根据人员经费和教育教学、科研的需要建立规范、科学、高效的预算体系。幼儿园的预算编制采用零基预算和弹性预算相结合的方式，新项目一般采用零基预算，常规支出一般先采用弹性预算，再根据每年的实际情况预测当年的支出，此时可以采用零基预算的方式对已经制订的弹性预算进行检验和纠正，减少不必要的支出。

2. 预算流程

（1）预算编制

幼儿园主要采用自下而上与自上而下相结合的方式编制预算。幼儿园的预算编制始终以幼儿的教育教学活动为中心，财务部门会根据幼儿园年度的事业发展目标和教育教学活动计划，经过走访调研，深入了解一线的需求，由各部门提出预算计划，再结合往年资金支出的情况，财务室编制本年度收支预算，上报给园领导审核汇总后，根据不同的项目金额进行集体审批；财政专项资金预算还应上报区教委审核。预算在经园务会、干部会、上级主管单位审核通过后，财务将审核结果反馈给各个部门和班级教师，辅助老师们制订完成预算的时间节点，定期提示老师们按时完成预算，确保教育教学工作按时完成。

（2）预算执行

在执行预算的过程中，根据制订的预算，坚持勤俭办园，幼儿园执行“采购申请”制度，对每一笔支出精打细算，充分发挥有限资金的作用，不铺张浪费，保证幼儿园经济活动的合法合规，保证资产的安全和高效使用，保证财务信息的真实、准确和完整，在协助提高幼儿园教育教学活动水平的同时，也当好管家。根据教育教学需要，有计划地改善和提供先进的教学设备，如果遇到突发情况，财务将教师的合理需求上报给园级领导进行审批并调整预算，及时提供所需材料或物品的资金，为教育教学活动做好保障。

（3）预算与决算分析

每年决算后，财务部门分析预算执行情况。通过预算与决算数据的对比，找到存在差异的地方，并将超过一定金额的差异视为“重要差异”。明确“重要差异”后，分析差异的变动趋势与产生原因。产生差异的原因包括客观因素和主观因素，客观因素主要有物价上涨、通货膨胀、不可抗力的原因等，主观因素主要有幼儿园业务活动增加等。在分析过程中不能以“超支就是不好的差异，节约就是好的差异”来评判，而是要综合分析，如果超支是由于开展的幼儿活动增加或者在园幼儿数增加造成的消耗增加，那么超支也可以算是好的差异；如果购买的物品质量下降或者在园幼儿数减少造成的消耗下降，那么节约也可以算是不好的差异。根据差异的分析，可以更好地帮助老师们开展教育教学活动，对老师们“如何开展工作、哪些工作计划没有完成以及哪些方面是重点工作”提供财务依据与资金保障，让预算不仅是被动保障幼儿园的教育教学活动，更是主动地保障幼儿园的教育教学活动，预算与一线的教育教学活动呈现出“互相扶持、共同前进”的良好态势，为幼儿园的事业发展提供更好的财务环境。

（五）优化工作

目前是电子信息时代，财务工作的完成需要更多借助现代化手段，提高工作效率及工作准确率。幼儿考勤是班级工作必不可少的环节，经过与年龄组、办公室、医务室多方沟通，由手工记录考勤改为电子考勤，可以自动统计出勤率、每名幼儿出勤天数及缺勤天数，财务室、医务室与办公室可以及时核对所需数据，极大提高了各个部门的工作效率。财务保障的不仅是幼儿园的一线教育教学活动，还有全园各部门的运转。各部门协同配合才能促进幼儿园长期事业发展。

幼儿园的财务工作，是一项面向全园的事务性工作，工作内容细碎，周期性、阶段性非常明显。加强科学的财务管理，提升服务保障水平，才能更好地为园所高质量发展助力。

（李海英　刘曼曼）

第三节　图书、玩教具材料配置与使用

随着教育改革的深化，以及教育质量的大力发展，在清华优质幼教的办园理念下，幼儿园在教职工用书和幼儿图书、玩教具材料的配置上更加关注教育质量和功能。游戏是幼儿的权利，也是幼儿园活动的基本形式。图书、玩教具和游戏材料是幼儿游戏的物质基础，也是幼儿园重要的教育资源。幼儿园要真正实现以游戏为基本活动，教师就必须研究玩教具，研究幼儿，研究教学策略。因此，幼儿园图书、玩教具材料配备创设，为促进幼儿的健康全面发展提供了有力保障。

一、配置目的和意义

从满足和有效支持幼儿发展、有力推进幼儿园各项工作的角度出发，助力高质量幼教体系建设。通过调研、外出参观、学习交流等方式，激发教师对玩教具材料内容、形式、可操作性的认识，结合各年龄部的特点与需求，以学年为单位配置和补充图书和玩教具。

（一）幼儿发展需要

幼儿在操作玩教具的过程中能有效锻炼身体、大脑和各类平衡协调能力，通过玩教具的多样性增加趣味性，更有效地促进幼儿健康积极全面发展。顺应幼儿年龄特点，在教学活动中充分运用各种玩教具，既能为幼儿的学习提供各种感知觉刺激，又能促进幼儿动手动脑、交往合作、主动学习和良好的个性品质发展。

（二）班级特色打造

依据北京市玩教具配备标准，结合幼儿园园本教研活动的开展以及班级特色的打造，全面开展调研，力求体现“年级有特色、班班有特点”。全园每个班级创设的重点区域各有不同，在保证满足幼儿发展需求的基础上，结合本班幼儿兴趣爱好以及教师特长等综合因素，幼儿园整体进行图书、玩教具配备。幼儿通过各种实践操作来学习，促进思维和能力发展，有效促进幼儿良好学习习惯的养成，为今后的发展打下良好的基础。

（三）教职工专业发展需求

玩教具不仅能提升幼儿游戏的趣味性，还包含着潜在的学习内容，通过设计不同玩法引导幼儿在游戏中实现学习目标。幼儿园经常会有国家级、市区级的教科研活动，根据不同的活动面向不同年龄段，依据园本教研专题和课题专项研究，教师根据活动需求添置具有针对性的图书、玩教具材料。从而更好地观察儿童、支持儿童和评价儿童，支持幼儿五大领域的学习与发展，同时助力教师专业成长。

（四）园所发展需要

秉持大学“无体育不清华”的教育理念，幼儿园非常重视幼儿运动品质与运动能力的培养，认真开展户外活动，为进一步落实阳光体育精神，每学期及时维护和更新户外游戏器械，打造富有清华特色的户外活动。幼儿园的户外联动游戏，根据不同年龄段幼儿动作发展和意志品质目标，将户外玩教具进行整合，实现幼儿在宽松、自由的空间内有序、自主的运动。

二、配置原则

幼儿园规模大，班级数量多，图书、玩教具材料需求量也较大。以支持教育教学为主要任务，必须坚持从所购图书、玩教具材料的安全性、操作性、实用性及性价比等角度考量配置方案。配置前通过层层调研信息，从班级、年级再到全园所需物品进行汇总，集中进行配置。

首先，进入班级了解当前教师与幼儿在图书、玩教具方面的使用情况，对图书、玩教具的种类和数量等信息进行收集，各班级在分析原有材料适宜性基础上，通过统计表格的形式将所需图书、玩教具上报给年龄部主任。其次，部主任将本年龄部的所有班级的信息按照玩教具类、材料类和图书三大类别进行汇总给资料室（见表 2.1）。最终，资料室通过对全园各年龄部所提交的信息分析汇总向保教园长提交采购申请，园长审批后再进行购置（见表 2.2）。

表 2.1　购置需求表

<table>
<tr><td colspan="10">班级购置需求表</td></tr>
<tr><td rowspan="2">班级 项目</td><td colspan="3">玩具类</td><td colspan="3">材料类</td><td colspan="3">图书类</td></tr>
<tr><td></td><td></td><td></td><td></td><td></td><td></td><td></td><td></td><td></td></tr>
<tr><td>小 1</td><td></td><td></td><td></td><td></td><td></td><td></td><td></td><td></td><td></td></tr>
<tr><td>小 2</td><td></td><td></td><td></td><td></td><td></td><td></td><td></td><td></td><td></td></tr>
<tr><td>合计</td><td></td><td></td><td></td><td></td><td></td><td></td><td></td><td></td><td></td></tr>
</table>

表 2.2 办公用品采购申请单

申请部门：				申请日期：			
序号	项目名称	日期	单价	数量	金额	申请人	去向
1							
2							
部门负责人：				财务负责人：			
主管园长：				园长：			

（一）幼儿图书配置原则

3 ～ 6 岁是幼儿思维和语言能力发展的关键时期，这段时期幼儿能够通过多种载体促进思维、问题解决、情绪调控等多种能力的发展。图书作为一种知识载体，引导幼儿在阅读的过程中增强对世界的认知，不仅收获自主阅读的快乐，而且在阅读的过程中发展多方位的学习能力，让思维在阅读中发散和生长。

1. 规范性原则

依据《北京市幼儿园玩教具配备目录（试行）》《北京市托儿所、幼儿园分级分类验收标准及细则》等文件，对幼儿园图书配置的数量、种类均有详细要求，遵循市区教委要求合理配置图书。在图书的内容上遵循教育理念和幼儿发展基本规律，尊重幼儿，贴合幼儿的年龄特点和兴趣，提供适宜的图书，注重排查图书中的不良、低俗的文化导向，关注意识形态，重视图书对儿童价值观的正确引领作用。

2. 教育性原则

重视儿童读物的教育功能，引导幼儿在阅读活动中获得审美愉悦体验，内容必须符合幼儿的认知水平和兴趣爱好。在选择图书时，应注重图画丰富、色彩鲜艳的图书，以吸引幼儿的注意力。同时，图书内容应具有教育意义，能促进幼儿的认知发展和社会化发展。选择图书时注重内容传递的教育价值，适应幼儿的思维特点和经验水平，同时融入园所培养目标，遵循五大领域和谐发展的理念选择适宜的图书，促进幼儿的全面发展。

3. 差异性原则

幼儿园面向 3 ～ 6 岁幼儿，小中大班幼儿存在发展差异，因此在配备图书上也要遵循幼儿不同的年龄特点，倾向于选择与各年龄段幼儿生活经验密切相关的图书。对于小班初步培养幼儿的良好阅读习惯，在配备上选择色彩鲜艳、图画生动、语言简洁的图书，且图书样式更为轻便，纸张较厚。对于中班，幼儿已有一定的阅读和生活经验，在配备上选择内容有趣、颜色和谐、与良好习惯养成相结合的图书。对于大班，幼儿能认识一定数量的文字，思维活跃、想象力丰富，在配备上选择有一定逻辑和教育价值、与幼小衔接相结合的图书。

4. 发展性原则

随着幼儿经验的不断增长、兴趣点的扩充或转移及学习的不断深入，阅读兴趣也会不断变化，因此图书的更新是必要的。通过定期更新图书，追随幼儿的需要，通过丰富和扩充阅读量，提高阅读兴趣和能力。在图书配备的过程中需要关注幼儿的学习兴趣，存在即时性、阶段性的特点，顺应幼儿的探索适时支持，为幼儿的自主游戏和探究提供工具。

（二）教职工图书配置原则

幼儿园的高质量发展以学习型教职工团队为支撑，遵循分层分类培养目标，加强园所人才队伍建设十分必要。图书作为一种知识载体，既是教职工自学的对象，也是园所培训效果得以贯彻落实的工具。因此教职工图书配置既要满足基础教育理论书籍的需求，又要依据园所人才培养目标和重点，与园所教育教学实践发展与管理服务水平提升紧密结合，共同促进专业化、精细化的教职工队伍建设。

1. 规范性原则

依据国家、市区教委的相关法规文件规定，合理配置适宜数量和内容的教职工用书。首先需遵循国家教育方针政策，书籍内容符合立德树人的根本任务，传递正确的思想政治导向，积极建树求真务实的教育工作作风。其次需遵循教育的基本理念规范，符合教育发展的一般规律，传递正确的教育观与儿童观，以图书为载体不断宣传和强化教职工的基本职业规范与素养。

2. 循序渐进原则

教职工发展有阶段划分，属于不同发展阶段的教师对于书籍有不同的需求。因此遵循发展的特点，科学分析教师每一阶段的发展需求配备有针对性的图书，更好地发挥图书的价值。针对新人适应型到经验增长型，再到反思成熟型，每个阶段教职工的成长需要专业理论和实践知识的支撑，因此图书配备要与教职工生涯规划与专业成长适配，有针对性地扩充或加强图书资源的提供。

3. 实用性原则

图书配置需要适应不同部门教职工群体业务发展的需求。针对后勤管理与服务人员，提供科学管理方法，加强多种技术的综合运用，提高服务效率和水平，更好地辅助教学部门的活动开展。针对教科研部门，加强基础理论和实践案例的学习，丰富教育教学、园本培训、园本教研等活动资源，不断审视理念的转变和完善，为一线教师的实践提供学习范式和研究工具。针对班级教师，关注教师对于图书内容的需求，既有教师专业知识与技能的书籍，又有通识课程内容，如信息技术、心理健康等，促进教职工职业素养的全面提升。

（三）玩教具材料配置原则

玩教具是幼儿园物质资源的重要组成部分，玩教具材料作为一种隐形的教育资源，配置应遵循一定的科学方法和原则。针对幼儿发展规律和年龄特点，幼儿园会基于安全性、功能性、趣味性、可探索性和创造性等因素进行玩教具材料的配置。

1. 安全性原则

安全是幼儿园活动开展的基础和保障，玩教具材料的投放应以安全为底线。幼儿玩教具的材质以塑料和实木为主，选择设计合理、材料适宜的玩教具是保证安全使用的前提。因此在配置室内玩教具时，需因地制宜进行玩教具材料的投放。结合园所不同环境的特点，针对不同地面、空间配置可供幼儿探索，又能保障活动安全的玩教具材料。

2. 层次性原则

幼儿发展的循序渐进要求幼儿园玩教具材料的投放应具有层次性。从园所大环境而言，室外的大型玩教具要满足不同年龄特点幼儿的需要，既有符合大班幼儿挑战需要的玩教具，又有满足中小班基本动作发展需要的玩教具。在班级内部玩教具投放中需尊重幼儿个体差异，投放由易到难不同层次的材料，供同一幼儿持续不断地探索，也支持不同发展水平幼儿的平行游戏。

3. 自主性原则

玩教具的真正教育价值在以幼儿作为学习主体的基础上受到重视。重视材料对幼儿自主学习的引导性作用，能够更好地激发幼儿的游戏主动性，从而在游戏过程中获得深度全面的发展。当幼儿主动参与游戏，独立探索玩教具时，会通过多感官的互动，增强操作体验，学会主动学习。同时，有助于培养幼儿独立自主的学习意识，引导其在游戏中不断地探索发现，获得全面发展。

4. 多样性原则

以《北京市幼儿园玩教具配备目录（试行）》文件为指导，结合班级教育教学活动需要，保障班级玩教具材料类型的全面多样。首先需针对五大领域发展目标，细化不同区域的功能和价值，结合区域核心经验，合理配置玩教具材料，保障区域游戏的教育效果。其次要关注和追随班级幼儿的兴趣特点，全面深入了解幼儿需求，优化班级材料配置，充分发挥玩教具的教育价值。

三、配置制度

随着社会对教育质量要求的增高，幼儿园对图书、玩教具材料采购也提出更新、更高的要求。根据清华大学及上级主管部门的要求建立园内内部控制体系，明确幼儿园的单位层面内部控制和业务层面内部控制，落实采购人员遵循资产管理与预算管理相结合的管理模式，建立幼儿园配置三级审查的模式。

（一）图书审查制度

幼儿园对幼儿直接接触的图书、玩教具材料非常重视，园所建立三级审查制度，本着对幼儿认真负责的态度，注重品质与实效，从上而下严谨而规范。

一级审查由资料室采购审查。采购人按照所需物品要求分类，进行比价、筛查。二级审查由班级教师从意识形态、价值观、专业性（适宜度、排版、美观性）方面进行审查。三级审查由主管园长或业务干部与采购人对采购物品从质量、内容、教育性、安全性方面进行严格筛查。

形成资料室、教师和业务干部三级审查机制，审查要求见表 2.3。资料室在图书订购中首先具有图书订购的审查责任，要订购有版权、正规出版社的图书，同时要随时注意教育部、市区教委图书推荐与图书审查整改的内容，及时调整图书订购和对已有图书的审核。业务干部具有图书入选审查责任，对幼儿园使用的师幼读物选用过程中要进行审查与把关，保证读物健康向上，符合正确教育价值。班级教师具有图书使用审查责任，对班级内使用的师幼图书、读物要随时进行审查，发现问题及时汇报。

（二）玩教具材料配置制度

园所玩教具蕴含内在的教育价值，在配置玩教具的过程中需遵循基本的规范，园所建立配置制度，采用三级审核的制度让玩教具材料配置更为规范细致。从购买方的认定、玩教具的采购要求、后期服务的考量都有具体细致的规定。

表 2.3 幼儿读物与教师用书的审查要求

审查内容	具体要求
意识形态	1. 要符合立德树人根本要求 2. 要积极弘扬社会主义核心价值观 3. 要维护国家形象和尊严 4. 要符合中华民族传统美德和主流社会公德 5. 要积极选取中国传统元素，体现优秀的中国传统文化 6. 应注意民族禁忌，体现对不同民族生活方式和习惯的尊重。不呈现有关宗教的图书
专业性	1. 要符合幼儿的年龄特点、心理认知和审美特点 2. 插图要体现较高的艺术性和健康向上的审美品质 3. 插图的内容、人物造型应体现积极向上的精神风貌，包括衣着、发饰等 4. 读物要尽量减少文字，如有文字需具有正确的政治导向，体现思想性、准确性、逻辑性、适宜性、规范性，不得植入广告或变相的商业广告 5. 要根据年龄特点进行图书分类
质量与价格	1. 对购置的图书质量与价格要进行把关 2. 扩大推荐供货商范围，择优选用

一级由资料室采购审查。采购人提前进行比价、筛查，并准备好玩教具样品。二级由业务干部、使用人与采购人对采购物品从材质、安全、功能、幼儿年龄特点方面进行严格筛查，必要时可邀请幼儿试玩。三级由班级教师从可操作性、适宜度、专业方面进行审查，如有不适宜幼儿使用和游戏的材料，及时报备进行更新和调换。

建立安全、稳定的材料供应渠道，从合法安全的批发市场、正规玩教具供应商选择材料。建立供应商联系册，每一类供应商不少于 3 家，以保证供应商之间存在竞争关系，便于采购人进行三方比价。对供应商商品质量、交货能力、价格水平和服务态度等方面进行了解和评价，最终选择性价比高的供货商。

四、配置管理

遵循幼儿园图书、玩教具材料配置原则，幼儿园合理规划园所图书和玩教具材料的投放和更新，明晰使用方法，科学提升管理和使用时效，促进园所的规范化管理。

（一）图书管理

图书资料定期进行收集整理，提高图书、期刊的利用率，及时将新补充的图书进行详细的分类和标注。幼儿园图书按通识类、教育管理类、教育理论类、教育教学四大类别进行分类，其中每大类根据幼儿园的各部门和教学需要进行更精确的项目分类。每一类别的图书用不同的编码进行排序，将全园的教师用书按照编码做成电子图书目录（见表2.4），能帮助教师快速查寻图书位置以及该书的数量，极大地节省了查找时间。该目录分类清晰，每本书都有相应的编码，在图书借阅方面更加快捷和便利。教师在借阅前可以搜索书名找到图书编码，可直接进行借阅。幼儿园的图书都要印有幼儿园图书专用章，以确保幼儿园图书资源的管理。

表2.4　资料室电子图书目录

幼儿园图书目录				
类别	名称	编号	数量（册）	部门

全园各班级有各自的电子图书目录（见表2.5）。既方便教师查阅图书资源，还能辅助记录班级图书损耗情况，在新学期班级物品交接中清楚地记录图书配置数量，为后续的补充投放和更新提供依据。

表2.5　班级电子图书目录

幼儿图书（童话、寓言、科普故事、图画书、美劳书、社会工具书）											
序号	名称	类别	数量	领取时间	（）学年负责人	（）学年负责人	是否淘汰	淘汰时间	年级审核	园级审核	备注

（二）玩教具材料配置管理

园所设立专门管理部门，加强对幼儿室内外玩教具材料的管理和维护。日常户外器械和室内玩教具的配置，严格按照种类配备标准进行购置。每学期根据玩教具的损耗及当前幼儿发展需要进行更新。

1. 户外玩教具

对于大型户外玩教具，除北京市托幼园所要求的检查外，幼儿园设立安全小组，小组成员定期进行安全巡查，每一次的巡查结果都记录在《大型户外玩教具安全风险检查记录》表中，按时间、问题描述、解决措施、检查人、责任人等几项内容进行记录。

大型玩教具由玩教具厂家在学期前后定期进行安全检查与维护，并记录成《大型玩教具厂家检修记录》，具体按照检查时间、玩教具名称、所在位置、检修部位、检修结果、意见反馈和检修人等几项内容进行反馈。玩教具责任人将厂家的每次检修记录按时间顺序装订成册。

2. 室内玩教具

幼儿园各年龄段平行班级较多，日常的玩教具、材料相对需求较大，因此，分别从园级和班级两方面建立玩教具库存领取相关电子台账。为便于了解玩教具库存等相关信息，高效做好玩教具、材料的库存管理工作（见表 2.6），班级建立玩教具登记册，详细记录玩教具投入班级的时间、类型、名称和数量，为更科学地规划班级玩教具投放奠定基础（见表 2.7）。

表 2.6 全园玩教具库存领取登记表

幼儿园玩教具库存 （ 年至 年）										
序号	玩教具名称	玩教具类别	图片	采购数量	采购时间	已领取数量	现有库存	是否淘汰	淘汰时间	审核签名

表 2.7 班级玩教具登记表

班级玩教具登记 班级： 班（ 年至 年）											
序号	玩教具名称	类别	图片	数量	领取时间	（ ）学年负责人	（ ）学年负责人	是否淘汰	淘汰时间	年级审核	园级审核	备注

（邱颖超）

第四节 信息技术应用与服务

随着信息技术的不断发展和广泛应用，幼儿园教育管理、教育教学、教师培训等多领域均使用信息技术，提升管理服务质量，加强教育教学多样化，促进教师专业发展。在信息技术的推动下，园所管理更加高效，方便了人员管理、考勤、课程安排等。幼儿教育由传统的教学模式逐渐融合新媒体技术，课程的多模态为幼儿提供了更加多元的学习途径，使教学质量得到进一步的提高。同时在家长沟通、幼儿发展评价体系等方面也越来越多地运用信息技术，多种渠道向家长展现园所教育理念、幼儿的一日生活、活动开展情况等，成为家园合作的重要途径。幼儿园在不断实践过程中，努力探索新技术与课程的整合，充分发挥信息资源的作用，利用信息技术辅助教学，为教师提供丰富多样的教学资源和各种强大的教学工具，提高了备课效率，拓宽了教师培训渠道，为教师专业成长赋能，更好地为教育教学服务。

一、幼儿园信息化建设

幼儿园致力于优化幼儿园基础网络、硬件设施和应用软件，提升信息技术在园所管理、保教实施、卫生保健、家园共育等工作方面的运用，推进数字化校园建设。

建立硬件资源环境是信息技术在幼儿园应用的前提条件。以校园网络为核心内容，多媒体教室、教师机房和各职能办公室为终端，促进教育教学、教研、管理所需设备设施的购置、整合、启用、管理。随着技术的不断进步，幼儿园软件形式逐渐多样化，功能不断完善，已经涵盖了教学、管理、家校互动等多个方面，成为幼儿园教学的重要辅助工具。

（一）规划网络环境

1. 有线网络

网络在日常教学办公环境中起着至关重要的作用，日常网络运行需要大量动态的应用数据传输，有大部分应用的主服务器有高速接入网络的需求，要求网络有足够的主干带宽和扩展能力，同时一些新的应用类型，如网络教学、视频直播 / 广播等，也对网络提出了支持多点广播和宽带高速接入的要求，幼儿园接入了清华大学万兆多模光纤校园网，满足了当前和未来扩展需要。根据实际情况，在设计过程中，把业务网和管理网进行区分，能提供多个网段的划分和隔离，并能做到灵活改变配置，以适应教学、办公环境的调整和变化。整个方案设计的目的是建设一个集数据传输和备份、多媒体应用、语音传输、OA 应用和 Internet 访问等于一体的高可靠、高性能的宽带多媒体幼儿园网络。

2. 教育专网

作为教育系统，园所接入了海淀区教育光缆专网，为加入智慧云中心、建设智慧校园、建设智慧型学习社区、提升智慧教研素质、推进智慧学习应用、一体化智能运维提供了支持，专线互联网的接入，实现了教育专网会议等需求。

3. 无线覆盖

有线网络是幼儿园教学、办公的重要组成部分，是获取资源和信息的主要途径，幼儿园在有线网络的基础上搭建了无线网络系统，实现了无线网络全覆盖，通过提供安全可靠的接入认证进行对接，形成了高质量的无线漫游服务，方便教师使用笔记本电脑、iPad、手机等移动终端设备教学、查询教学资源的需求，又为信息化设备提供了重要的网络支持。同时，强大的防火墙和网管平台也为无线网络使用安全、信息安全持续保驾护航。

（二）建设安防系统

1. 在集体活动、公共活动等场所安装监控设备，做到“全覆盖、无死角”。幼儿园门口安装门禁设备，记录幼儿入、离园信息，家长刷卡接送幼儿，保障幼儿人身安全。

2. 明厨亮灶智能视频监控系统，实时显示幼儿园食堂厨房清洗、切配、烹饪、备餐的画面，促进互相监督，确保幼儿食品安全，为创造更安全、更健康的园所安全提供有力支持。

3. 校园一键应急报警系统，当校园内出现突发性事件时，做到快速响应、联网援助，及时有效处理事故，确保师幼在园安全。

（三）完善电子设备

为班级、办公室配备合适数量的计算机，保障教育教学和办公的正常开展。贴合班级教师开展教育教学活动的需求，加强多样化电子设备的提供，促进教学活动资源的丰富和利用，为班级配备触控一体机、多媒体音响、笔记本电脑等，以及拓宽活动场地。促进年级组教研和培训活动的开展，为年级组会议室配备交互式设备触控一体机、照相机、摄像机和录音笔等，促进年级教学资源的实践经验的共享，促进年级教师学习共同体的建设。为方便教师备课和自主学习，开设机房为教师提供充足的学习空间。

（四）更新影音系统

校园建设的发展过程中，学校内部的各项服务和设施不断得到丰富和扩展。在这些服务和设施中校园广播是不可或缺的，支持日常教学和大型活动等，在培训、教研、观摩、大型活动中，多功能厅的影音系统发挥着重要作用。录播系统为录制教师教学活动提供了专业的数字化平台。

1. 幼儿园智能广播系统

幼儿园智能广播系统将广播信息传播到园所各个区域，为教育辅助、传递信息、安全保障以及日常管理提供支持。广播系统按照区域划分，分为院落、教室等多个区域，根据需要为每个区域设置广播内容。

广播系统应用场景包含三类：教学辅助、突发事件应对和教育活动宣传。教学辅助包含清晨入园音乐、晚间离园音乐，为幼儿营造愉快、温馨、舒畅的园所氛围。早操音乐为幼儿早操提供支持。突发事件应对用于传达突发事件信息，如灾情警报、紧急疏散和安全演习等。教育活动宣传用于宣传教育活动、亲子活动等。

2. 数据资源中心

幼儿园共建共享幼教资源中心，通过搭建数字化中心平台，借助内部存储，在网络环境下实现教学管理现代化、教学资源数字化、教学过程多样化、学习过程自主化、教研交互化等，促进园所内部优质资源的共享。

3. 录播教室

录播教室中的录播系统运用网络流媒体技术，对课堂教学过程和情景进行拍摄、采集及编码，将其完整记录为计算机文件，提供了专业级的视音频录编系统，可以网络实时直播或后期点播。录播系统基于计算机和网络，与现代校园信息环境相吻合，以数字文件保存课程内容，方便存储、检索和传播，便于管理和应用。

4. 配备大屏系统

结合不同场景和不同活动需求，幼儿园各位置配备了相应功能的电子屏。为开展幼儿大型活动、教职工培训和会议提供硬件支持，多功能厅配备了大屏。为做好幼儿保健的宣传工作，医务室配备了网络电视；为播放爱党爱国、劳动、自然等方面的资源，加强幼儿爱党爱国教育，同时在大型活动中发挥宣传和提示的作用，大厅配备了宣传屏。

（五）丰富软件资源

为促进幼儿活动的多样化，提升不同部门的管理成效，幼儿园引进丰富的软件资源，包含教育教学软件、儿童保健软件和科学管理软件，充分利用信息技术提升管理服务水平。

1. 教育教学软件

幼儿园引进艺术领域（美术、音乐、舞蹈）资源软件，资源按照幼儿年龄特点，分为小、中、大班课程，丰富的课程资源为教师进行艺术教学提供了适宜的素材，以课程目标为引领，在日常教学活动中融合信息技术，增强了教育自主性、互动性、创新性和趣味性。艺术资源库的引入，不但丰富了园本课程资源，也激发了教师进行教育研究的动力。

2. 儿童保健软件

医务室引入幼儿园食品安全与营养健康管理平台，包含幼儿信息管理、出勤管理、膳食管理、卫生保健、计划免疫和体检体测等。

（1）建立幼儿保健资料库

按照幼儿姓名、班级、出生年月、入园时间等建立幼儿保健资料库，根据数据库可以快速完成各类登记、统计与分析，方便查看幼儿的身体健康情况。

（2）建立卫生保健工作台账

幼儿的晨、午检以及体检等工作程序及时记录，为后续的分析总结提供依据，专业的体检体测评价系统自动化测评，为设计健康活动提供依据，科学组织适宜、有针对性的活动，对促进幼儿体质发展有指导作用。

（3）科学带量食谱计算

引进营养测算食谱软件，系统通过大量计算，分析食物营养价值，并根据幼儿所需营养量合理调整自动配平，方便为幼儿制作带量营养食谱，保障幼儿饮食营养需要。

3. 科学管理软件

（1）资产管理

资产管理是幼儿园常规管理工作的重要组成部分，是提高幼教质量的物质基础，因此要充分管好、用好现有物质资源。依托信息技术，幼儿园图书、玩教具、电教设备、办公设备等资产有完善的资产管理系统，固定资产有完善的管理系统，极大地方便了各部门和班级教师对各类资产的管理与使用。利用财务软件进行财务处理，提高了工作效率和准确性，每月财务人员通过网络进行汇总，准确、快速地核算每月各班幼儿的出勤率、就餐率以及应收的托育费和餐费等。

（2）教职工信息管理

运用信息技术，建立教职工信息管理系统，其中教师信息管理系统模块包含教师基本信息、职称信息、工作经验、获奖情况、继教培训等，方便对教师信息进行统一管理和完善，同时教师可以通过系统查询自己的工资明细、绩效、保险等信息，做到透明化管理。

二、信息技术在教育教学活动中的应用

在信息时代背景下，为培养面向世界、面向现代化、面向未来的幼儿，在教育教学活动场景中广泛运用有效的教育信息资源，使用多样的信息化设备，从而更加科学合理地设计教育教学活动，促进幼儿的全面发展。

（一）创设合理情境，丰富教学资源

信息技术综合运用电教媒体集图像、声音、动画、文字于一体的信息功能，向幼儿提供多种刺激，直接作用于幼儿感官，以生动直观、形象逼真的方式向幼儿呈现知识，激发幼儿学习兴趣，提高幼儿自主学习能力和探索欲望。班级教师结合活动需要丰富课程资源，创设活动情境，模拟真实的场景刺激幼儿参与积极性，较大限度加强幼儿对活动的关注和兴趣。借助信息技术，网络资源得到有效检索和利用，丰富教学资源，拓宽了幼儿的学习场域。同时为家园共育提供了载体，班级教师根据班级活动需要开展新闻播报活动，幼儿与家长精心制作PPT或视频，借助班级触控一体机播放，幼儿能够在集体面前大胆展示自己，锻炼表达能力。

（二）设计多样化的微课

微课是对传统教育基础的继承和发展，是一种新型教学资源，具有时间短、

内容精、模块化、情景化等特点，契合了 3 ～ 6 岁幼儿注意力时间短的认知特点，其打破时间、空间界限，用生动活泼、趣味丰富的手段，将重点、难点和关键点用视频、动画等立体动态的方式呈现，以幼儿视角为本，体现幼儿主动参与的信息化教学设计，依据幼儿发展需求，在合适的情境中向幼儿展示，有效拓展教学时空、开拓幼儿视野、提高教育教学效率，促进幼儿的自主学习和发展。

（三）建立幼儿评价体系

传统的发展评估工具缺乏精准性、科学性和系统性，不具备数据分析能力。评估工作集中在学期末，给老师们带来评估业务负担，且很容易出现评估误差。幼儿园利用信息技术开发了一套幼儿发展评估系统，教师填报数据电子化，大大提高教师的工作效率和准确性，实现了幼儿发展指标的可量化、结构化，从指标深度、宽度等维度自动进行数据挖掘和统计分析，系统客观地给出了幼儿发展的细粒度评估报告。“幼儿发展评估系统”为教师科学、系统评估幼儿发展，优化教育策略提供了重要的平台和工具（见图 2.1）。

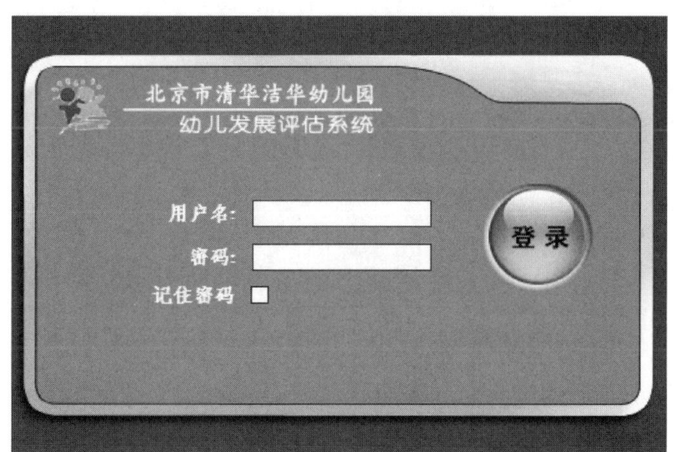

图 2.1　幼儿发展评估系统登录页面

（四）促进家园共育

拓展家园沟通渠道是提升家园共育质量的重要前提和基本保障，幼儿园在现有的沟通渠道基础上积极拓展，借助现代互联网信息技术，构建多种交流方式和平台，加强幼儿园与家长之间的交流互动，共同推进幼儿的发展和成长。

班级建立微信群用于与家长日常交流和沟通，发布园内各种通知，教师不定期将幼儿在园生活场景以文字、照片、视频的方式发送到家长群，同时根据班级活动需要建立学习任务打卡，让家长更多地了解幼儿在园活动情况，全面了解和参与班级工作。同时园级、年级、班级还会以美篇等方式，通过记录和介绍不同主题的开放活动，让家长更深入了解幼儿活动的状态，同时作为一种宣教渠道为家长提供健康育儿知识。

幼儿园建立园所宣传网站（见图 2.2），网站栏目为幼儿园状况、发展历程、课程设置、教育教研、卫生保健、家园共育、报名登记等，每个主栏目根据需要设置二、三级栏目，具有高度的开放性和互动性。通过网站建设，全面展示了园所文化、环境设施、教师风采、教育教学等，让家长更好地了解幼儿在园的生活学习情况，并为家园共育提供了更广阔的交流平台。

图 2.2 幼儿园网站主页

幼儿园本部园建立了“北京市清华洁华幼儿园”公众号，分园建立了“清华洁华幼儿园双清苑分园”公众号，推文提供多元化幼儿教育资讯，便于家长获取信息，了解幼儿园教育理念；发布活动推送，增进家园互动；为家长提供专业的育儿知识和经验，增强家长育儿认知，提高家庭教育指导水平。通过建立微信公众号搭建家园共育的桥梁，让教师、家长和幼儿三者之间理解交流更深刻，感情更深厚，目标更一致，配合更默契，使教育效果更显著。

以腾讯会议的形式开展线上家长会及幼儿保健知识宣讲，基于班级活动需要也会通过线上直播的形式，让家长实时看到活动的内容。幼儿园也通过腾讯会议实现班级互通，让家长通过腾讯会议的形式走进课堂，有效利用优秀的家长资源，使家长成为幼儿园的协作者、支持者，丰富教学资源，拓宽幼儿视野，促进全面发展，同时在活动中拉近教师、家长和幼儿的距离。

三、信息技术助推园本教研与培训

信息技术为教研工作提供了许多便利和创新的方式，极大地促进了教育教学的改革和发展。教研形态朝着大教研、协同教研、深度教研、精准教研、泛在教研的整合化方向发展。

（一）信息化对园本教研与培训的影响

有教育必定有教研，两者不可分割，借助现代化信息技术，教研内容得到拓展，形式不断丰富。首先新时代教研工作产生了四大变化：一是互联网、大数据等技术带来了新思维，在新思维下引领教研数字化变为可能和现实；二是智能终端等科技手段的进步，定会推动教师知识和能力的重构，必然引领课程教学改革，推动教学方式 、学习方式的变革；三是数字化带来了教研评价的变化，从过去的注重结果到注重过程，从过去的静态数据到动态数据，从结果性数据到伴随性的数据，教研会变得更加精准；四是互联网带来了教研主体的变化，网络环境带来更多“关系”，原有的教研结构、教研形式、教研资源变得更加丰富，教师卷入度更高，成为教研的主导者，思想更容易碰撞出火花。

（二）信息技术助力园本教研与培训创新

1. 体系化

在教育数字化转型的背景下，各类智能技术、数字化设备、教研平台与工具得到广泛应用，并全面融入教研活动的各个环节。“互联网 + 教研” 呈现出体系化的特征，教研与培训形式更加多元。与教师专业成长相结合的教研体系不断完善，指导团队理论知识与实践经验的系统推进，网络教研平台促进多方协同教研，教研内容多元化精细化。整体以幼儿发展为导向，形成立体化、系统性教师教研资源，满足不同水平教师的成长需求。

2. 协同化

智能技术的赋能，为教研的多方协同提供了有效支撑。教研部门可借助互联网打破时空限制，实现教师间的对话协商，促进教师交流研讨和广泛协同，构建教师专业发展共同体。借助智慧教研平台及工具，教研部门还可构建跨学校、跨区域等多元教研形态，利用智能技术打造一个多元、协同，并能动态演化的教师网络学习协作社群，从而增强教研的临场感、沉浸感和体验感，推动教师群体共同发展。

3. 深度化

面对新时代课程改革的需求及教师专业发展的挑战，教研活动更需要有效支持教育教学实践问题的解决，因此，“互联网 + 教研”逐渐呈现出深度化的特征。教研内容也正向全面提升教师素养，增强育人实践能力转变。教研部门应面向教育高质量发展开展专题教研，创设真实情境，解决教师在教育教学中遇到的真实问题。构建全方位、多维度、可视化的深度教研逻辑，有助于促进教研成果的转化，提升教研活动的质量。

4. 精准化

得益于大数据、人工智能等新一代信息技术的赋能，由精准化教研工具、系统组成的教研生态环境逐渐形成。在这个生态环境下，教研部门可以挖掘并分析教师的特征，通过数据挖掘、模型分析、精准应用等，以教师实际需求为导向，构建出课程资源精准推送系统，推动教师分层分类培养，并根据群体数据实现教研规划设计与整体调优。

5. 泛在化

在教育数字化阶段，由于教育新基建的日益完善、宽带网络的日益普及以及资源的日益丰富，教研活动加速走向常态化实践场景，教研组织者及参与者可在多场景教研情境中采取不同教研方法和活动形式。在技术的支撑下，教师可灵活且便捷地跨区开展协同备课、听评课、同课异构等教研活动。教师还可根据自身需求，结合技术环境等要素，个性化选择最适合自己的教研方式和活动，实现人人教研、时时教研、处处教研。

（三）信息技术在园本教研与培训中的应用

1. 数据收集与分析

信息技术为教研工作提供了高效的数据收集和分析手段。教师可以利用电子表格、数据库和在线调查工具等技术，快速收集和整理、分析和评价。通过数据分析，有针对性地进行教学设计和优化，增强教学效果。

2. 活动资源的获取与共享

信息技术使得教师可以轻松获取和共享各种教学资源。教师可以通过互联网搜索引擎、在线教育平台和教育资源库等渠道，获取丰富多样的教学资源，如教学视频、教学课件、教学案例等。同时，教师也可以将自己的教学资源上传到网络平台，在教研活动中进行研讨交流，分析活动亮点与不足，促进教学资源的共建共享，提高教学质量。

3. 活动设计与创新

信息技术为教师的教学设计和创新提供了广阔的空间。教师可以利用多媒体技术、在线模拟软件等工具，设计出生动有趣、互动性强的教学活动，激发幼儿的学习兴趣和积极性。同时，信息技术还可以帮助教师实现个性化教学，根据幼儿的不同需求和能力，提供个性化的学习资源和学习路径，促进幼儿的自主发展。

4. 活动效果评价

信息技术为教学评价和反馈提供了更加科学和全面的手段。教师可以利用在线测评系统如在线问卷调查等工具对课程内容、教学方法、目标达成等方面进行评价，结果自动汇总后分析，方便教师进行评价和改进。对整个教研过程进行实时监测和评估，利用信息技术支持的数据分析和可视化工具，直观展示和分析评价结果，促进教研活动的优化调整，为下一步教研明确方向。

信息技术为教师的专业发展和学习提供了便利和支持。教师可以通过在线学习平台、教育社交网络等渠道，参与各种教育培训和学习活动，提升自己的教学能力和专业素养。同时，教师还可以通过在线教研平台和教育论坛等途径，与其他教师进行交流和合作，共同研究和解决教学中的问题，促进教师的专业成长和发展。

信息技术在园本教研和培训中的应用，为教育教学变革提供了创新点和生长点。数据调查全面真实，资源利用丰富便利，评价手段科学高效，不断优化信息来源、监控过程、科学评价，支持教师的专业发展，为教师终身学习提供了平台和工具。

四、信息技术培训

幼儿园非常重视教师信息技术应用能力的提升，根据市、区教委的要求结合幼儿园实际情况，园长参与校长信息化线上线下培训，建设幼儿园信息化管理团队，带领教师参与北京市教师信息技术应用能力培训，幼儿园积极为教师寻找信息技术学习资源，通过线上、线下相结合的方式进行培训，使得教师将信息意识、思维、信息技能等有机融入教育教学中。

（一）规划统一学习内容与形式

幼儿园按照教委等相关要求对教师进行信息技术培训，比如北京市启动了教师信息技术应用能力提升工程 2.0，构建以校为本、基于课堂、应用驱动、融合创新、评用结合的教师信息素养发展新机制，开展在职在岗专任教师信息技术应用能力提升培训，全面促进信息技术与教育教学融合创新发展。

为此幼儿园组建由继续教育工作主管领导、信息技术管理人员、年龄组组长、信息技术应用能力突出的教师组成园本研修培训指导团队，结合幼儿园实际情况，制订具体的学习计划，包括学习内容、时间安排、学习方式。按照学习计划有序开展学习，注重理论和实践相结合，提高教师的实际操作能力。通过考试、作品评价等方式，对教师的学习效果进行评估，及时发现问题并采取改进措施。同时建立有效的反馈机制，及时收集教师的意见和建议，不断完善和优化学习计划，丰富拓展学习内容，提高学习效果和质量。

（二）开展多种形式教师培训

幼儿园采用多种培训形式加强信息技术培训，以集体培训和个体引领相结合，开展以解决实际问题为导向的园内自学、引进资源使用方法的专家讲解，以及外出培训加强信息技术和资源利用等方式，多方位促进园所教职工提高信息技术能力。幼儿园不定期将专任教师、信息技术教师外派至其他园所或机构进行学习，通过系统专业的培训，在实操的基础上和园所教师进行交流和分享，提升信息技术技能。线下培训以幼儿园内部培训为主，这种方式比较灵活，可以充分利用幼儿园的设备和资源，根据幼儿园需求和实际情况灵活调整培训内容。同时园所也会邀请专家来园进行培训，教师可以获得更加专业、权威的知识和技能，而且专家可以根据幼儿园的需求和实际情况进行定制的培训方案，满足教师的实际需求。

（三）网络资源课程学习

幼儿园教师利用网络学习资源，提升专业素养，提高信息技术知识学习和实践能力。常见的优秀教育类网站如“中国教育网”“人教社教育网”等，这些网站基于现代青年人的学习需求，适应时代的需要开设了通识课程，其中包含信息技术知识、不同行业信息技术的广泛应用，包含常见的检索工具、编辑工具、演示工具、影音剪辑工具等。教师可以基于自身的需求广泛搜索网络资源，加强信息检索和利用能力，借助网络教学资源提升信息技术运用能力。

跟进信息时代需求，幼儿园在各个管理部门和教育教学中广泛使用信息技术，提升管理服务水平，增强教育教学手段的多样化丰富性。加强信息化教育教学需要信息化教师团队的打造，提高教师的信息技术应用能力和素质，促进学前教育与信息技术的深度融合，从而为幼儿的全面发展提供与时俱进的支持和保障。

（范凤梅）

第五节　幼儿园资产管理与服务

新时代，国家经济快速增长，人民对美好生活的向往更加强烈，特别是对教育质量的要求越来越高，为此国家持续加大教育投入，对教育资产管理也提出更新、更高的要求。清华洁华幼儿园附属于清华大学，融百年清华精神和70余年专业积淀的清华优质幼教，始终坚持服务清华大学和北京幼教的办园宗旨，崇尚厚德幼教、厚德服务、厚德育人，长期潜心实践，不断探索，不断促进幼儿园教育质量逐年提升。随着办园规模不断扩大，其教育资产总量随之大幅增加。为了应对幼儿园高质量发展需要，针对日益严格的资产管理要求，幼儿园积极创新、深入实践，探索出一条“配置科学、使用有效、处置规范、监督到位”的资产管理模式，为幼儿园事业发展提供了坚实的物质服务保障。

一、管理与服务的目的和意义

幼儿园资产是幼儿园开展保育教育、教科研、办公和后勤工作的物质基础和重要保障，资产管理与服务是幼儿园管理工作的重要组成部分，秉承“服务一线及各部门、安全规范、节能降耗、物尽其用，集约高效”的核心理念，高度重视并切实加强幼儿园资产管理，形成“全员参与、人人尽责、上下联动、齐抓共管”的工作格局，其目的是让幼儿园每一件资产配置得更加科学合理，使用更加便捷高效，使其更好地支持班级教育教学的开展，保障后勤其他部门的工作高效运转，从而促进幼儿园事业高质量发展。

二、管理原则

幼儿园资产管理原则指引园所管理工作，需遵循服务中心、科学规范、责任到人和勤俭节约四项基本原则，能够有效促进资产科学管理，增强幼儿园资产对园所整体发展的作用。

（一）服务中心原则

以教育教学为中心，加强资产管理，提供物资保障，围绕中心，服务大局。

（二）科学规范原则

以严谨的态度抓管理，做到流程科学合理、管理规范有序。

（三）责任到人原则

建立权责明晰的管理机制，坚持谁领用、谁保管、谁负责。

（四）勤俭节约原则

力求节约资源，防止损失浪费，提高资产使用效率和经费使用绩效。

三、管理内容

幼儿园资产包含园所物质资源，是指对幼儿园各种物资条件、物品、财产的管理，包含园舍建筑管理、环境条件管理、玩教具材料管理等方面，通过加强对资产的计划、调控、维护，增强全流程、全方位的资产管理，优化园所资产投放和更新。

（一）资产调研

制订调研计划、调研统计分析表。

（二）资产采购

制订采购计划、编制采购预算、提出采购申请、确定采购方式、组织实施采购、签订采购合同和组织到货验收。

（三）资产入账

根据资产验收材料及时办理入账手续。

（四）日常管理

包括资产入库、资产出库、库存管理和粘贴标签。

（五）计提折旧

按照规定每月计提固定资产折旧。

（六）维护维修

重点做好日常维护、故障维修。

（七）资产盘点

包括库房每月盘点、固定资产年中和年末盘点。

（八）资产处置

包括资产调拨、变卖、报损和报废等方式。

四、管理体制和规章制度

2017 年，幼儿园根据清华大学及上级主管部门的要求建立内部控制体系，明确幼儿园的单位层面内部控制和业务层面内部控制，落实管理责任，健全管理制度，细化管理要求，其资产管理工作遵循资产管理与预算管理相结合，资产管理与财务管理相结合，实物管理与价值管理相结合的原则，实行“统一领导、分工协作、责任到人”的管理机制，建立“幼儿园—财务管理部门—资产管理部门—资产使用部门”的分级管理模式。

五、管理与服务要点

幼儿园资产管理服务于园所发展规划，旨在为幼儿营造安全舒适有意义的教育环境，在管理上牢牢把握服务理念，以需求为导向，加强教职工的使用反馈，促进资产的维护与更新，以此不断提升科学管理与服务水平。

（一）树立服务理念，优质高效开展资产管理工作

1. 需求调查

需求调查是为了了解一线及各部门的真实需求，从而确定采购范围、采购数量等，以保证采购需求真实有效（见表 2.8 ～表 2.11）。

2. 调查途径

第一，深入一线实施调查。深入各个部门查看物资储备，明确需求、了解实际情况。第二，倾听需求，教师主动申请。收集教师需求，及时了解掌握各阶段班级及各部门所需的物品。第三，认真统计记录，及时梳理总结。

表 2.8 后勤生活用品发放记录表

后勤生活用品统计发放记录表 ____年 ____月 ____日														
统计人：														
序号	部门	教师人数（个）	物品名称	洗衣粉（300g/袋）（医务室食堂消毒室维修室）		肥皂（块）（医务室食堂 消毒室 维修室）		纱线手套（瓶）（食堂 消毒室 维修室 保洁室）		百洁布（块）（医务室食堂消毒室维修室 传达室 保洁室）		凡士林（瓶）（食堂 维修室 保洁室 传达室）		教师签字
			数量	现有量	补给量	现有量	补给量	现有量	补给量	现有量	补给量	现有量	补给量	
1	医务室													
2	食堂													
3	消毒室													
4	维修室													
5	传达室													
6	保洁室													
	合计													

表 2.9 门窗家具等设施项目安全检查统计表

门窗家具等设施项目安全检查统计表 ____年 ____月 ____日																				
统计人：																				
序号	班级/部门	检查项目	门		窗户		柜子		桌子		椅子		床		电器		水龙头		其他	教师签字
		检查情况	正常	问题数量	正常	问题数量	正常	问题数量	正常	问题数量	正常	问题数量	正常	问题数量	正常	问题数量	正常	问题数量		

表 2.10 班级家具统计表

班 级 家 具 统 计 表																					
统计时间：																					
序号	班级	儿童桌					儿童椅					儿童床					儿童玩具柜				
		数量	材质	配置时间	使用情况	处理意见	数量	材质	配置时间	使用情况	处理意见	数量	材质	配置时间	使用情况	处理意见	数量	材质	配置时间	使用情况	处理意见
	合计																				
	备注																				

表 2.11 班级常规物品申请登记表

班级常规物品申请登记表 班级：______					
序号	物品名称	数量	单位	申请日期	发放日期

3. 需求调查原则

服务一线和各部门，实地探查和自主申请相结合，以班级物资配备标准为依据，加强服务保障。

4. 服务体现

第一，加强与一线教师的沟通联系，及时采购、补充、完善，努力保障正常教育教学需求。第二，在教师们提出需求的基础上给予建设性建议，合理使用，节约资源。第三，做有心人，主动学习，提升预见能力，主动为一线提供值得借鉴的参考意见，使资产服务跟上教育发展。

（二）采购与发放

幼儿园资产采购和供应坚持以教育教学为中心，部门相互配合，按照采购计划，规范程序，因需而购，自下而上进行。目前，幼儿园采购与发放流程为：使用部门提出申请—领导审批—相关部门采购—固定资产管理员、采购员、使用人一起验收—入账—总务室制作固定资产标签—使用人签收。根据资产类型不同，实施不同的采购与发放方式。

1. 常规物品类

常规物品主要包括生活、办公、教学等易耗资产及维修材料，采购与发放方式如下。

（1）采购

①建立安全、稳定的原材料供应渠道，从合法安全的大批发市场、超市选择供应商（见表 2.12）。

表 2.12 总务室供货商名录表

总务室供货商名录表（ 年 月— 年 月）					
序号	供货商名称	供货内容	资质证明材料	联系电话	备注
1					
2					

②建立供应商名录，每一类供应商不少于3家，以保证供应商之间存在竞争关系。当部分供应商无法保证供应时其他供应商可进行补充，对补充供应商应进行商品质量、交货能力、价格水平和服务等方面的了解和评价，重点依据信誉度高的电商平台进行比价、议价，保证物美价廉及产品安全（见表2.13）。

表2.13　总务室供货商服务评价表

总务室供货商服务评价表（　年　月—　年　月）							
序号	供货商名称	供货内容	货品用途	使用评价	是否继续合作	签字	备注
1							
2							

③采购计划由各个需求部门和总务室定期（每两月一次）制订，依据工作计划、实际调查统计及全局情况，填写《物品材料申请计划表》（见表2.14），经领导审核后，总务室进行采购。

表2.14　年龄部材料购置计划申请表

年龄部材料购置计划申请表							
时间：____ 年____ 月 — ____ 年 ____ 月							
序号	材料名称	规格	单位	用途	计划用量	使用时间	备注
年龄部长：					主管园长：		

（2）发放

常规物品发放方式坚持按申请明细进行物品发放和进出库登记，做到日清月结，保证账账相符、账实相符。

①生活、洗涤、办公物品根据计划每两月统一发放，个别班级有些物品提前用尽，年龄组内进行调剂；每学期末班级所有剩余洗涤物品送回总务室，由总务室根据物品的使用日期重新配置发放使用（见表2.15～表2.16）。

②办公（教师用笔等）、教学类物品（纸张等环创类易耗材料）及维修等材料根据统计少量库存，用尽再购，方便教师根据工作进度及活动要求随需随领（见表2.17～表2.19）。

表 2.15 班级生活用品剩余量统计及补给量统发记录表

班级生活用品剩余量统计及补给量统发记录表（ 年 月 日）																			
统计人：																			
序号	班级	幼儿人数（个）	物品	卫生纸（盘）				洗衣粉(300g/袋）				肥皂（块）				健之素（瓶）			
			数量	原有量	使用量	剩余量	补给量	原有量	使用量	剩余量	补给量	原有量	使用量	剩余量	补给量	原有量	使用量	剩余量	补给量
1																			
2	合计																		

班级生活用品剩余量统计及补给量统发记录表（ 年 月 日）																												
统计人：																												
厨余垃圾袋（卷）				其他垃圾袋（卷）				洗涤灵（瓶）				洁厕灵（瓶）				百洁布（块）				抽纸（盒）				钢丝球（个）				教师签字
原有量	使用量	剩余量	补给量	原有量	使用量	剩余量	补给量	原有量	使用量	剩余量	补给量	原有量	使用量	剩余量	补给量	原有量	使用量	剩余量	补给量	原有量	使用量	剩余量	补给量	原有量	使用量	剩余量	补给量	

表 2.16 班级毛巾统发记录表

班级毛巾统发记录表																		
制表人：																		
序号	班级	人数（个）	不同用途毛巾名称	热力毛巾			消毒毛巾	餐车抹布	绒抹布				饮水机抹布	幼儿擦手毛巾		盖布	备注	教师签字
			不同颜色毛巾（块）															
			合计															

表 2.17 办公用品统计发放记录表

办公用品统计发放记录表																	
统计人：																	
序号	班级/部门	教师人数	用品名称	黑按动笔（支）		红按动笔（支）		记号笔（支）		便签纸（小包）		两页夹（个）		垃圾袋（50个/包）		备注	教师签字
			数量	现有数量	需领数量	现有数量	需领数量	现有数量	需领数量	现有数量	需领数量	现有数量	需领数量	现有数量	需领数量		
			合计														

表 2.18 班级纸张统计发放记录表

班级纸张统计发放记录表																	
统计人：																	
序号	班级	幼儿人数	纸张名称	绘画纸		水粉纸		不同图案的手工纸								备注	教师签字
								晕染图案		星空图案		三角形图案		春花图案			
			数量（张）	现有数量	需领数量	现有数量	需领数量	现有数量	需领数量	现有数量	需领数量	现有数量	需领数量	现有数量	需领数量		
			合计														

表 2.19 教学、生活用品出库台账

教学.生活用品出库台账（____年____月—____年____月） 班级 ____											
制表：总务室											
序号	物品名称	数量	单位	时间	签字	序号	物品名称	数量	单位	时间	签字

③工具类、维修类等材料领取坚持以旧换新原则（见表 2.20）。

表 2.20 维修申请单

（班级 / 部门）维修申请单
维修事项
维修申请人员名字：
时间： 年 月 日

2. 园级固定资产

使用期限超过一年，单位价值在 1000 元以上，并在使用过程中基本保持原有物质形态的资产，作为园级固定资产管理。

（1）采购

①固定资产管理工作由总务室实行归口管理（见表 2.21）。

②采购预算由财务室和采购部门根据工作计划共同进行。

③采购审批：各业务部门根据预算提出采购需求，经财务室审核后，上报主管副园长，按采购金额由上级主管单位决策机构进行审议。

④固定资产采购由资料室、电教室、安全办、总务室等部门负责。

⑤固定资产入账材料包括：固定资产申请表、固定资产验收单、固定资产签收表（电子版，年底统一打印、签字）、发票、合同及明细清单等（见表 2.22 ~ 表 2.26）。

表 2.21 物品入库台账

物品入库台账（类别____）									
制表：总务室									
序号	年		记账凭证	物品名称	数量	单位	单价(元)	金额(元)	去向
	月	日							

表 2.22 资产购置申请表

资产购置申请表						
申请部门：				申请日期：		
序号	固定资产名称	规格型号	申购数量	单位	预计单价	预计总价
合计： 元						
申请原因： 申请人：						
需求部门负责人审核		财务负责人审核		主管园长审核	园长审批	

表 2.23 固定资产验收单

固定资产验收单				
资产名称	规格	型号	数量	备 注
验收意见： 固定资产管理员签字： 固定资产使用人员签字： 验收时间： 年 月 日				

表 2.24　固定资产维修申请表

<table>
<tr><td colspan="5">固定资产维修申请表</td></tr>
<tr><td>申请部门</td><td colspan="2"></td><td>申请时间</td><td></td></tr>
<tr><td>资产名称</td><td colspan="2"></td><td>资产编号</td><td></td></tr>
<tr><td>维修数量</td><td colspan="2"></td><td>存放地点</td><td></td></tr>
<tr><td>资产维修内容</td><td colspan="4"></td></tr>
<tr><td>资产管理部门</td><td></td><td>内修 □
外修 □</td><td>资产管理员签字</td><td></td></tr>
<tr><td>财务意见</td><td colspan="2"></td><td>主管园长意见</td><td></td></tr>
<tr><td>园长意见</td><td colspan="2"></td><td></td><td></td></tr>
<tr><td rowspan="2">维修结果验收确认</td><td colspan="2">申请部门签字</td><td colspan="2"></td></tr>
<tr><td colspan="2">资产管理小组签字</td><td colspan="2"></td></tr>
</table>

表 2.25　固定资产报废申请表

<table>
<tr><td colspan="6">固定资产报废申请表</td></tr>
<tr><td>设备名称</td><td colspan="2"></td><td>规格型号</td><td colspan="2"></td></tr>
<tr><td>设备编号</td><td colspan="2"></td><td>原值（元）</td><td colspan="2"></td></tr>
<tr><td>购买时间</td><td></td><td>启用时间</td><td></td><td>使用年限</td><td></td></tr>
<tr><td>报废原因</td><td colspan="5"></td></tr>
<tr><td>资产管理员意见</td><td colspan="2"></td><td>财务人员意见</td><td colspan="2"></td></tr>
<tr><td>主管园长意见</td><td colspan="2"></td><td>园长意见</td><td colspan="2"></td></tr>
<tr><td>上会集体审议意见</td><td colspan="5"></td></tr>
</table>

表 2.26 采购询价表

<table>
<tr><td colspan="7">采购询价表</td></tr>
<tr><td colspan="3">询价部门：</td><td colspan="4">询价日期：</td></tr>
<tr><td colspan="2">供应商单位名称</td><td colspan="5"></td></tr>
<tr><td colspan="2">供应商单位地址</td><td colspan="5"></td></tr>
<tr><td colspan="2">联系人</td><td colspan="2"></td><td>联系电话</td><td colspan="2"></td></tr>
<tr><td>序号</td><td>名称</td><td>规格型号</td><td>单价</td><td>数量</td><td>金额</td><td>备注</td></tr>
<tr><td></td><td></td><td></td><td></td><td></td><td></td><td></td></tr>
</table>

（2）发放

①固定资产购置后，采购员准备入账材料，并联系固定资产管理员准备验收。

②固定资产管理员组织验收，验收时严格把关，对所验固定资产的数量、质量、附件等进行认真检查，验收记录单和照片资料一起存入资产档案。

③固定资产管理员负责新购固定资产登记工作，将验收合格、资料齐全的设备在固定资产系统中进行信息的增加和提交，并到归口部门办理签字手续。

④采购员完成财务手续后，管理员粘贴固定资产标签，使用人签收领用（见表 2.27）。

表 2.27 固定资产领用签收表

<table>
<tr><td colspan="14">固定资产领用签收表</td></tr>
<tr><td colspan="14">时间：____年____月—____年____月</td></tr>
<tr><td rowspan="2">序号</td><td rowspan="2">资产名称</td><td rowspan="2">型号 / 材料</td><td rowspan="2">资产编号</td><td rowspan="2">数量</td><td rowspan="2">单位</td><td rowspan="2">价值（元）</td><td colspan="2">去向</td><td rowspan="2">领用时间</td><td rowspan="2">图片</td><td rowspan="2">采购人</td><td rowspan="2">使用人</td></tr>
<tr><td>位置</td><td>班级、部门</td></tr>
<tr><td></td><td></td><td></td><td></td><td></td><td></td><td></td><td></td><td></td><td></td><td></td><td></td><td></td></tr>
<tr><td></td><td></td><td></td><td></td><td></td><td></td><td></td><td></td><td></td><td></td><td></td><td></td><td></td></tr>
</table>

3. 应急采购类

对于无法进行提前计划的采购事项，如临时性采购、非正常毁损等应急采购，按照幼儿园采购程序，一事一议。

（1）采购

超常规临时性或重大活动急需的物品采购，由需求部门直接报于上级主管部门，经主管部门审核同意后，采购部门直接进行采购（见表 2.28）。采购完成后，需求部门需将《临时申请计划表》或情况说明报采购部门备案。

表 2.28 采购物品申请单

（班级/部门）采购物品申请单			
物品名称	规格	数量	备注(明确需要重点说明的问题)
采购申请人员签字： 时间： 年 月 日			

（2）发放

应急类物品到货后，采购部门和使用人一起验货、登记、签收（见表 2.29）。

表 2.29 物品验收单

物品验收单				
物品名称	规格	型 号	数量	备注
验收意见（产品型号及数量是否与订单一致、产品外观是否完整、是否能正常使用等内容）： 采购人员签字： 物品领用部门经办人/非采购人员签字： 验收时间： 年 月 日				

（三）日常保管与维护维修

资产的日常保管和维护维修关系到资产是否能长期保持良好工作性能和安全性能，关系到各部门工作效率。“预防”重于“治疗”，重点加强资产保管和维护，规范使用，避免故障，减少维修，延长资产使用寿命。

1. 园级固定资产

（1）固定资产日常管理小组：主管园长、固定资产管理员、资产采购人、园内维修师傅和资产使用人。

（2）实行谁领用谁负责、谁使用谁保管的管理方式。

（3）固定资产管理员定期联系专业人员对一些专用设备进行维护维保，例如食堂锅炉、大型玩教具、钢琴、饮水机和空调等。

（4）固定资产管理员每月与财务核账一次，做到账账相符、账实相符（见表 2.30）。

表 2.30 固定资产明细表

固定资产明细表（____年___月）														
序号	物品名称	购置日期	编号	凭证号数	原值（元）	使用年限	年折旧额（元）	月折旧额（元）	当年计提	累计折旧金额	残值	存放地点		备注
												位置	班级/部门	
一、家具用具及装具类														
二、设备类（通用设备、专用设备）														
通用设备（计算机设备、办公设备、车辆、电器设备、通信、广播、电视电影设备、清洁卫生设备等）														
专用设备：														
食品加工类、缝纫、医疗设备、电工、电子专用生产设备、纺织设备、文艺设备、体育设备、娱乐设备、消防、安全设备、自来水、燃气等）														
专用设备：幼儿食堂类（除上述一、二外的全部幼儿食堂物品）														
			合计：											

（5）固定资产管理员每月向财务提交一次资产计提折旧报表，真实反映幼儿园固定资产价值（见表 2.31）。

表 2.31 固定资产折旧月报表

固定资产折旧月报表		
________年________月		
序号	资产大类	本期折旧/摊销金额（元）
1	通用设备	
2	专用设备	
3	家具、用具、装具及动植物	
4	合计	
固定资产管理员：		
主管园长：		

（6）每年进行一次全园固定资产盘点，由固定资产管理员和使用人进行核对（见表 2.32）。

表 2.32 固定资产盘点核对表

固定资产盘点核对表													
时间：____年____月一____年____月								班级 / 部门____主班教师____					
序号	物品名称	购置日期	编号	凭证号数	原值（元）	使用年限	存放地点		现状				变更日期
							位置	班级 / 部门	正常使用	停用	待修	报废	

（7）固定资产维修注意事项

①使用人填写维修申请单，向幼儿园维修室报修；如需请校外专业维修，由固定资产管理员联系（见表 2.33）。

表 2.33　外援维修服务单

外援维修服务单 时间：			
外援维修单位		联系人	
		（电话）	
园内联系部门	总务室	联系人	
		（电话）	
维修项目		更换零件	
维修费用（元）			
园内维修师傅检验签字		班级 / 部门签字	
维修人签字		维修单位盖章	

②维修成本预计较大时，则由资产使用部门提出书面维修申请，注明固定资产维修原因、维修预计成本等内容，经主管园长审批、评估维修成本合理性后，方可进行固定资产维修。

③固定资产维修完成后，园内维修师傅和使用人共同验收，如果是校外专业维修，园内维修师傅和使用人需在维修回执单上签字。

（8）固定资产报废处置流程

使用部门上报—固定资产日常管理小组进行鉴定、评估—申请部门填写《固定资产报废申请表》—财务部门审核—园长审批—固定资产管理员和维修师傅、资产使用人共同处置资产—固定资产处理后产生的残值收入交于财务入账—财务开具收据并由总务室留档。

2. 班级固定资产

班级固定资产包含部分园级固定资产、班级日常生活用品和玩教具等，其日常保管与维护维修要点如下：

（1）班级每位教师对班级一切设施与资产具有保护职责，了解设施设备的使用方法，主班教师对本班一切资产做到心中有数。

（2）各种设施设备为教职工和幼儿的生活、学习带来便利，班级教师结合教育教学，有意识地将爱惜设施设备教育融于日常教育教学中，让勤俭节约融入日常，形成良好习惯。

（3）学期末，主班教师对本班资产按类进行整理清点，并配合固定资产管理员进行资产核对，保证账物相符。

（4）交班时，原班主班教师认真与接任教师分门别类地核对资产，认真填写班级资产交接单（见表 2.34）。

表 2.34 资产交接记录表

资产交接记录表　　新班______						
交接人员：原班主任教师______　　新班主任教师______						
序号	时间	交接事项				备注
		班级固定资产		园级、校级固定资产		
		完成（√）	未完成情况说明	完成（√）	未完成情况说明	

（5）班级固定资产维修坚持尽量园内维修师傅维修原则，如园内维修师傅不能维修且维修金额较小，总务室联系厂家或专业师傅维修，维修完毕，园内维修师傅和使用人共同验收并签写维修记录单，便于后续结账。

（四）反馈服务

反馈服务的重点是关注了解资产的真实使用情况，及时把握资产在实际使用中出现的新情况和新问题，了解资产的质量、性能是否能满足教育教学的真实需求，从而及时调整资产采购计划，改进方案，优化服务，确保资产在实际工作中安全、真实有效地发挥作用。

1. 加强与一线的沟通联系，及时了解资产使用情况，重点了解新购置的、维修后的、使用时间较长的资产，做好资产使用情况反馈记录，并高效解决问题。

2. 加强与供货商的联系，及时反馈资产使用情况，确保问题及时解决；确保专业维修、维护做在前，尤其一些电器资产例如空调、热水器、锅炉等，每年使用前全面检查，排除隐患，确保资产安全使用。

3. 定期调研检查。定期对一些资产物品进行专项调研检查，对于一些班级积压材料和闲置资产进行组内调剂，充分挖掘现有资产功能，到期仍然有使用价值的资产要继续使用，切实做到物尽其用。主要工作包括：每两月统计一次班级生活用品及洗涤用品的剩余量，每月盘点统计一次库存物品，定期进行班级资产安全调研检查（见表 2.35 ～表 2.36）。

表 2.35 生活、教学及幼儿食堂用品库存盘点表

生活/教学及幼儿食堂用品库存盘点表						
时间：_____年_____月						
序号	分类	物品名称	数量	单位	用途	备注

表 2.36 常规纸张库存盘点表

常规纸张库存盘点表					
时间：_____年_____月					
序号	分类	颜色	数量（张）	结余数量（张）	备注

幼儿园充分发挥资产最大使用价值，为幼儿园中心工作开展提供有力物资保障，以高质量资产管理服务幼儿园事业高质量发展。

（李海芳）

第三章 卫生保健与保育指导

《幼儿园工作规程》明确指出："幼儿园必须切实做好幼儿生理和心理卫生保健工作"。《幼儿园教育指导纲要（试行）》中也指出："重视卫生保健工作的开展"。幼儿园卫生保健和保育指导是幼儿身心健康成长、安全生活的基础保障，是幼儿园日常管理工作的重要内容及关键组成部分。卫生保健管理的效能和质量涵盖了幼儿的成长环境、生理及心理健康、饮食营养、疾病预防、园所安全等各个方面，切实地为幼儿创造良好的身心成长环境，使幼儿健康、安全能得到有效保障。幼儿园坚持将保育与教育充分融为一体，坚持卫生保健和教育共同发展的方针，保障幼儿的身心健康发展。

第一节 儿童健康管理

关注在园幼儿的健康状况是家庭、幼儿园及社会的责任与义务。通过全面、系统、定期的健康检查，了解幼儿的生长发育水平及其健康状况，针对每一名幼儿的具体情况做好健康管理，保障其健康、快乐成长。

一、儿童入园健康检查

了解每位准备入园幼儿的生长发育特点及健康状况，防止将传染病带入园，同时判断其能否适应集体生活。

（一）健康检查内容

1．既往史、过敏史

幼儿在参加入园健康检查时家长对幼儿基本情况、既往病史、过敏史等如实填写在“儿童入园（所）健康检查表”（见表 3.1）上并确认签字。

表 3.1 儿童入园（所）健康检查表

<table>
<tr><td>姓名</td><td></td><td>性别</td><td></td><td>年龄</td><td></td><td colspan="2">出生日期</td><td colspan="3">年 月 日</td></tr>
<tr><td>既往病史</td><td colspan="10">1. 先天性心脏病 2. 癫痫 3. 高热惊厥 4. 哮喘 5. 其他</td></tr>
<tr><td>过敏史</td><td colspan="5"></td><td colspan="2">儿童家长
确认签字</td><td colspan="3"></td></tr>
<tr><td rowspan="5">体格检查</td><td>体重</td><td>kg</td><td>评价</td><td></td><td>身高</td><td>cm</td><td>评价</td><td></td><td>皮肤</td><td></td></tr>
<tr><td rowspan="2">眼</td><td>左</td><td rowspan="2">视力</td><td>左</td><td rowspan="2">耳</td><td>左</td><td rowspan="2">口腔</td><td>牙齿数</td><td colspan="2"></td></tr>
<tr><td>右</td><td>右</td><td>右</td><td>龋齿</td><td colspan="2"></td></tr>
<tr><td>头颅</td><td></td><td>胸廓</td><td colspan="2"></td><td>脊柱
四肢</td><td></td><td>咽部</td><td colspan="2"></td></tr>
<tr><td>心肺</td><td></td><td>肝脾</td><td colspan="2"></td><td>外生
殖器</td><td></td><td>其他</td><td colspan="2"></td></tr>
<tr><td rowspan="2">辅助检查</td><td colspan="2">血红蛋白（HB）</td><td colspan="3"></td><td colspan="3">丙氨酸氨基转移酶（ALT）</td><td colspan="2"></td></tr>
<tr><td colspan="2">其他</td><td colspan="8"></td></tr>
<tr><td colspan="2">检查结果</td><td colspan="4"></td><td colspan="2">医生意见</td><td colspan="3"></td></tr>
<tr><td colspan="11">医生签名：
检查单位：
体检日期： 年 月 日 （检查单位盖章）</td></tr>
</table>

填表说明：

1．基本情况

既往病史：在对应的疾病上划“√”，“其他”栏中填写未注明的疾病；

过敏史：注明过敏的药物或食物等；

家长签字：幼儿既往病史和过敏史须经家长确认后签字。

2．检查结果：注明检查中发现的疾病或阳性结果，如未见异常填写（—）。

3．医生意见：根据检查结果，注明“入园体检合格”或“暂缓入园（所）”。

4．医生签名：由体检机构主检医生签名确认，并填写日期。

5．检查单位：加盖检查单位体检专用章。

2. 体格检查

体格检查是幼儿入园健康检查的重要部分，具体内容包括测量幼儿的身高、体重并进行评价，眼（4 岁及以上儿童要进行视力检查）、耳（听力筛查）、咽部、口腔、心肺、肝脾、头颅、胸廓、脊柱四肢、外生殖器的检查等。

3. 辅助检查

幼儿在入园健康检查时需空腹抽血，化验血红蛋白、丙氨酸氨基转移酶（ALT）等，明确有无贫血和肝功能异常。

（二）健康检查时间

幼儿入园前进行入园健康检查，健康检查报告单有效期为 3 个月。在园幼儿离园 3 个月以上，再次返园时需重新体检。转园幼儿如离园 3 个月以上，再次转入新幼儿园时需按照入园健康检查要求重新体检。

（三）工作要求

1. 承担幼儿体检单位须是辖区内卫生行政部门指定的医疗卫生机构并按照原卫健委统一监制的“儿童入园（所）健康检查表”所规定的项目开展健康检查。

2. 主检医生根据全部检查结果，确定幼儿能否入园。发现疑似传染病者应“暂缓入园”并通知家长及时治疗，体检合格后方可入园。

3. 幼儿园保健医在幼儿入园前应查验、收取儿童入园（所）健康检查表（见表 3.1）或儿童转园（所）健康证明（见表 3.2）、北京市儿童保健记录册、免疫预防接种证。

4. 保健医应及时进行入园幼儿的信息系统录入，通过“北京市妇幼保健网络信息系统”将体检合格的幼儿信息转入幼儿园，并进行系统分班操作和幼儿基础信息的核对与补充。

5. 保健医将幼儿入园信息登记在《儿童入园登记表》上，将儿童入园（所）健康检查表或儿童转园（所）健康证明按入园注册顺序整理、归档并保存 3 年。

6. 在园健康幼儿转园时持原幼儿园提供的儿童转园（所）健康证明、北京市儿童保健记录，不需要重新体检。儿童转园（所）健康证明有效期为 3 个月。转园时原幼儿园提供该幼儿的儿童转园（所）健康证明和北京市儿童保健记录。如果转园幼儿资料不全，新接收幼儿园可要求其重新进行入园健康检查。

7. 超重、肥胖、贫血及其他体弱儿按要求进行相应登记或专案管理。

表 3.2　儿童转园（所）健康证明
（留存单）

<table>
<tr><td>儿童姓名</td><td></td><td>性别</td><td></td><td>出生日期</td><td>年　月　日</td></tr>
<tr><td>离园日期</td><td colspan="2"></td><td colspan="2">转入新园日期</td><td></td></tr>
<tr><td>既往病史</td><td colspan="2"></td><td colspan="2">目前健康状况</td><td></td></tr>
<tr><td>家长签字</td><td colspan="5"></td></tr>
<tr><td colspan="6">卫生保健人员签字：　　　　　　　　转出单位：

日期：　　年　　月　　日　　　　　　　（转出单位盖章）</td></tr>
<tr><td colspan="6">备注：自儿童离园之日起有效期 3 个月</td></tr>
<tr><td>儿童姓名</td><td></td><td>性别</td><td></td><td>出生日期</td><td>年　月　日</td></tr>
<tr><td>离园日期</td><td colspan="2"></td><td colspan="2">转入新园日期</td><td></td></tr>
<tr><td>既往病史</td><td colspan="2"></td><td colspan="2">目前健康状况</td><td></td></tr>
<tr><td>家长签字</td><td colspan="5"></td></tr>
<tr><td colspan="6">卫生保健人员签字：　　　　　　　　转出单位：

日期：　　年　　月　　日　　　　　　　（转出单位盖章）</td></tr>
</table>

二、晨午检及全日健康观察

保健医和保教人员通过对在园幼儿开展晨午检及全日健康观察，了解幼儿在园期间的健康状况，以便及时发现异常，做到对可疑传染病的早发现、早报告、早隔离、早治疗，针对具体情况及时采取措施，以保证在园幼儿的健康与安全。

（一）工作要求

1. 晨检工作可根据幼儿园的实际情况，采取保健医检查、班级教师检查或两者相结合的方式。不论选择哪种方式，均由保健医主要负责，发现问题及时处理。午检工作由班级教师主要负责，发现可疑情况可及时联系保健医给予指导。

2. 保健医每日深入巡班 2 次，掌握班级内幼儿缺勤情况，及时了解缺勤原因，病假要追访诊治结果，同时可现场指导保育员做好班级卫生清洁与消毒和幼儿的生活护理，排查班级的安全隐患等。

3. 幼儿晨间入园时负责晨检人员应向家长询问幼儿的健康状况并对幼儿进行相关健康检查。对有疑问的幼儿，保健医应双人检查。对在园幼儿实施全日健康状况观察，发现异常情况及时与教师和家长沟通并做好相应的处置工作。

4. 具体检查内容：注意观察幼儿精神状态、面色是否正常，检查口腔、咽部是否有疱疹，手、皮肤是否有皮疹，巩膜是否黄染，结膜是否充血，向家长询问幼儿的饮食、睡眠、大小便情况是否正常，检查幼儿有无携带不安全物品等。

（二）异常情况处理

1. 晨检中如发现可疑患病幼儿，应当面向家长做好解释说明，劝其带幼儿离园休息并观察或治疗，保健医及时与班级教师沟通，并指导教师做好追踪、记录。

2. 全日健康观察中发现患病幼儿时应及时与家长联系，疑似传染病者应尽快送医务室隔离，同时督促家长带幼儿到医疗机构诊治，明确诊断后家长及时告知班级教师或保健医，以便保健医指导教师做好下一步处置工作。对发现的问题及处置流程，保健医记录在“晨午晚检及全日健康观察登记”册，追访诊治结果。

3. 如果幼儿园接受家长委托喂药，家长应当提供本次疾病就诊的病历或处方，由保健医认真核对后做好登记，并请家长签字确认（抗菌药、保健类药品和中药除外）后方可把当天用药交于班级教师，教师在为幼儿喂药前需再次认真核对服药单和药品，核对无误后方可签字为幼儿喂药。

三、儿童定期健康检查

幼儿园通过定期对在园幼儿开展健康检查，可对其生长发育进行监测和评价以及对其心理行为发育进行评估，及时发现有无不利于幼儿生长发育的因素及异常情况，以便发现问题及时加以干预，促进儿童健康成长。

（一）健康检查时间与内容

1. 2岁5～6月和2岁11月或3岁0月幼儿，每年应检查两次，每次间隔半年。3岁以上幼儿每年检查一次，尽可能安排在每年3～8月进行，每半年测量身高、体重一次。口腔检查每半年开展一次，其中一次由专业人员进行检查。

2. 幼儿定期健康检查项目分别为体格测量、体格检查、心理行为发育监测、实验室及其他辅助检查。

（二）工作要求

幼儿定期健康检查前应做好物品的清洁消毒，预防交叉感染。体格测量和心理行为发育筛查由幼儿园保健医负责完成，选择宽敞明亮的场所，保持适宜的室内温度。体重测量前需校正体重秤零点，身高测量读数时视线应与立柱上刻度的数字平行。体格检查由医疗卫生机构负责完成，保健医做好组织与配合工作。幼儿健康检查全部完成后由保健医及时对检测数据进行统计、评价与分析，并将所有检测数据录入妇幼保健网络信息系统，确保检测数据录入及时、准确。完成定期健康检查后应当及时将检查结果向班级教师和家长反馈。

（三）健康评价

1. 评价指标

体重 / 年龄、身高 / 年龄、体重 / 身高、体重指数（BMI）/ 年龄。

2. 评价方法

以中位数（M）为基值加减标准差（SD）法来评价幼儿体格生长，要求采用五等级划分法（见表 3.3）。

表 3.3　等级划分法

等级	< M−2SD	M−2SD ~ M−1SD	M ± 1SD	M + 1SD ~ M + 2SD	≥M + 2SD
五等级	下	中下	中	中上	上

3. 评价内容

分为生长水平、匀称度和生长速度。生长水平指个体幼儿在同年龄同性别人群中所处的位置，为该幼儿生长的现况水平。匀称度包括体型匀称和身材匀称，通过体重 / 身高反映幼儿的体型和身体各部分的比例关系（见表 3.4）。生长速度是将个体幼儿不同年龄时点的测量值在生长曲线图上描记并连接成一条曲线，与生长曲线图中的参照曲线比较，即可判断该幼儿在此段时间的生长速度是否正常。纵向观察幼儿的生长速度可掌握个体幼儿自身的生长轨迹。

表 3.4　生长水平和匀称度的评价

指标	测量值	评价	评价
	百分位法	标准差法	
体重 / 年龄	< P3	< M−2SD	低体重
身高 / 年龄	< P3	< M−2SD	生长迟缓
体重 / 身高	< P3	< M−2SD	消瘦
	P85 ~ P97	M + 1SD ~ M + 2SD	超重
	> P97	≥M + 2SD	肥胖

（四）对体检中发现异常的处理

一般性疾病应及时告知家长，督促家长带幼儿进行相应治疗。对体检中发现的维生素 D 缺乏型佝偻病、营养性缺铁性贫血、蛋白质—能量营养不良、超重和肥胖、癫痫、先天性心脏病等幼儿转入体弱儿童管理中。对体检中发现的视力低常、龋齿及听力筛查异常者及时与家长联系并督促尽快予以矫治，并按照幼儿五官保健管理要求进行相应管理。幼儿心理行为筛查结果异常者，按照心理行为发育异常儿童管理要求进行管理。在幼儿的健康检查中，发现任何保健医不能处理的情况均应及时转诊。

四、幼儿五官保健

《北京市托幼机构卫生保健工作常规》中，幼儿五官保健管理是极其重要的一部分。日常卫生保健管理工作需要加强幼儿五官保健管理，促进幼儿健康发展。3 ～ 6 岁幼儿正处于身心快速生长和发育的时期，做好幼儿的口腔保健、眼保健、耳及听力保健工作，对幼儿的心理、智力及全身发育有着极其重要的意义。通过定期对幼儿进行口腔健康检查及健康宣教，培养幼儿养成良好的口腔卫生习惯。定期开展幼儿眼部疾病的筛查及视力评估，早期发现影响幼儿视觉发育的眼病，及早矫治或及时转诊，保护和促进幼儿视功能的正常发育。通过每年一次的听力筛查，早期发现听力损失，及时进行干预及康复，保护和促进幼儿听觉和语言的发育，提高幼儿的健康水平。

（一）幼儿口腔保健

幼儿时期，营养的摄入是保证生长发育的重要方式，牙齿作为口腔内的主要器官，具有咀嚼食物、辅助发音、保持颌面部正常形态及心理发育的功能。

1. 牙齿的结构和功能

人的一生有两副牙齿，乳牙和恒牙。乳牙从出生后 6 个月左右开始萌出，2 岁半至 3 岁左右长齐，乳牙列共 20 颗，从中切牙做纵向切线，将乳牙列分为上下左右四个象限，每个象限各 5 颗，依次分为：中切牙、侧切牙、乳尖牙、第一乳磨牙和第二乳磨牙。恒牙共 28 ～ 32 颗，从中切牙依次分为：中切牙、侧切牙、尖牙、第一前磨牙、第二前磨牙、第一磨牙和第二磨牙（3 ～ 6 岁幼儿主要处于乳牙生长发育阶段，本书仅介绍幼儿乳牙情况）。

乳牙的外部结构包括三部分：牙冠、牙根和牙颈部。牙冠是牙体暴露于口腔，被牙釉质覆盖的部分，也是发挥咀嚼功能的重要部分，主要用来切断及撕咬食物。牙根是埋于牙槽骨内的部分，起支撑和营养的功能。牙颈部是牙冠和牙根的交界部分。

将牙齿作纵向剖面，牙齿的内部结构分为：牙釉质、牙本质、牙骨质三部分硬组织和一层软组织（牙髓）。牙釉质覆盖在牙齿的最外层，呈乳白色半透明状，有光泽，是人体中钙化程度最高、最坚硬的组织。牙本质是构成牙齿主体的硬组织，颜色淡黄有光泽，硬度比牙釉质低。牙骨质是覆盖牙根表面的一层钙化结缔组织，构造和硬度与骨组织相似。牙髓又称“牙神经”，是位于牙齿中央由牙本质围成的空腔（牙髓腔）中的软组织。牙髓腔内充满了细胞、血管、神经和淋巴等疏松结缔组织，主要功能是为牙齿提供营养。

乳牙不同的形状和生长位置，赋予了不同的功能。切牙：上下颌各四颗，主要发挥切割食物的功能。尖牙：上下左右各一颗，主要发挥撕裂食物的功能。磨牙：上下、左右各两颗，主要功能是将食物研磨细碎，以便进入食道。

2. 3～6岁幼儿常见口腔问题

（1）龋齿

龋齿是牙齿发生腐蚀的病变，在牙面上形成龋洞，逐渐扩大，最后可使牙齿全被破坏。它是以细菌为主的多种因素影响下发生的慢性进行性破坏。

幼儿龋病发展迅速，当发展形成牙髓炎、根尖周炎时，可引起幼儿牙齿疼痛。低龄幼儿龋病快速发展破坏幼儿牙齿形态，会影响牙齿的切割、撕咬及研磨能力，进而影响幼儿的咀嚼功能和颌面部的正常发育。乳牙龋病持续发展，牙根炎症反复发作会影响恒牙牙胚的正常发育，慢性根尖周炎也会破坏牙周组织的完整性，形成创伤性溃疡。另外乳牙龋病还会影响幼儿面部外形、发音、心理及生长发育。

乳牙龋病的龋损发展速度快，早期自觉症状不明显，所以当发现幼儿患乳牙龋病时要坚持早诊断、早治疗的原则。

（2）口腔不良习惯及咬合异常

日常生活中发现幼儿有吮吸习惯（吮指），吐舌、舔舌、张口呼吸、不良唇习惯（吮咬下唇、下唇兜上唇）等不良习惯和咬合异常时，要提醒家长幼儿不良习惯的危害，指导家长及时带幼儿到专业医疗机构进行矫正，及时干预和治疗，减少或避免错颌畸形的发生。

（3）牙外伤

3～6岁幼儿大多活泼好动，再加上自我保护意识的缺乏，很容易出现摔倒或是磕伤的情况，而牙齿则是幼儿最常受伤的部位之一，幼儿牙外伤最常见的为牙龈出血、乳牙松动、乳牙折断等。

3. 幼儿口腔卫生保健和管理

（1）保持良好的口腔卫生习惯

指导幼儿正确有效地刷牙，每天至少彻底刷牙两次（在园幼儿午饭后增加刷牙一次），最好是早晨和睡前各一次。3 ～ 6 岁幼儿家长必须帮助或者协助幼儿刷牙到 7 岁，每次刷牙时间至少 3 分钟。使用含氟牙膏刷牙，能有效预防龋齿的发生。每天用牙线清洁牙缝，把牙刷不易刷到的邻面牙菌斑清除干净。

（2）培养良好的饮食习惯

科学喂养，合理进食甜食，养成良好的饮食习惯。食物成分、形状及进食频次与龋齿的形成密切相关。除了糖果外，一些食物中还含有许多隐匿的游离糖，如巧克力、甜点、乳酸饮料、酸奶、碳酸饮料等。糖果和含有游离糖的食物及饮料都是高致龋性食物，这些食物恰好都是低龄幼儿喜欢吃的。乳类中的乳糖，以及新鲜的蔬菜、水果和谷物里的天然糖是低致龋性食物，但也需要限制进食频次。保健医在制订幼儿带量食谱时，在参考科学膳食、营养搭配、膳食平衡的基础上，提倡少糖少盐，避免油腻和精细加工，以利于身体健康，避免日积月累引起龋齿。指导家长在日常生活中保证幼儿规律饮食，每日三餐外，尽量少吃零食，并减少餐间进食次数，每次进食后漱口，减少食物滞留口腔的时间，睡前刷牙后，避免再次进食。

（3）预防性牙齿涂氟和窝沟封闭

涂氟是由口腔医生评估后，将高浓度氟化物在牙齿表面涂刷一薄层形成保护膜，起到预防龋病、保护牙齿的作用。3 ～ 6 岁幼儿每年定期（3 ～ 6 个月）进行局部涂氟防龋。幼儿园每半年组织一次专业口腔医生进园为幼儿开展口腔健康检查和牙齿涂氟工作。

窝沟封闭是在坚硬的牙齿窝沟涂一层封闭材料，使凹凸不平的窝沟变平，消除死角，避免造成龋坏。窝沟封闭的最佳时期：（牙齿完全萌出）乳磨牙在 3 ～ 4 岁，第一恒磨牙（六龄齿）在 6 ～ 7 岁，第二恒磨牙在 11 ～ 12 岁。

（4）定期口腔健康检查

学龄前幼儿建议每 3 ～ 6 个月进行一次口腔健康检查，有龋病的幼儿可缩短定期检查的时间。幼儿园每学期邀请专业口腔医生对全园幼儿进行口腔健康检查，保健医会根据口腔医生的检查结果筛查出乳牙龋和其他口腔问题的幼儿名单，以班级为单位向家长发放口腔治疗单，提示家长应尽快带幼儿到专业医疗机构治疗，并将治疗单回执或病历等相关文件返回幼儿园，由保健医做好记录、存档。

（5）开展健康教育活动

幼儿园定期向教师和家长开展幼儿口腔保健知识培训，为教师和家长讲解幼儿口腔保健知识，如幼儿期牙齿的生长规律、换牙异常情况、口腔健康标准、龋齿发生和龋齿危害等，不断提升教师和家长的口腔保健意识，家园携手培养幼儿良好的口腔卫生习惯和良好的饮食习惯。

每学期保健医会在班级开展刷牙小课堂，指导班级幼儿正确有效刷牙，使用菌斑指示剂检测幼儿刷牙效果，并给予正确引导，进一步提高幼儿的刷牙积极性和正确性，培养其良好的口腔卫生习惯。

（二）幼儿眼及视力保健

3 ～ 6 岁的幼儿身体正处于快速生长发育阶段，他们的智力和情感发育也需要对外部世界的感知和学习，而获取外部世界的信息，80% 以上来源于视觉，正常的视觉是幼儿智力和情感发育的基础。

1. 眼睛的结构和功能

眼睛包括眼球、眼附属器、视路以及相关血管、神经结构等。眼球近似球形，由眼球壁和眼内容物组成，眼附属器包括眼眶、眼睑、结膜、泪器和眼外肌。眼睛具有产生视觉、屈光调节以及传导神经冲动等功能。幼儿的视力是出生后慢慢发育的，也是从无到有、从模糊到清晰的发育过程。新生儿只有光感，1 岁幼儿视力 0.2 ～ 0.25，2 岁视力 0.4 ～ 0.5，3 岁视力达 0.6，4 岁幼儿视力 0.8，5 ～ 6 岁才能达到正常的视力 1.0。

2. 3 ～ 6 岁幼儿常见视力问题

弱视是幼儿发育过程中的常见病，本质是双眼视功能发育紊乱，引发单眼或双眼的远近视力及矫治视力低于正常。弱视的病因包括斜视、屈光参差、屈光不正。大部分弱视是需要配戴眼镜的，而且眼镜要坚持长期配戴，只要睁眼看东西就应该佩戴眼镜，不能视力检查正常就不戴，因为如果视力发育还没有完全稳定，摘眼镜太早有可能视力会再次下降，统称为弱视复发。此外，弱视幼儿在戴眼镜的基础上还要进行弱视训练。

屈光不正是指眼在不使用调节时，平行光线通过眼的屈光作用后，不能在视网膜上形成清晰的物像，而是在视网膜前或后方成像。屈光不正分为三大类：远视、近视和散光。近视是指幼儿看远处模糊，眯眼。轻度远视属于生理性远视，无症状，中高度远视的幼儿看远近均模糊，易视疲劳，无眯眼，可形成弱视、内斜视。散光是指视物不清，变形，有或无眯眼，易疲劳，可形成弱视。

3. 眼及视力保健与管理

为保证幼儿视力健康发展，幼儿园定期为家长开展幼儿眼及视力保健知识讲座，让家长充分认识幼儿用眼卫生习惯的重要性，正确引导幼儿掌握科学的用眼知识和方法，同时建议家长增加幼儿户外活动时间，减少过多的“兴趣班”学习。此外，还提醒家长及教师应留意幼儿平日有无频繁眨眼、揉眼、畏光、歪头、表达眼痛和看远处眯眼等现象，发现上述症状应及时带幼儿到正规医疗机构就诊。

幼儿园在幼儿一日活动安排中增加相关的保护措施，定期使用照度计监测班级活动室内的采光情况，保证室内光线充足。适当增加幼儿户外游戏的时间比例，减少幼儿看电子产品或近距离视物的时间。制定科学营养的膳食食谱，引导幼儿不挑食、不偏食，营养均衡。合理安排幼儿的作息时间，保障充足的睡眠时间和质量。

在幼儿视力监测上，幼儿园每年请海淀区妇幼保健院眼保健中心的医护人员来园为幼儿进行视力检测，筛查出视力不达标的幼儿，经过两周休息并注意用眼卫生后再次由幼儿园保健医进行复测，视力仍不达标者，保健医向幼儿家长发放《0～6岁幼儿疾病筛查转诊单》和《幼儿园视力低常转诊单》，请家长及时带幼儿到正规医疗机构进一步检查，检查合格的幼儿，将检查病历交至医务室存档。检查后确诊视力低常的幼儿，指导家长依据诊断及时在医疗机构进行相应的矫治，并请家长将病历或回执单送医务室记录归档，保健医对视力低常幼儿每三个月复测一次视力，并给予个性化的眼保健指导，鼓励幼儿积极矫治，促进视力恢复。

家园配合，共同培养幼儿良好的用眼卫生习惯，包括正确的看书、写字姿势，在良好的照明环境下读书、游戏。桌椅高度应与幼儿的身高相适应，保持正确的坐姿。幼儿持续近距离注视时间每次不宜超过30分钟，操作各种电子视频产品每次不宜超过20分钟，每天累计时间不超过1小时。观看电子产品时眼睛与各种电子产品荧光屏的距离一般为屏幕对角线的5～7倍，屏幕略低于眼睛高度。防止眼外伤和传染性眼病，让幼儿远离危险场所和危险物品，发生眼异物和眼外伤要及时就诊。指导幼儿勤洗手，不用脏手揉眼睛，保育员定期对玩具、毛巾等物品进行消毒，注意隔离传染性眼病的幼儿，预防传染性眼病的发生和流行。

（三）幼儿耳及听力保健

幼儿的生长发育过程中发生的各种因素都可能会导致幼儿的听力受到损伤，引起听力障碍。如果在幼儿年龄较小（如6岁以下）的阶段发生听力损伤，会严重影响其未来的听觉能力，还会造成智力发育迟缓、语言发育迟缓等结果，所以幼儿园应对幼儿的听力实施规范化、系统化的筛查，并加强教师及家长的听力知识健康宣教，争取在早期就可以发现听力异常问题，及时治疗，减少幼儿听力障碍的发生与发展。

1. 耳朵的结构和功能

耳朵的结构分为三部分，外耳（包括耳廓、外耳道）、中耳（包括鼓膜、鼓室）、听小骨（咽鼓管）、内耳（包括半规管、前庭、耳蜗）。外耳接受外界的声音，并将沿着耳道引起鼓膜震动。中耳鼓膜的震动引起三块小骨——锥骨、镫骨和砧骨上下震动，将声音传到内耳。内耳可产生神经冲动，冲动沿听神经转为神经能传输到大脑。人的耳朵具有产生听觉和平衡觉的功能。正常人的耳朵大约可分辨出40万种不同的声音，这些声音有些小到微弱的只能使耳膜移动氢分子直径的十分之一。

2. 3～6岁幼儿常见听力问题

听力障碍，俗称耳聋，是指各种原因导致的人听觉困难，听不到或听不清环境声及言语声。轻度听力损失26～40dBHL，听谈话声有困难；中度听力损失41～60dBHL，听大声说话有困难；重度听力损失61～80dBHL，对着耳朵大声喊只能听到几个词；极重度听力损失≥81dBHL，对着耳朵大声喊也听不到任何声音。

3. 耳及听力保健和管理

幼儿园将听力保健知识科普宣传工作纳入年度工作考核指标内容，每学年定期开展有关儿童听力健康知识的科普宣传教育活动，定期为幼儿及家长举办听力健康科普宣传，多途径、全方位向幼儿及家长开展宣传听力保健相关知识，不断增强宣传教育的吸引力和有效性。

家园协作，培养幼儿良好的用耳卫生习惯，生活中不要经常挖耳，保持耳道干燥，正常擤鼻，感冒时尤其不要两边一起使劲。幼儿尽量远离如鞭炮声、KTV等具有强噪声的环境，避免长期持续的噪声刺激，如机器轰鸣声等。教育幼儿不要将细小的物品塞入耳内，避免造成耳道损伤和耳廓异物，指导家长不要随意用硬物或尖细的东西给幼儿掏耵聍，避免损伤外耳道甚至鼓膜穿孔，耵聍较大、位置较深时，家长应带幼儿到医疗机构耳鼻喉科就诊处理。

保健医安排幼儿按时进行免疫接种，预防脑膜炎、腮腺炎等有可能引起听力损伤的传染性疾病。指导家长切勿在幼儿生病期间，自行使用一些对听神经有明显毒副作用的药物，如链霉素、庆大霉素等药物，最好在儿科医生的指导下用药，并积极防治耳病。

幼儿园每学年请海淀区妇幼保健院的专业医生对全园幼儿进行耳及听力筛查，对于筛查结果保健医会及时反馈家长，对于听力筛查不通过的幼儿，及时通知家长持“儿童听力筛查报告单”带幼儿转诊到听力障碍诊治机构进行听力诊断检测，保健医及时追访筛查未通过幼儿的听力诊断结果，同时将追访过程及结果录入幼儿健康管理系统，定期追访和管理，提示家长按时就诊，及时干预和治疗，减少耳及听力的进一步损害。

（梁闪闪 刘瑞雪）

第二节 传染病预防与管理

幼儿园是幼儿相对密集的场所，一旦发生传染病，容易造成续发与流行。做好传染病的预防与管理，提高应对突发传染病的能力，可有效控制传染病在幼儿园的传播与流行，保护幼儿的健康与安全。

一、幼儿常见的传染性疾病

传染病是由各种病原体引起的一组具有传染性的疾病。《中华人民共和国传染病防治法》将传染病分为甲类、乙类和丙类三种法定传染病。传染病传播有三个基本环节，即传染源、传播途径和易感人群，采取有效措施，切断任一环节，传染病的流行过程就会受到阻碍而终止。简述以下几种幼儿常见的传染病。

（一）水痘

1. 流行病学

水痘属于病毒性传染病，由水痘——带状疱疹病毒引起，传染性极强，为呼吸道传染病。患者为唯一传染源，自发病至出疹后 7 天都具有传染性。其传播途径为呼吸道飞沫传播。人群普遍易感，但学龄前幼儿发病最为多见。

2. 临床表现

接触传染源后 2 ～ 3 周患病（潜伏期 12 ～ 21 天），症状轻重不一。感染中毒症状多表现为轻、中度发热，食欲差、头痛、腹痛等。水痘的皮疹特点：成批出现，初期表现为有强烈瘙痒的红色丘疹，后发展为充满透明液体的水疱疹，24 ～ 48 小时泡内液体变浑浊，且疱疹出现脐凹现象，随后结痂，成为痂疹，伴明显痒感。同时存在不同时期皮疹（丘疹、疱疹、痂疹）是水痘的特点。皮疹呈现向心性分布的特点，首先出现于头皮、面部，逐渐向躯干蔓延，四肢少见。年龄小者皮疹数量较少，较大幼儿出现皮疹较多，且持续时间长。

3. 预后及免疫

水痘病程一般 7 ～ 10 天，预后良好，皮损部位出现色素减低或增强的现象，持续存在数日或数周，一般不形成瘢痕，除非有继发感染，病后终身免疫。

4. 预防措施

水痘的主要预防措施要及时隔离患儿，直至水痘疱疹全部结痂为止。对有接触史的幼儿，应接受隔离检疫 21 天。接种水痘疫苗也是重要的预防措施，但目前水痘疫苗属于非计划免疫。高危易感个体应用抗病毒药物或免疫球蛋白。

（二）诺如病毒感染性胃肠炎

1. 流行病学

诺如病毒感染性胃肠炎是由诺如病毒属引起的急性胃肠炎，发病急、传播速度快，范围广，患者是主要传染源，主要通过粪—口途径传播，通过被污染的水、食物导致易感者感染。人群普遍易感，学龄前幼儿、中小学生、身体虚弱的人尤为易感。

2. 临床表现

幼儿感染诺如病毒后症状以呕吐为主，其次是腹泻、恶心、腹痛、头痛、发热、畏寒和肌肉酸痛等症状，部分患儿只有呕吐症状。诺如病毒感染后的潜伏期较短，常为 24 ～ 48 小时，最短 12 小时，最长 72 小时。病程一般呈自限性，持续 1 ～ 3 天即可痊愈，重症患者可能出现脱水症状，但经对症治疗可快速康复。

3. 预后及免疫

诺如病毒感染性胃肠炎的预后良好，多数患儿在几天后会自行恢复，但患儿在症状完全消失后 3 天内，还会继续排出较多病毒，仍具有传染性。诺如病毒感染后仅对同型病毒产生抗体，免疫保护力可持续 6 ～ 24 个月，且诺如病毒毒株类型较多，所以患者可能反复感染。

4. 预防措施

控制传染源，严格执行早发现、早诊断、早隔离，及时隔离患儿。切断传播途径，保护水源，避免粪便污染水源，加强食品卫生管理，做好卫生间清洁消毒工作，有幼儿呕吐或腹泻时，立即疏散其他幼儿，保教人员做好个人防护措施后，及时清理、消毒吐泻物。保护易感人群，加强幼儿良好个人卫生习惯培养，户外归来、饭前便后要用流动水至少认真洗手 30 秒。

（三）手足口病

1. 流行病学

手足口病由肠道病毒（以柯萨奇 A 组 16 型、肠道病毒 71 型多见）、埃可（Echo）病毒等多种肠道病毒感染导致。以手、足、臀部皮疹和口腔等部位的斑丘疹、疱疹为主要表现。多见于 4 岁以下的幼儿，夏季多见，年长儿及成人亦可感染，但症状较轻。隐性感染者及病人为传染源。常见消化道、呼吸道、直接接触等多种途径传播。幼儿较成人易感，4 岁以下多见。

2. 临床表现

大多数手足口病患儿症状轻微，EV71 感染可致重症病例，如脑干脑炎、神经源性肺水肿、急性心肺功能衰竭等。潜伏期 2 ～ 10 天，一般 3 ～ 5 天。普通病例表现为手、足、口腔及臀部出现斑丘疹、疱疹，3 ～ 7 毫米大小，圆形或椭圆形，疱疹质地硬、疱壁厚、疱液少，不伴痒感。

3. 预后及免疫

手足口病为自限性传染病，普通病例病程 7 天，预后良好，重症患者可因心、脑、肺功能衰竭导致死亡。手足口病痊愈后，体内并不能产生免疫抗体，如果再次接触手足口病毒，还有再次感染的可能。

4. 预防措施

手足口病的主要预防措施为饭前便后、外出返回后要求幼儿用洗手液或肥皂和流动水认真洗手。发现手足口病患儿及时隔离。本病流行期间，不带幼儿到人群聚集的公共场所，居室保持良好通风。

（四）流行性腮腺炎

1. 流行病学

流行性腮腺炎是由腮腺炎病毒引起的急性呼吸道传染病，以腮腺肿痛为主要特征，多发于幼儿和青少年，为常见的急性呼吸道传染病，患者及隐性感染者为主要传染源。患者自发病前 6 天至腮腺肿胀消退之前均有传染性。流行性腮腺炎主要通过呼吸道飞沫传播。幼儿普遍易感，5 ～ 15 岁多见。

2. 临床表现

感染腮腺炎病毒后 1 ～ 4 周发病（潜伏期 14 ～ 25 天），以发热、腮腺肿胀为主要表现，一侧或两侧腮腺肿胀、疼痛，腮腺以耳垂为中心弥漫性肿大、疼痛，张口咀嚼及进食酸性食物时疼痛加剧，下颌骨后沟消失，局部皮肤不红，肿胀于 1 ～ 3 日内达到高峰，以后逐渐消退，全身症状逐渐消失，部分患者有舌下腺和颌下腺肿胀。

3. 预后及免疫

流行性腮腺炎的幼儿预后都比较良好，个别患儿因并发病毒性脑炎以及病毒性心肌炎等严重并发症，可能危及生命。感染腮腺炎病毒后一般可获得持久性免疫甚至终身免疫，少有再次感染。

4. 预防措施

流行性腮腺炎患儿隔离至发病后 21 天。密切接触者检疫 25 天。居室做好通风、消毒。根据《北京市免疫规划疫苗免疫程序》按时为幼儿接种腮腺炎疫苗。

（五）流行性感冒

1. 流行病学

流行性感冒简称流感，是由流感病毒引起的急性呼吸道传染病。流感病人和隐性感染者是主要传染源，自潜伏期末到发病后 7 天均有传染性，以病初 3 天内传染性最强。人与人之间主要经过飞沫传播，也可通过接触污染的手、日常物品、用品等间接传播，具有高度传染性，传播速度快，可引起人群大流行。流感病毒可分为甲（A）、乙（B）、丙（C）三型，甲型病毒极易发生抗原变异，传染性大，传播迅速，极易发生大范围流行。

2. 临床表现

流感起病急，高热、全身疼痛、乏力和轻微呼吸道症状，一般秋冬季高发。感染通常持续约一周，特征是突发高热、肌肉酸痛、头痛和严重不适、干咳、咽喉痛。

3. 预后及免疫

症状较轻的流感患儿在 1 ～ 2 周内可自行康复，症状较重者及时到医疗机构进行相应治疗。流感病毒变异性大，病后不能获得持久免疫。

4. 预防措施

流感高发期间尽量避免去人群聚集场所，外出科学佩戴口罩。居室经常开窗通风，保持室内空气清新，室内环境干净卫生。注意个人卫生，经常洗手，避免脏手接触口、眼、鼻等部位。加强体育锻炼，经常进行有氧运动，以增强身体免疫力。秋冬季节气温变化大，注意及时增减衣物。流感季来临前及时接种流感疫苗，可产生有效抗体。

二、传染病预防与管理

幼儿园应建立健全传染病管理制度，制定相关应急预案，做好传染病的规范管理，“早发现、早报告、早隔离、早治疗”，加强隔离室患儿的护理，在上级疾控部门指导下做好发生传染病班级的消毒、隔离、检疫等工作，并协助开展各项免疫接种。幼儿园传染病管理对象为园内的全体幼儿和教职工，管理病种包括国家法定 39 种传染病、水痘、皮肤传染性疾病、沙眼以及其他新发传染病。

（一）传染病防控

1. 严把“三关”

（1）入园健康检查关

做好新入园幼儿的健康检查与《免疫预防接种证》查验工作，了解准备入园幼儿的生长发育及健康状况，排除传染病及其他疾病。

新入园幼儿家长办理新生注册时需要携带妇幼保健院出具的“儿童入园（所）健康检查表”和《免疫预防接种证》。查看幼儿入园健康检查表的体检时间是否在三个月有效期内，家长确认签字是否已签名，医生意见是否为“可以入园”，如若为“暂缓入园”，则提醒家长复查相关体检项目，待合格后方可办理入园注册手续。查看幼儿《免疫预防接种证》是否有一类疫苗漏种情况，及时通知家长带幼儿进行补种并登记，如有幼儿因特殊情况不能接种某种疫苗者，要备注登记，定期追访。

（2）晨午检及全日健康观察关

保健医每日早上为入园幼儿进行晨检，发现异常情况当面与家长沟通，并告知班级教师。保健医每日巡班中若发现有身体不适的幼儿及时进行检查，根据具体情况送医务室后尽快与家长联系，所有异常幼儿均登记在《晨、午、晚检及全日健康观察登记册》，保健医指导教师落实好患病幼儿的追访工作。教师认真落实幼儿午检工作，发现异常及时处置。

（3）日常卫生消毒关

消毒是切断传播途径的重要举措，其目的是控制传染病的传播与流行。保健医每日巡班查看班级卫生消毒工作，室内环境卫生、安全及通风情况等，为幼儿提供舒适、卫生、清洁的生活与游戏环境（具体日常消毒对象及方法详见表 3.5）。

表 3.5 日常消毒对象及方法

<table>
<tr><th>消毒对象</th><th>消毒方法及时间</th><th>注 意 事 项</th></tr>
<tr><td rowspan="2">空气</td><td>1. 开窗通风每日至少 3 次；每次 30 分钟</td><td>在外界温度适宜、空气质量较好、保障安全性的条件下，应采取持续开窗通风的方式</td></tr>
<tr><td>2. 采用紫外线杀菌灯进行照射消毒，持续照射时间 60 分钟</td><td>1. 不具备开窗通风空气消毒条件时使用
2. 建议使用移动式紫外线杀菌灯
3. 禁止紫外线杀菌灯照射人体体表</td></tr>
<tr><td rowspan="2">餐饮用具</td><td>1. 煮沸消毒 15 分钟或蒸汽消毒 10 分钟</td><td>1. 对食具必须先去残渣、清洗后再进行消毒
2. 煮沸消毒时，被煮物品应全部浸没在水中；蒸汽消毒时，被蒸物品应稀松放置，水沸后开始计算时间</td></tr>
<tr><td>2. 餐具消毒柜、消毒碗柜消毒。按产品说明使用</td><td>1. 使用符合国家标准规定的产品
2. 保洁柜无消毒作用。不得用保洁柜代替消毒柜进行消毒</td></tr>
</table>

续表

消毒对象	消毒方法及时间	注 意 事 项
毛巾类织物	1. 用洗涤剂清洗干净后，置阳光直接照射下暴晒干燥	曝晒时不得相互叠夹。暴晒时间不低于 6 小时
	2. 煮沸消毒 15 分钟或蒸汽消毒 10 分钟	煮沸消毒时，被煮物品应全部浸没在水中；蒸汽消毒时，被蒸物品应疏松放置
	3. 使用次氯酸钠类消毒剂消毒。使用浓度为有效氯含量 250mg/L，浸泡消毒 20 分钟	消毒时将织物全部浸没在消毒液中，消毒后用清水将残留消毒剂冲净
抹布	1. 煮沸消毒 15 分钟或蒸汽消毒 10 分钟	煮沸消毒时，抹布应全部浸没在水中；蒸汽消毒时，抹布应疏松放置
	2. 使用次氯酸钠类消毒剂消毒，使用浓度为有效氯含量 400mg/L，浸泡消毒 20 分钟	消毒时将抹布全部浸没在消毒液中，消毒后可以直接控干或晾干存放；或用清水将残留消毒剂冲净后控干或晾干存放
餐桌、床围栏、门把手、水龙头等物体表面	使用次氯酸钠类消毒剂消毒。使用浓度为有效氯含量 250mg/L，消毒 10 ~ 30 分钟	1. 可采用表面擦拭、冲洗消毒方式 2. 餐桌消毒后要用清水将残留消毒剂擦净 3. 家具等物体表面消毒后可用清水将残留消毒剂去除
玩具图书	1. 每周至少通风晾晒一次	1. 适用于不能湿拭、清洗的物品 2. 暴晒时不得相互叠夹。暴晒时间不低于 6 小时
	2. 使用次氯酸钠类消毒剂消毒。使用浓度为有效氯含量 250mg/L，表面擦拭或浸泡消毒 10 ~ 30 分钟	根据污染情况，每周至少消毒 1 次
体温计	使用 75% 乙醇溶液浸泡消毒 3 ~ 5 分钟	使用符合《中华人民共和国药典》规定的乙醇溶液

2. 规范管理

根据幼儿园具体情况，制定出适合幼儿园的传染病管理制度，若幼儿园发现传染病疫情或疑似传染病病例后，立即向属地疾病预防控制机构报告，待确诊传染病后填写“传染病登记册”并录入北京市妇幼保健网络信息系统。

3. 积极追访

班级教师每日按时登记本班幼儿出勤情况，对因病缺勤的幼儿要每日及时追访，了解幼儿的具体患病情况，对疑似患病或患传染病幼儿要及时上报幼儿园医务室并进行排查，记录在“因病缺勤追踪记录”册上，做到对传染病幼儿的早发现、早报告、早隔离。

4. 有效隔离

幼儿园设立临时隔离室，若园内发现疑似传染病患儿时，及时采取有效隔离措施。隔离室内用品要便于随时性消毒和终末消毒，保证一人一用一消。隔离室应每日开窗通风，或紫外线灯照射消毒，每次60分钟。

5. 应急处理

幼儿园医务室配合上级疾控部门开展有关传染病疫情和传染病病例的调查与处理、应急接种、宣传教育等防控措施的实施，并进行有效消毒。

6. 防病宣传

幼儿园医务室通过多种形式定期向园内教职工和幼儿家长开展卫生防病知识宣教，增强其传染病防控意识。在传染病流行期间，提醒幼儿家长不带幼儿到人员密集的公共场所，倡导健康生活。

7. 保健医指导

发生传染病期间，加强晨午检和全日健康观察，采取必要措施，保护易感人群。医务室掌握园内易感幼儿情况，做好统计。对发生传染病的班级按要求进行医学观察。在观察期间如出现新发病例，应从发现最后一例患病幼儿起重新计算观察期。对患传染病的教职工应立即调离岗位，隔离治疗。及时对班级环境和物品进行消毒，消毒浓度在日常消毒液浓度基础上提高一倍。对体弱易感幼儿，积极开展体格锻炼，增强体质，但运动量要适当，根据天气变化及时增减衣物。合理安排体弱易感幼儿的生活，要给予体弱儿特别的照护，加强膳食营养，提高其抗病能力。

8. 返园要求

患传染病幼儿隔离期满后，凭医疗机构出具的痊愈证明到幼儿园所属地段医院保健科开具复课证明后方可返回幼儿园，保健医将复课证明粘贴在《传染病登记册》患儿登记信息背面。患传染病的教职工隔离期满后，凭医疗机构出具痊愈证明后方可返岗工作。幼儿园发生传染病后，待患传染病的幼儿隔离期满返园后，保健医及时进行相关传染病疫情的处置总结，以便总结经验，查找不足，为以后尽可能避免发生同类传染病提供参考依据。

9. 提前预防

当外界区域发生甲、乙、丙类传染病流行时，及时启动幼儿园传染病防控应急预案，严格落实各项传染病防控措施，预防传染病在幼儿园发生传播与流行。

10. 培训学习

组织保健医积极参加市、区卫生行政部门的传染病防控知识培训与学习，掌握最新传染病疫情状况，了解各种传染病防控措施与要求，不断提高业务水平和专业素养。

（二）日常卫生消毒管理

目的：预防传染病的发生，控制传染性疾病的传播与流行，做好幼儿园环境卫生及园内幼儿个人卫生的管理与消毒工作，为幼儿提供卫生、安全、舒适的生活与游戏环境。

1. 管理方法

（1）结合园内实际情况，建立详细且操作性强的卫生管理和消毒制度。

（2）专人负责，明确岗位职责，严格考核，定期检查，发现问题及时沟通解决。保育员参照《北京市托幼机构卫生保健工作常规》中“日常消毒对象与方法”，按照消毒要求每日对班级开展全面的卫生清洁与消毒工作，并填写“班级卫生消毒记录”册。

（3）积极开展卫生防病健康宣教活动。通过多种途径，以多种形式面向保教人员、家长和幼儿开展各项卫生防病健康知识宣教，不断提高保教人员的防病及消毒知识和技术水平，教育幼儿“讲卫生、爱清洁、保健康”，逐步提升保教人员和家长的健康素养。

2. 管理内容

（1）个人卫生与用品清洁消毒

培养幼儿良好的个人卫生习惯，保证幼儿饭前便后认真用流动水洗手，勤洗头、勤洗澡、勤换衣、勤剪指甲，保持服装干净整洁。幼儿日常生活用品个人专用，保持清洁，每人一巾一杯，每天清洗并消毒，幼儿擦手毛巾清洗消毒干净后放置在阳光充足的通风处悬挂晾晒，毛巾互不叠加，不贴墙。刷牙杯、牙刷个人专用，保持清洁，牙杯每周消毒，牙刷每 1 ～ 2 个月更换一次（损坏及时更换）。幼儿梳子个人专用，保持清洁，每周消毒一次。幼儿床位应有标识，床单、被套、枕套绣有幼儿姓名，保证个人专用并定期清洗晾晒。床上用品有污物时要及时拆洗更换。园内所有教职工应保持仪表整洁，不得染指甲及留长指甲，注意个人卫生，饭前便后、护理幼儿及接触幼儿食物前应用肥皂或洗手液和流动水洗手。

（2）饮食卫生与消毒

保教人员应明确幼儿进餐各环节的卫生要求。幼儿饮水杯个人专用，每天清洗干净后送消毒室消毒 1 次。开餐前保育员应按“清—消—清”的流程清洁、消毒餐桌，指导幼儿使用洗手液或肥皂和流动水认真洗净双手。循环使用的餐具每餐使用后均应送食堂洗消室集中清洗、消毒。

（3）环境卫生与消毒

室外环境应每日清扫，室内湿拭清扫，保持清洁整齐。室内定时通风，保持空气清新。保持玩具、图书表面的清洁卫生，每周至少进行一次玩具清洗消毒，每周图书通风晾晒一次。床围栏、门把手、水龙头、小椅子要保持清洁，每日消毒一次。清洁用具（如扫帚、拖布、抹布等）要标识清楚并专用，拖布、抹布每次用后要及时清洗干净，并在阳光通风处悬挂晾晒，干燥存放。幼儿厕所专用，幼儿如厕后要及时冲刷，做到清洁、无异味，每日至少消毒一次。定期消灭蚊、蝇、鼠、蟑等病媒生物，垃圾污物要及时清除。

（三）预防接种

为落实《中华人民共和国传染病防治法》《中华人民共和国疫苗管理法》要求，加强幼儿园传染病防控工作，根据《疫苗流通和预防接种管理条例》，对园内幼儿进行免疫预防接种规范管理，有效控制传染病的发生与流行，保障幼儿的健康与安全。

1. 管理

（1）对新入园和学期中新转入的幼儿，保健医在社区医院保健科指导下查验其《免疫预防接种证》，将所有原接种单位非本片区的幼儿预防接种记录转到社区医院保健科进行系统录入。保健医将全部新生和新转入幼儿的疫苗接种信息记录在《儿童免疫规划疫苗接种情况登记表》上，充分掌握入园幼儿的预防接种情况。

（2）在查验中若发现未按照免疫规划程序要求接种的幼儿，保健医提醒其家长及时带幼儿到疫苗接种单位进行补种。幼儿补种后，保健医及时将疫苗补种信息进行登记。

（3）若家长要求不在幼儿园进行预防接种管理，其《免疫预防接种证》由家长自行保管，并按时由家长带幼儿到自己所选择的医疗机构进行接种，接种后及时由保健医进行相应登记。

（4）定期与社区医院保健科沟通协商，分批、分期为适龄幼儿开展免疫预防接种，以便预防相应传染性疾病的发生。

2. 查验

（1）幼儿《免疫预防接种证》的查验内容包括：卡介苗、脊髓灰质炎、百白破、白破、麻疹 / 风疹、 麻风腮、乙脑、A 群流脑、A+C 群流脑、乙肝、甲肝、水痘等疫苗的接种与否及接种时间。

（2）查验疫苗种类随《北京市免疫规划疫苗免疫程序》改变而调整（见表 3.6）。

表 3.6　北京市免疫规划疫苗免疫程序（0 ~ 6 岁部分）

月（年）龄	卡介苗 BCG	乙肝疫苗 HepB	甲肝灭活疫苗 HepA-I	脊灰疫苗 PV	百白破疫苗 DTaP	麻腮风疫苗 MMR	乙脑减毒活疫苗 JE-L	流脑多糖疫苗 MPSV
出生	●	●						
1 月龄		●						
2 月龄				● (IPV)				
3 月龄				● (IPV)	●			
4 月龄				● (bOPV)	●			
5 月龄					●			
6 月龄		●						● (MPSV-A)
8 月龄						●		
9 月龄								● (MPSV-A)
1 岁							●	
1.5 岁			●		●	●		
2 岁			●				●	
3 岁								● (MPSV-AC)
4 岁				● (bOPV)				
6 岁					● (DT)	●		

3. 应急接种

（1）当幼儿园发生疫苗可预防的传染病时（如水痘、流行性腮腺炎等），立刻向幼儿园所属地段医院保健科传染病管理负责人上报，同时报幼儿园园长。

（2）保健医再次进行传染病相关联班级幼儿的《免疫预防接种证》查验，筛查出需进行应急接种的幼儿名单，根据疫苗接种单位确定的应急接种时间，提示家长及时带幼儿进行接种，并在社区医院保健科指导下落实卫生消毒及其他防病措施。

4. 接种禁忌

（1） 因为各类疫苗都有相应的接种禁忌，为减少异常反应的发生，在每一位幼儿办理入园时，请家长登记该幼儿是否有过敏史及其他病症，疫苗接种时由接种单位评估能否进行接种。

（2）在疫苗接种当日如幼儿出现发热、腹泻、咳嗽等不适症状，建议待症状缓解、恢复健康后再行接种。

5. 培训学习

幼儿园保健医定期参加海淀区疾控中心关于学龄前幼儿免疫接种的相关知识培训，及时了解有关预防接种的最新变化和接种方案，加深对预防接种知识的掌握，更好地开展学龄前幼儿的预防接种工作。

（鲁燕 刘雨）

第三节 保育管理与指导

保育有保护、保健、养育和促进健康的内涵，保育不仅包括身体保育，还包括营养、卫生、安全等促进幼儿身体健康、心理和社会良好发展的内容。保教结合是幼儿园管理工作的灵魂。而在保育工作的实践中，需要班级教师与保育员同时承担，两者之间的积极配合是实现保教结合的关键。

一、幼儿一日生活时间安排及保育护理

在日常学习生活中，班级教师与保育员要共同做好幼儿入离园、教育教学、户外活动安排以及照料幼儿生活、培养幼儿养成良好生活卫生习惯等工作。共同做好班级内的日常清洁与消毒，掌握传染病防控措施、玩教具的消毒方法及浓度、呕吐物处理流程等专业知识，以保护幼儿身心健康。

（一）幼儿一日生活时间安排

根据幼儿园各年龄段幼儿的生理、心理特点，结合本地区的季节变化和幼儿

园实际情况，合理安排幼儿作息时间和睡眠、进餐、如厕、活动、游戏等生活环节的时间、顺序、次数。参照《北京市托幼机构卫生保健工作常规》中的相关要求，制订 2 ～ 6 岁幼儿一日生活活动时间分配表（见表 3.7）。

表 3.7 2 ～ 6 岁幼儿一日生活活动时间分配表

年龄	饮食		一日生活安排			睡眠			
	次数	正餐间隔（小时）	户外活动（小时）	集体教育活动（分钟 / 次）		昼间睡眠（小时）		夜间睡眠（小时）	合计睡眠时间（小时）
				中班	大班	冬季	夏季		
2 ～ 6 岁	3+2	3.5 ～ 4	≥ 2	约 20 分钟	约 30 分钟	1.5 ～ 2	2 ～ 2.5	10	12 ～ 12.5

注：户外活动与昼间睡眠时间可根据季节、年龄做适当调整。

（二）保教人员一日工作护理内容

保教人员一日工作护理内容分时间、分环节制定，从每日入园准备工作、入离园、区域游戏安排、户外活动、进餐饮水、睡眠等环节，依照合理的时间安排，列出班级内每位教师分别在某一时间段或某一环节中主要负责及辅助负责的工作内容，为教师在班级工作安排及配合上提供依据及工作支持。以秋冬季为例，具体保教人员一日工作护理内容见表 3.8。

表 3.8 保教人员一日工作护理内容（秋冬季版）

时间	环节	护理内容及要求		
		主班教师	副班教师	保育员
7:30-7:50	准备工作	1. 准时到岗，精神饱满、仪表整洁、热情接待幼儿与家长 2. 做好幼儿入园登记 3. 与家长简单沟通了解幼儿情况	1. 开窗通风，做好餐前准备，按清—消—清程序消毒餐桌 2. 指导来园幼儿洗手	1. 上班后开窗通风 2. 直饮水机消毒、打开放水，确认温度适宜 3. 按规定时间到食堂取餐 4. 送前一天幼儿水杯、擦手毛巾、晚餐用热力毛巾等到消毒室消毒
7:50-8:30	入园早餐	1. 陆续接待来园幼儿，要求同上 2. 按需、按量分餐，做好进餐指导 3. 指导幼儿愉快进餐，培养进餐常规	1. 按需、按量分餐，做好进餐指导 2. 介绍菜谱，指导幼儿愉快进餐，培养进餐常规 3. 协助保育员做好餐后卫生整理	1. 协助教师开餐 2. 餐后指导幼儿擦嘴、漱口 3. 擦拭台面及玩教具，做好班级卫生清洁及消毒

续表

<table>
<tr><th rowspan="2">时间</th><th rowspan="2">环节</th><th colspan="3">护理内容及要求</th></tr>
<tr><th>主班教师</th><th>副班教师</th><th>保育员</th></tr>
<tr><td>8:30–9:20</td><td>游戏活动</td><td>1. 组织幼儿自主选择区域
2. 观察幼儿游戏状态，提供适宜支持
3. 加强巡视，确保幼儿安全
4. 指导幼儿洗手、喝奶、集中饮水、如厕、整理衣服</td><td>配合主班教师组织幼儿活动</td><td>1. 洗毛巾、水杯，送消毒室消毒，同时取回牛奶、水果
2. 按卫生消毒工作要求做好重点工作内容
3. 指导幼儿洗手、喝奶，帮助幼儿整理衣物</td></tr>
<tr><td>9:20–9:50</td><td>教育活动</td><td>1. 目标明确、准备充分，形式生动活泼
2. 活动中注重培养相应的常规</td><td>配合主班教师组织教育教学活动</td><td>1. 根据幼儿的情况给予个性化的指导
2. 继续做好卫生消毒工作</td></tr>
<tr><td>9:50–11:10</td><td>早操户外活动</td><td>1. 教师服饰符合要求
2. 准时将幼儿带入指定场地，精神饱满，动作规范、有力，口令清晰
3. 将基本动作、体能练习融于体育游戏中，注意动静交替
4. 分散活动为幼儿提供丰富的游戏材料
5. 时刻关注幼儿的安全及特殊幼儿的护理
6. 活动后组织幼儿有序如厕、洗手、喝水</td><td rowspan="3">下班时间</td><td>1. 配合教师检查户外场地，做好户外器械的准备及回收
2. 保育员与教师共同组织集体游戏，严禁接打手机、聊天
3. 照顾幼儿如厕，帮助能力弱的幼儿整理衣裤</td></tr>
<tr><td>11:10–11:20</td><td>餐前准备</td><td>1. 组织餐前安静游戏
2. 介绍食谱，激发幼儿进餐兴趣
3. 组织幼儿用七步洗手法洗手</td><td>1. 做好餐前准备：严格按照清—消—清程序消毒餐桌
2. 按时取餐、按量分餐</td></tr>
<tr><td>11:20–12:00</td><td>午餐</td><td>1. 指导幼儿愉快进餐，并根据幼儿差异做好进餐护理
2. 注重培养幼儿进餐常规
3. 饭后组织幼儿安静活动</td><td>1. 配合主班教师对幼儿进行进餐指导，重点关注体弱儿、肥胖儿、超重儿
2. 餐后指导幼儿擦嘴、漱口、刷牙
3. 关窗，为幼儿铺床，准备午睡环境</td></tr>
</table>

续表

<table>
<tr><th rowspan="2">时间</th><th rowspan="2">环节</th><th colspan="3">护理内容及要求</th></tr>
<tr><th>主班教师</th><th>副班教师</th><th>保育员</th></tr>
<tr><td>12:00-14:00</td><td>午睡</td><td>1. 组织幼儿有序、安静上床
2. 引导幼儿摘下发卡，不携带不安全物品上床
3. 帮助、指导幼儿将衣物摆放整齐
4. 幼儿上床后下班</td><td>1. 加强午睡巡视，照顾幼儿午睡，不擅自离开岗位
2. 按卫生要求准备幼儿午点
3. 削皮刀和水果刀用消毒液浸泡消毒冲洗干净后使用
4. 按清—消—清程序消毒桌面</td><td>1. 做好午餐后整理工作，清洁地面，做到无残渣、无污渍；餐桌无油渍
2. 协助幼儿有序上床后下班</td></tr>
<tr><td>14:00-14:30</td><td>起床午点</td><td>1. 配合副班教师照顾幼儿起床
2. 配合保育员老师整理床铺
3. 组织幼儿吃午点</td><td>1. 对每个幼儿进行午检，并记录体温
2. 照顾幼儿起床，指导、帮助幼儿穿衣
3. 组织幼儿吃午点</td><td>1. 指导或帮助幼儿穿衣
2. 指导或帮助上层床的幼儿逐个下床
3. 睡眠室开窗通风
4. 整理床铺，被褥平整，被子叠得与床同宽，摆放方向一致；床下干净无毛絮</td></tr>
<tr><td>14:30-15:00</td><td>室内游戏活动</td><td>协助副班教师组织集体教学或区域游戏</td><td>组织集体教学或区域游戏</td><td>1. 清洗水果盘，将水果盘送消毒室消毒，同时取回其他消毒物品
2. 分区域做好班级其他区域卫生清洁消毒工作</td></tr>
<tr><td>15:00-16:00</td><td>户外活动</td><td>1. 配合副班教师组织户外活动
2. 组织幼儿集中饮水</td><td>1. 教师服饰符合要求
2. 按时组织幼儿进行户外活动
3. 将基本动作、体能练习融于体育游戏中，注意动静交替
4. 分散活动为幼儿提供丰富的游戏材料
5. 时刻关注幼儿的安全及特殊幼儿的护理</td><td>1. 配合教师准备、收好户外器械
2. 保育员与教师共同组织集体游戏，严禁接打手机、聊天
3. 照顾幼儿如厕，帮助能力弱的幼儿整理衣裤</td></tr>
<tr><td>16:00-16:15</td><td>餐前准备</td><td>协助副班教师开餐、分餐</td><td>1. 组织幼儿进行餐前安静游戏
2. 按需、按量分餐</td><td>1. 按清—消—清程序对餐桌进行消毒
2. 取餐</td></tr>
<tr><td>16:15-17:00</td><td>晚餐及餐后</td><td>1. 协助副班教师指导幼儿进餐，做好进餐护理
2. 餐后组织幼儿擦嘴、漱口
3. 餐后清洁地面，做到无残渣、无污渍；餐桌无油渍</td><td>1. 指导幼儿愉快进餐，并根据幼儿差异护理进餐
2. 注重培养幼儿进餐常规
3. 饭后组织幼儿安静活动</td><td>1. 配合副班教师对幼儿开展进餐指导，重点关注体弱儿、肥胖儿、超重儿
2. 餐后指导幼儿擦嘴、漱口
3. 清消清毛巾清洗晾晒
4. 清洗幼儿擦手毛巾</td></tr>
</table>

续表

时间	环节	护理内容及要求		
		主班教师	副班教师	保育员
16:50-17:30	离园	1. 做好离园前准备，清点幼儿人数，指导幼儿擦手油、穿外衣、戴帽子 2. 带领幼儿到园门口，有序把幼儿手递手交于家长	1. 进行离园前的安全教育，培养幼儿文明礼貌常规 2. 班级教师分工合作，以确保幼儿安全 3. 等幼儿离园后，做第二天教育准备，关好门窗、水电	1. 配合教师做好幼儿离园工作 2. 幼儿卫生间蹲坑、小便池刷净，做好消毒

二、日常卫生清洁消毒要求

幼儿园必须重视班级日常卫生清洁消毒工作，保育员每日认真进行班级环境、玩教具、各物体表面等的清洁与消毒，严格落实幼儿园卫生清洁消毒要求，为幼儿提供温馨、舒适、卫生的生活与游戏环境。

（一）开窗通风

室内定时开窗通风，保持室内空气流通、新鲜、无异味。冬季或夏季使用空调时，每日通风至少 3 次，每次不少于 30 分钟（根据室内外温差决定通风时间）。在外界温度适宜、空气质量较好、保障安全性的条件下，为满足新鲜空气、氧气的供应，应采取持续开窗通风的方式。雾霾、沙尘等恶劣天气时，根据需要开启净化器，适当减少开窗次数和时间。

（二）各物体表面清洁与消毒

班级门把手、台面及家具等各物体表面要保持清洁，每日用专用抹布擦拭消毒一次，消毒液浓度为有效氯含量 250mg/L（发生传染病时消毒液浓度加倍），消毒液滞留 10 ～ 30 分钟后用清洗干净的抹布擦去消毒液。

（三）幼儿小椅子清洁与消毒

要求椅面、底边、四周均光洁、无污渍、不沾手，频次为每日一次，消毒方式为含氯消毒液擦拭消毒，浓度为有效氯含量 250mg/L。

（四）餐桌清洁与消毒

严格按照《北京市托幼机构卫生保健常规》要求的“清—消—清”程序进行餐桌的清洁与消毒，即清（用清水毛巾擦去餐桌的浮土、油渍及残渣）、消（用蘸取有效氯含量为 250mg/L 消毒液的消毒毛巾均匀擦拭餐桌桌面，滞留 10 ～ 30

分钟。消毒毛巾要保留足够水分，以不滴水为宜）、清（消毒液滞留 10 ～ 30 分钟后，用拧干的热力毛巾擦净桌面的消毒液）。

餐桌擦拭方法：将毛巾对折，双手平按在毛巾上，从桌子的一角擦起，以 U 字形一去一回，以毛巾的宽度从餐桌边的部位开始，直至擦完整张桌子，保证擦到桌子的边角等部位。

（五）地面清洁与消毒

班级地面先扫后拖，用拧至半干的清水拖布进行地面的清洁擦拭，擦拭方法为 S 形倒退法，日常及时清洁保持地面洁净干爽。使用有效氯含量为 250mg/L 的消毒液浸泡拖布后擦拭消毒地面，每日至少一次。睡眠室地面在幼儿起床后进行消毒擦拭，活动室地面在幼儿离园后消毒擦拭。地面洁净标准为光洁、无渣、无水痕、无卫生死角。日常保持洁净、干燥、无水渍。班级使用的拖布要有标识，保证专用，拖布用后及时清洗消毒，天气晴好时充分利用拖布晾晒车在室外晾晒，在班级定位悬挂，干燥存放。

（六）床铺整理标准与消毒

幼儿床铺要求干净整洁、褥子平整无褶、被子叠放整齐，被罩、褥罩、枕套、枕巾均要有幼儿姓名，保证专人专用。每月末由家长把幼儿床上用品抱回家清洗晾晒（传染病流行期间每两周清洗晾晒一次）。

（七）不锈钢餐饮具清洁与消毒

幼儿使用的水杯、水果盘等不锈钢餐饮具要求表面洁净光亮、无水痕、无油污，内侧杯底、盘底无水垢。班级用的餐车、消毒托盘要求光亮、无油渍、无水渍。不锈钢餐饮具除餐车外统一清洗干净后送至食堂消毒室进行高温蒸汽消毒。餐车的消毒方式为擦拭滞留，消毒液浓度为有效氯含量 250mg/L。

（八）玩教具的清洁与消毒

1. 耐湿玩教具清洁与消毒

耐湿玩教具清洗之前要先将拼插、可拆卸玩具的每个零部件拆分开，为了达到更好的清洁效果，先用温水加洗涤剂将玩具浸泡 10 分钟，浸泡后用百洁布和刷子将玩具筐及每一个玩具零部件刷洗干净，刷洗后用流动水进行冲洗，防止洗涤剂残留。冲洗后用有效氯含量为 250mg/L 的含氯消毒液将玩具完全浸泡 30 分钟，然后捞出用流动水冲洗干净消毒液后放置在通风处晾晒。

2. 不耐湿玩教具清洁与消毒

不耐湿的木制玩具清洁时使用半干的抹布逐个擦拭，如果玩具上有顽固的污渍或油渍，可沾少许洗涤剂将其擦拭干净。清洁图书时使用半干的抹布将书本上的污渍擦拭干净。不耐湿的木制玩具或图书需在室外阳光充足的地方摊开暴晒，进行紫外线消毒，暴晒时间不少于6小时。

（九）牙具的选择、清洗与消毒

幼儿牙刷选择3排6竖的儿童牙刷，牙膏选择儿童含氟牙膏，尽量选择小支。

牙刷、牙膏要有标识，个人专用，牙刷清洗要求无牙膏残留。牙刷摆放要刷头朝上按统一方向摆放，互相不交叉，每日清洗，保持干净。幼儿牙刷每1～2个月更换一次（如有损坏及时更换），牙膏要求有盖、外皮洁净。幼儿牙杯要求每日清洗，保持洁净，内外光亮，清洗干净后送消毒室高温蒸汽消毒，每周一次。

（十）毛巾清洁与消毒

班级各类毛巾要求清洁透亮无污渍，保持原色，分类、定位悬挂晾晒并存放。幼儿擦手毛巾、餐桌清洁毛巾和消毒毛巾在天气晴好时，在室外固定位置悬挂晾晒，毛巾间距适当无重叠，雨雪天、雾霾天、沙尘天等恶劣天气时在室内固定位置悬挂。班级餐桌热力毛巾、幼儿擦手毛巾每日按要求清洗干净后送消毒室统一高温蒸汽消毒，日常用抹布消毒方式为含氯消毒液浸泡消毒，根据用途、区域不同消毒液浓度亦不相同。

（十一）配餐间及收纳筐的清洁与摆放

配餐间物品摆放整齐，台面干净整洁，各类洗消用品使用后及时按标示放入吊柜内。吊柜收纳筐物品按类别归类摆放整齐并贴有标识，所有物品及收纳筐干净无渣、无浮尘。

（十二）卫生间清洁与消毒

卫生间定时通风、无异味，地面保持清洁干燥，墙壁、墙角、便池内外每天清洁，保持洁净，隔板光洁无污渍。幼儿离园后对蹲坑、小便池、地面、门把手、垃圾桶等进行全面擦拭消毒，消毒液浓度为有效氯含量500mg/L。

为方便保育员日常工作，制定表格式“保育员日常卫生清洁消毒要求”（见

表 3.9），涵盖班级内保育员日常清洁消毒工作的所有内容，让新上岗保育员在上岗初期能快速掌握各项消毒要求。

表 3.9　保育员日常卫生清洁消毒要求

项目	方式	清洁消毒频次	清洁消毒要求
室内空气（活动室、睡眠室、盥洗室、卫生间等）	开窗通风	每日至少三次，每次≥ 30 分钟，天气晴好、温度适宜时可全天开窗	根据四季温差及室内温度调整开窗通风时间，但需保证每个房间每天通风至少三次，每次≥ 30 分钟。雾霾天开启空气净化器
餐车餐桌	擦拭消毒	早餐前、午餐前、晚餐前	三餐两点前各一次，采用“清—消—清”程序进行消毒，消毒液浓度 250mg/L，滞留时间 10 ～ 30 分钟，日常保持清洁
		上午加餐前、下午加餐前	
床围栏、门把手、水龙头、水杯架、台面、家具物体表面	擦拭消毒	每日一次	采用“清—消—清”程序进行消毒，消毒液浓度 250mg/L，滞留时间约 30 分钟。日常保持清洁，随脏随擦
抹布、垃圾桶、厕所（蹲坑、小便池、厕所门）、拖布	擦拭或浸泡消毒	每日一次	采用“清—消—清”程序进行消毒，消毒液浓度 500mg/L，滞留时间约 30 分钟
盛放消毒后擦手毛巾、水果盘、刀具、水杯等物品筐	擦拭消毒	每日一次	采用“清—消—清”程序进行消毒，消毒液浓度 250mg/L，滞留时间≥ 30 分钟
小椅子	擦拭消毒	每周一次	保持清洁，采用“清—消—清”程序进行消毒，消毒液浓度为 250mg/L，滞留时间约 30 分钟
地面 地垫	擦拭消毒	每日一次	采用“清—消—清”程序进行消毒，消毒液浓度 250mg/L。
塑料玩具 玩具框	浸泡消毒	每周一次	采用“清—消—清”程序进行消毒，消毒液浓度为 250mg/L，消毒液浸泡约 30 分钟，冲洗干净后晾晒
木制玩具 图书	紫外线消毒	每周一次，摊开暴晒 6 小时以上	玩具分次暴晒，保证每种玩具每周消毒一次。电子玩具 75% 酒精擦拭消毒
牙刷	每日清洗	每日一次	每日清洗，保持洁净
梳子	消毒剂浸泡开水烫洗	每周一次	“先消后烫”采用“清—消—清”程序进行消毒，消毒液浓度 250mg/L，消毒液浸泡≥ 30 分钟，然后用开水逐个冲烫一遍、晾晒
拖鞋	浸泡消毒	每周一次	采用“清—消—清”程序进行消毒，消毒液浓度为 250mg/L，消毒液浸泡≥ 30 分钟，冲洗干净晾晒

续表

项目	方式	清洁消毒频次	清洁消毒要求
被褥	清洗晾晒	被罩、褥套、枕巾、枕套均绣上儿童名字，保证专用	每月最后一周周五由家长抱回家清洗、晾晒
地毯	吸尘擦拭	每日一次	吸尘后，用抹布蘸消毒剂擦拭，消毒液浓度 250mg/L
饮水机	清洁消毒	每日一次	每日使用前对表面进行清洁擦拭，出水口 75% 酒精擦拭，放水约 300 毫升

三、保育员职责与一日工作流程

保育工作就是保与教的互相结合，幼儿园的保育工作离不开班级教师与保育员的共同配合，本节主要介绍保育员工作职责及其一日工作流程。

（一）保育员工作职责

保育员要认真遵守幼儿园的各项规章制度，在园长的领导与保健医和班级教师的指导下做好本班保育工作，严格遵守园内的生活作息制度，落实各项幼儿保育及卫生保健管理要求。日常工作中负责管理幼儿的生活，饮食、大小便、睡觉、穿衣、户外活动等。对病愈恢复期幼儿做好特殊护理及全日健康观察。在保健医的指导下，保育员严格执行园所制定的各项安全制度，杜绝或及时排除各种安全事故隐患，掌握伤害事故的应急处理方法。严格执行卫生保健制度中规定的消毒要求，掌握消毒液配比方法和浓度，熟知班级内设备、玩具、室内外环境的清洁、消毒时间和方法，并防止消毒后的再污染。重视幼儿的人身安全，严格执行安全制度，严防安全事故的发生。在教师的指导下妥善保管好本班使用的各种物品，与教师共同负责幼儿的餐饮工作。配合教师做好各项教育教学、区域游戏及户外活动的准备和组织工作。努力钻研业务、总结经验，不断提高保育工作质量。

（二）保育员一日工作流程

保育员在班级工作中起着至关重要的作用，除要积极配合教师完成教育教学、区域游戏和户外活动，在班级中也是“卫生监督与管理”的负责人。班级环境的日常清洁、消毒，季节性传染病预防等都离不开保育员的辛苦付出，只有这样，才能保证幼儿的身心健康。为方便保育员明确自己的工作内容与要求，幼儿园制定了表格形式的保育员一日工作常规及要求，以大班保育员工作为例（见表3.10）。

表3.10 保育员一日工作常规及要求

时间	工作内容	工作要求
7:30–7:40	1. 开窗通风 2. 早餐前准备 3. 取回早餐用餐具 4. 取餐具时送前一天下午的水果盘、热力毛巾、水杯、晚餐热力毛巾、幼儿擦手毛巾到消毒室 5. 班级饮水机及出水口擦拭消毒	1. 上班后先开窗通风，冬季开饭前关闭窗户 2. 早餐前严格按照“清—消—清”程序进行餐桌消毒 3. 每日用专用清洁毛巾擦拭饮水机，75%的酒精擦拭消毒饮水机出水口，并适量放水
7:40–8:00	1. 取餐、备餐 2. 精神饱满、仪表整洁、热情迎接幼儿	1. 取餐时餐桶须盖好盖子 2. 按量有序分餐
8:00–9:00	1. 协助教师进行进餐护理 2. 做早餐后整理：清洗“清—消—清”所使用的毛巾、擦拭餐桌、餐车、清扫地面 3. 送餐具、餐桶到消毒室，取水果、牛奶，取回后及时擦拭餐车 4. 取水果的同时将已消毒的水杯、热力毛巾（两套）、擦手毛巾取回备用	1. 协助班级教师进行进餐护理，培养幼儿良好的进餐习惯 2. 班级地面无油渍、无残渣、清洁干净 3. 餐桌、餐车无油渍、无残渣、保持清洁 4. 及时将高温消毒的热力毛巾、水杯等取回备用
9:00–9:50	1. 上午加餐（喝牛奶）前准备 2. 指导幼儿喝奶后漱口 3. 督促幼儿集中饮水 4. 协助教师开展教育教学活动 5. 户外活动前准备	1. 护理上午幼儿加餐（喝牛奶） 2. 培养幼儿饮水常规，提醒幼儿饮水 3. 协助教师开展教育教学活动 4. 帮助能力弱的幼儿整理衣服（准备户外）
9:50–10:50	1. 幼儿玩教具及班级各物体表面的清洁消毒 2. 协助教师进行户外体育活动	1. 幼儿玩教具每周清洗消毒一次（发生传染病时每日一次） 2. 协助教师进行户外活动指导、户外场地检查等，观察幼儿活动情况
10:50–11:40	1. 午餐前准备 2. 取餐 3. 协助教师进餐护理	1. 午餐前严格按照“清—消—清”程序进行餐桌消毒 2. 取餐时餐桶加盖 3. 协助教师进行进餐护理，幼儿安静、有序进餐，重点关注体弱儿及肥胖儿 4. 幼儿进餐时不整理床铺

续表

时间	工作内容	工作要求
11:40-12:00	1. 做餐后整理，步骤同早餐后 2. 指导幼儿进行有效刷牙，带领幼儿餐后散步 3. 做好午睡准备工作，营造安静的睡眠环境 4. 送热力毛巾（早、午）到消毒室	1. 餐桌、餐车同早餐后要求 2. 指导幼儿掌握正确的刷牙方法，提高有效刷牙率 3. 指导、帮助幼儿按顺序脱衣服，培养幼儿自我服务意识 4. 及时送消毒物品到消毒室
14:00-14:30	1. 与教师一起组织幼儿起床 2. 开窗通风、整理睡眠室 3. 午点餐前准备及进餐护理	1. 协助幼儿起床，整理床铺，睡眠室地面清扫、擦拭消毒 2. 指导、协助幼儿穿衣，提高其自理能力 3. 午点前消毒程序同早餐要求 4. 午点进餐护理及餐后整理
14:30-15:00	1. 午点餐后整理工作，步骤同早餐后整理 2. 做常规卫生消毒工作 3. 取回已消毒的水杯及热力毛巾（两套）备用	1. 餐桌、餐车同早餐后要求 2. 做好班级物品及玩教具常规卫生清洁与消毒工作 3. 及时将消毒物品从消毒室取回、备用
15:00-16:00	配合教师进行户外体育活动	同上午户外体育活动
16:00-16:50	1. 晚餐前准备 2. 协助教师做好进餐护理	1. 晚餐前消毒程序同早餐 2. 协助教师进行进餐护理，全体幼儿安静、有序进餐，重点关注体弱儿及肥胖儿
16:50-17:00	协助教师组织幼儿离园	组织幼儿有序离园，保证幼儿安全
17：00-17:30	1. 做晚餐后整理工作，步骤同早餐后整理 2. 活动室地面清扫、擦拭消毒 3. 卫生间清洁消毒 4. 时间允许的情况下送已清洗的毛巾、水杯到消毒室消毒	1. 餐桌、餐车同早餐后要求 2. 对活动室、卫生间地面、小便池、蹲坑等进行彻底清洁消毒 3. 做好第二天的准备工作

四、幼儿意外伤害的安全预防

在幼儿园内，所有教职工要明确“人人都是安全员”，每一位教职工都应对幼儿的安全负责。幼儿意外伤害多数由于不当心、不留神、麻痹大意而引起，是可以预防或避免的。在日常的工作中保教人员应增强安全意识，从幼儿入离园、进餐饮水、教育教学、户外活动、午睡、盥洗等多环节进行安全教育及预防，加强安全管理和监护。

（一）入离园环节

幼儿园应建立幼儿入离园接送制度，确保安全。家长接送幼儿时应持“幼儿园接送卡”入园，按规定时间接送幼儿，临时有事应提前与班级教师联系。离园前教师清点离园幼儿人数，帮助幼儿整理好个人物品，确认无掉落或遗失物品。在教师的带领下，幼儿要按规定路线到离园处，幼儿不得离开教师视线。教师与幼儿家长面对面交接，确保无误，若幼儿需要除家长之外的人来接送，必须提前向幼儿园提供双方身份证明材料，并签署相关协议，保障幼儿的人身安全。

（二）进餐饮水环节

1. 进餐安全

保教人员为幼儿分餐、添饭时，热汤盆（桶）不应在幼儿面前及头顶传递，以免发生烫伤。进餐过程中教师不应过分催饭，进餐过程中提示幼儿不能嬉笑打闹，让幼儿养成专心进餐、细嚼慢咽的好习惯，避免进餐过快造成呛咳。如果进食鱼类，要特别注意清理鱼刺，教会幼儿细嚼慢咽。

2. 饮水安全

饮水是幼儿一日生活常规中的一个重要环节。幼儿在班级内每日上、下午各集中饮水 1 ～ 2 次。在集中饮水环节应由教师从旁指导，提醒幼儿接水、喝水要有秩序、不拥挤、不打闹，告知幼儿在其他小朋友喝水时不能突然推挤，保证饮水环节安全。发生秩序紊乱时保育员要及时制止，避免发生意外伤害。

（三）教育教学环节

1. 室内地面

在班级内进行教育教学活动时，室内活动场地要干净、清洁，地面要干爽，地板上不能有水迹、油迹，防止幼儿跌倒、滑倒，造成意外伤害的发生。

2. 物品摆放

活动室内的物品摆放要保证安全，家具要摆放整齐，柜子不应有尖锐的棱角，柜体应敦实，重心较低，以免幼儿不慎将其推倒而造成伤害。家具表面应光滑，避免有木刺或钉子露出。如果可能尽量把橱柜放在角落和墙角处，保持活动室宽敞，减少障碍物，便于幼儿活动。

3. 用电安全及消毒物品存放

室内电器插座应安装在 1.8 米以上，电源插座要有保护盒，电线应用暗线以免幼儿接触。班级用于清洁消毒的化学物品要定点存放，专人负责，妥善保管，不可放在活动室内，避免幼儿拿到造成危险。

4. 区域游戏

班级内分组进行区域游戏前向幼儿介绍游戏方法、应注意的安全事项等，向幼儿开展安全教育。游戏过程中教师应关注幼儿有无争执、推搡、抢夺玩具等行为，如有发生应及时制止。如建筑区的安全提示：人员要有限制，幼儿佩戴安全帽。进入建筑区要穿鞋套保持区域卫生。注重合作意识，分工明确。所搭建筑的位置与取放建筑材料的位置要有一定距离。收建筑材料时不能推倒，要从上到下一层一层收集。搭建过程中尊重幼儿个性发展，培养安全意识。

（四）如厕洗手

盥洗室内因幼儿洗手、如厕，地面容易有积水而湿滑，故盥洗室地面应使用防滑地砖，且做到随湿随擦，保持地面干爽，不能有水迹、油迹，防止幼儿跌倒、滑倒。洗手池高矮与幼儿年龄相符，台面边缘应圆润无棱角，可用防撞条包裹加以保护。洗手、如厕应排队不拥挤，避免因推挤而导致摔倒受伤。

（五）户外活动

户外活动场地及大型玩具的安全是幼儿户外活动安全的基础，为了保证幼儿户外活动时的安全，幼儿园每月两次由专职安全员对户外活动的场地及大型玩具进行检查，发现问题及时反馈维修。在组织幼儿户外活动前，保育员应检查活动场地的安全情况，清除活动场地的砖头、树枝、积水等，保证户外活动场地平整、开阔，没有潜在的、可能伤害幼儿的危险物品或危险隐患存在。周围加设护栏的、在高处的活动场地，要确保护栏结实，高度足够，护栏间隔宽窄要符合相关要求，护栏间隔处不加横栏，以免幼儿从中缝掉出或攀爬。

（六）午睡

进餐结束后教师要带领幼儿进行餐后的安静活动或散步，时间在 10 ～ 15 分钟。在午睡前教师要进行安全检查，检查幼儿是否携带不安全物品上床，嘴里是否含着东西，避免在午睡过程中发生意外伤害。幼儿进入睡眠状态后，值班教师要加强巡视，若发现幼儿状态与以往不同，要及时确认幼儿是否有身体不适。此外，值班教师要根据室内温度及时为午睡幼儿盖被或者降温，纠正幼儿的不良睡姿，对入睡困难的幼儿要进行合理引导，使其能逐步养成良好的午睡习惯。

五、常见幼儿外伤处理与指导

学龄前幼儿年龄小，活泼好动，动作的灵敏性及协调性较差，在日常的生活游戏活动中，难免会有磕碰等意外状况发生，以下是相关应急处理方法与指导。

（一）擦伤

幼儿不慎跌倒在粗糙的路面，容易造成皮肤擦伤，如擦伤部位无出血，且较脏者，送医务室前可先用流动水冲洗干净，再送医务室，然后由保健医对擦伤处进行相应处理。如擦伤部位出血，保教人员可尽快送幼儿到医务室，由保健医根据具体情况做好进一步的消毒处理。

（二）裂伤

救治受伤幼儿皮肤裂伤时应及时止血，步骤为盖、压、包（包为医务室处理）。如创口浅表，边缘整齐，出血不多者，送至医务室由保健医对伤口进行清洁消毒后用创可贴或蝶形胶布牵拉伤口，一般可自愈。出血较多者，应立即止血，用未使用过的消毒毛巾（热力毛巾或擦手毛巾），用力压住伤口（避免反复拿开毛巾查看伤口，以减少新的出血），按压伤口的同时，立即将受伤幼儿送至医务室，待保健医用消毒纱布局部包扎压迫止血后及时送至医疗机构进一步处理。

（三）头部血肿

幼儿头部被撞伤后，保教人员要立即用手掌根压紧撞伤处不要松手，以免出现大的血肿，并送至医务室，然后用冰袋冷敷或绷带包扎减少皮下出血。处理后，要注意观察幼儿的精神状态，有无呕吐、头痛、头晕等与平时状态不一样的反应，如有异常，立即联系医务室。

（四）骨折和关节脱位

如幼儿受伤后怀疑有肢体骨折或关节脱位时，不要穿脱衣服，不要自行进行检查，不要硬性牵拉受伤部位，尽量减少肢体活动，保持肢体受限姿势，联系医务室，由保健医进行固定等其他操作后送医疗机构进一步诊治。

（五）眼外伤

眼睛是人体中相对比较脆弱又极其重要的器官，任何时候都要对该部位的伤情给予高度重视，所有的眼外伤都有潜在的危险。遇到幼儿眼外伤时叮嘱其不能用力揉眼睛，以免将角膜擦伤引起感染，要及时送幼儿至医务室，由保健医检查后判定是否送医疗机构进一步诊治。

（六）鼻出血

用干净纸巾折叠成纸团直接堵塞出血一侧的鼻孔，注意纸团大小合适，能压紧鼻孔，无效者，可让幼儿静坐，头部保持正位，不可前倾也不可后仰，教师用手指直接压住幼儿鼻翼上方 5 ～ 10 分钟，同时用冷毛巾敷在鼻根部、头部，数分钟后可止血。如仍不能止血时，及时送幼儿到医务室。

（七）气管异物

当幼儿发生气管异物时应立即使用以下相关方法，并第一时间联系医务室。

1．海姆立克急救法

用双臂从幼儿身后将其抱住，一手握拳，用拇指掌关节突出点顶住幼儿腹部正中线脐上部位，另一只手的手掌压在拳头上，连续快速向后、向上推压冲击数次，注意不要伤其肋骨。如果无效，隔几秒钟后，重复操作，直至异物排出。

2．拍背法

让幼儿趴在教师的膝盖上，头朝下，托其胸，连续用力拍其背部，迫使异物排出。如幼儿体重较轻，可立即倒提两腿，使其头向下垂，轻拍其背部，这样可通过异物的自身重力和幼儿呛咳时胸腔内气体的冲力，迫使异物向外咳出。

（八）高热惊厥应急处理

幼儿发生高热惊厥时，及时让患儿平躺，头偏向一侧，解开衣领，确保呼吸道通畅无阻塞，尤其注意口鼻咽喉无分泌物或呕吐物堵塞。高热惊厥发生期间不建议服用退热药，等到高热惊厥的状况缓解之后需要及时应用退热药和物理降温的方式进行退热，密切观察患儿体温、心率、血压、呼吸、瞳孔大小和尿量变化等。当抽搐反复发作或持续时间较长时应及时送往医疗机构进一步诊治。

六、保育员培训与指导

为了更好地为幼儿提供专业化服务，提高保育员的卫生保健知识和技能操作水平，幼儿园依照市、区妇幼保健院儿保部要求，结合保育员实际工作需求，定期开展保育员专业理论知识学习与技能操作培训。

（一）培训形式

保健医采取多样化的培训形式开展保育员培训指导工作，包括集中培训（现场讲座、线上腾讯会议）、实操观摩及专项技能评比、保育员经验交流分享、理论考试、班级现场指导等，通过培训及指导让保育员掌握幼儿日常护理的相关知识、突发情况下的应急处理、传染病防控措施、班级内环境卫生及玩教具的清洁与消毒、幼儿眼保健及口腔保健与龋齿预防等相关知识。

（二）培训内容

1．传染病防控与卫生消毒

根据学期卫生保健工作计划开展季节流行性传染病的相关知识培训，包括常见传染病的介绍：如水痘、手足口病、流感、诺如病毒感染、流行性腮腺炎等传染病的流行病学、临床表现、预后及免疫、预防措施、返园标准等内容。通过培训加深保育员对传染病的理论认识及实践识别能力，能够第一时间发现异常，及时控制相关传染病的流行，保护幼儿的健康。

以下节选传染病防控与卫生消毒培训的部分内容（见图 3.1）：

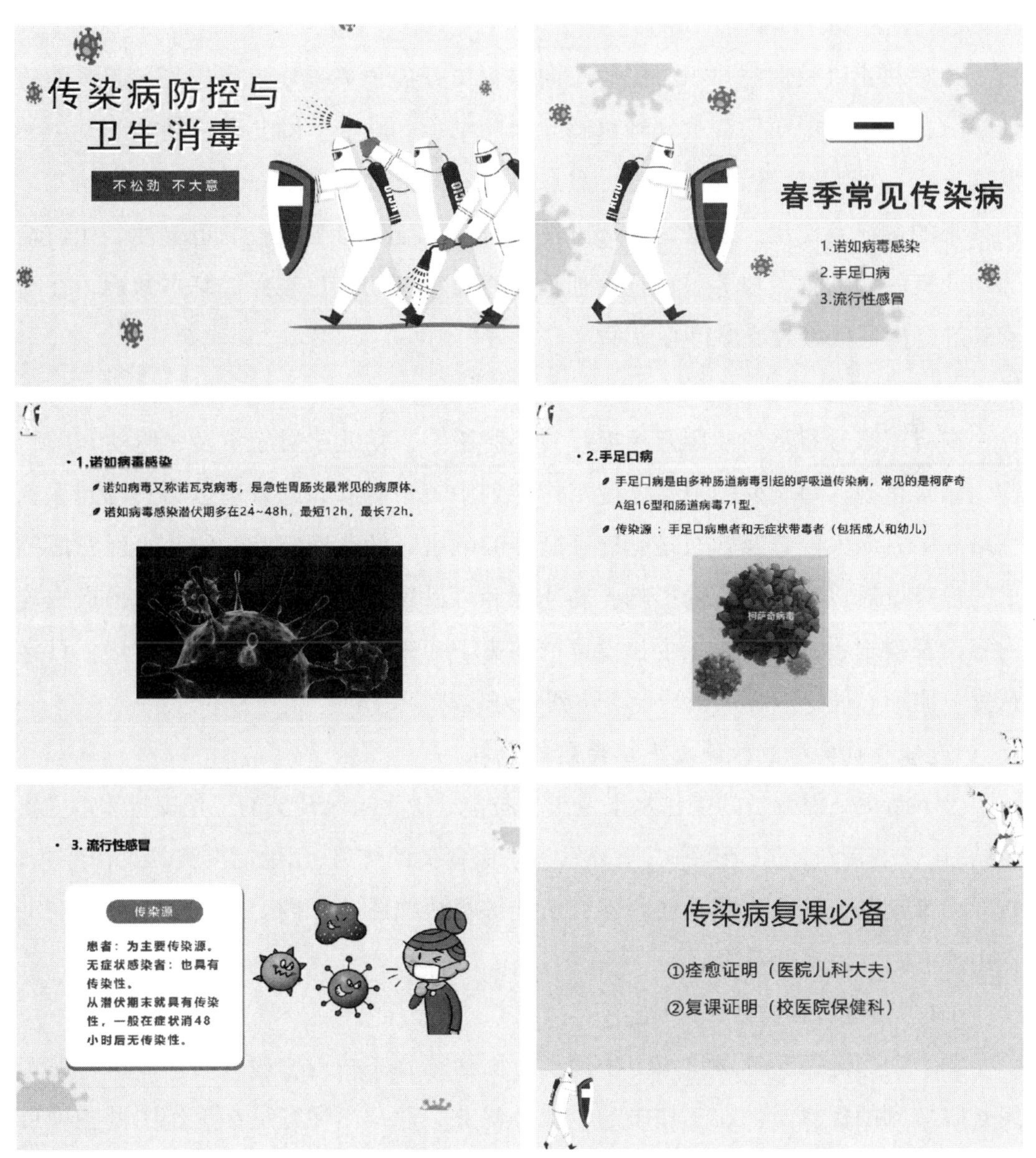

图 3.1 传染病防控与卫生消毒培训节选

2. 五官保健

在日常卫生保健工作中，保健医定期针对幼儿五官保健知识对保育员开展培训，如针对幼儿眼保健的《关爱儿童眼健康》《学龄前儿童眼保健知识》等培训。通过培训让保育员充分了解为什么要做好学龄前幼儿的眼保健工作，幼儿视力发育的敏感期是什么时候，与我们息息相关的常见眼病有哪些，幼儿出现视力低常后在教育教学中保育员配合教师应该怎么做等内容，让保育员在培训学习中得到答案，切实应用到实际工作中。

针对幼儿口腔保健知识，保健医向保育员开展《关爱牙齿，从我做起》的培训学习。在培训中向保育员详细讲解牙齿的结构和功能、幼儿乳牙龋病的发生与发展过程、日常口腔保健等内容，重点讲解幼儿口腔的日常保健工作，如幼儿牙刷牙膏的选择及使用、正确的刷牙方法及时间、定期口腔检查的重要性、如何培养幼儿良好的饮食习惯等。通过培训让保育员掌握幼儿口腔保健基本知识，在与家长进行沟通宣教时能够得心应手。

3. 肥胖儿管理

响应国家号召从幼儿园开始抓起“小胖墩”，幼儿园对超重及肥胖幼儿的管理也非常重视，每学期的卫生保健工作计划中关于肥胖儿的管理也会安排到保育员培训中，向大家普及什么是肥胖、肥胖的危害、幼儿期肥胖对幼儿心理和情感上的损害及对以后成人期的影响、幼儿肥胖以后家庭和幼儿园分别的干预措施等内容，家园携手，在不影响生长发育的前提下，采取饮食调理、运动疗法、日常行为习惯和心理行为矫正相结合，达到较好效果。

4. 保育员实操观摩评比及经验交流分享

为不断提高保育员的工作水平及工作技能，幼儿园保育员的工作安排采取“新老结对、以老带新”的工作模式，充分发挥老保育员的优势，用他们丰富的工作经验，指导、带动新入职保育员，使新保育员能够尽快熟悉工作内容及方法，避免在工作中走弯路、效率低等现象。

（1）保育员实操观摩评比

每学期保健医会针对班级卫生消毒方面根据日常的卫生检查结果，结合保育组长收集到的保育员们在工作中的困扰及优势，总结出保育员在工作中哪些项目是得心应手、哪些项目是薄弱之处需要巩固加强，根据实际需求，在学期中由保育组长做示范，召开薄弱项目的实操观摩，观摩结束后，探讨、寻找工作中的不足之处，总结经验，针对该项目进行全园各班级的实操评比，再根据实际操作中发现的问题进行现场指导及讨论，把该项目做到人人都会、人人都能做好。

（2）保育员经验交流分享

幼儿园共有 33 个班，分为大班组、中班组、小班组，每个年级组都配有 2 名保育组长，负责本年级组内各班的卫生消毒及其他相关保育工作指导。幼儿园每学期安排保育组长根据年级组内的实际情况，针对幼儿生活环境的清洁与消毒、幼儿进餐、加餐、饮水环节的保育工作、幼儿盥洗、如厕、睡眠环节、配合教学活动及户外活动的保育工作、预防幼儿意外伤害、入离园环节的保育工作等内容进行工作经验交流分享，通过交流把好的工作方法、方式通过培训讲解、实际观摩的形式分享给大家，共同学习，共同提高理论和专业技能水平，为幼儿的高质量发展做好保障与服务。以下节选幼儿园保育员经验交流分享会的部分内容（见图 3.2）。

（王蒙）

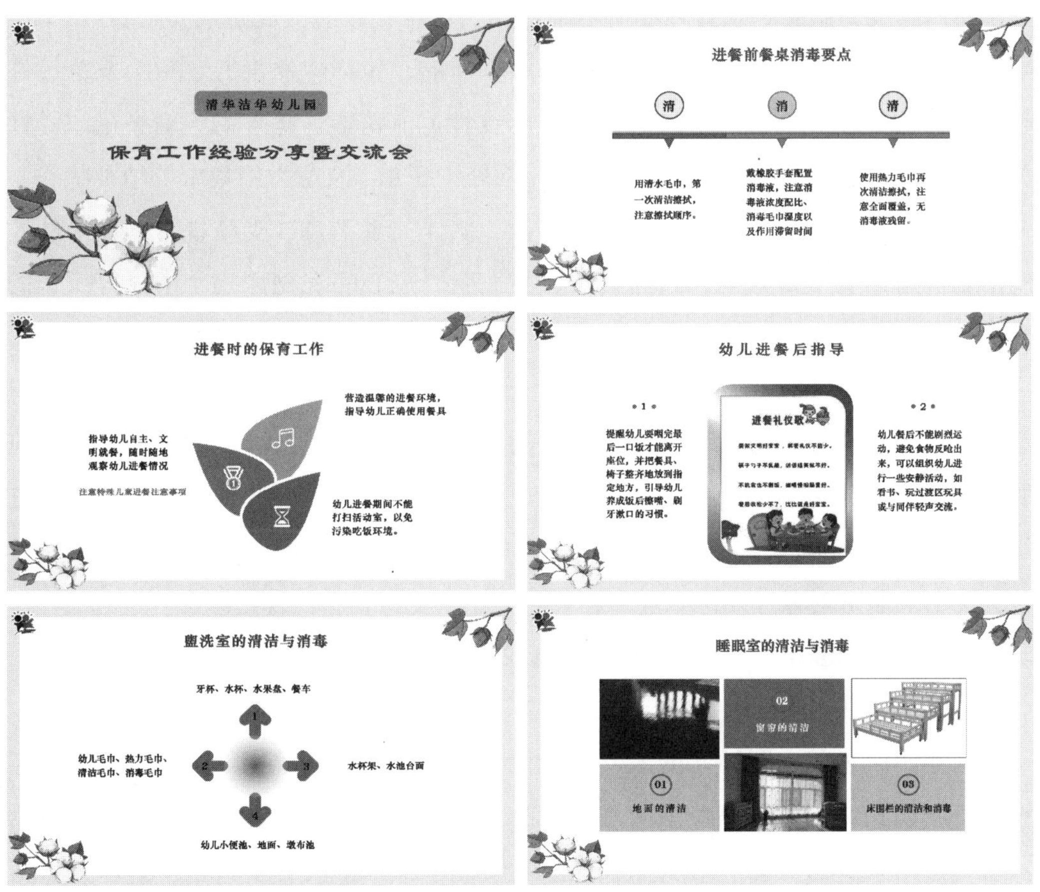

图 3.2 保育员经验交流分享节选

第四节 特殊需求儿童管理与服务

特殊需求儿童包括超重与肥胖、发育（心理）行为异常、蛋白质—能量营养不良、高热惊厥史及患有其他慢性病的幼儿等。该群体的幼儿因为各自的身体状况不同，需要保教人员和保健医给予特殊照顾和护理，以防因其相应的自身因素导致较为严重的后果，甚至影响幼儿的身心健康发展。

一、超重与肥胖

超重与肥胖是一种与个人生活方式紧密联系的慢性疾病，它以摄入过量的营养和运动量不足为主要特征。当幼儿摄入热量大于消耗热量时，多余的热量会存储于体内转变为脂肪，当体内脂肪堆积达到一定量时即演变成超重或肥胖。

肥胖对幼儿生长发育的不良影响是多方面的，包括骨骼发育、智力发育、性早熟等。例如骨头长期承受较大的压力导致骨关节畸形、膝外翻、扁平足、骨性关节炎等。身体的高耗氧量使肥胖幼儿经常处于疲惫、注意力不集中等精神状态。在心理上，肥胖幼儿易感到自卑、不自信、伙伴关系不良、受歧视等。如果幼儿期的肥胖持续到了成人期，其高血压、高血脂、冠心病和糖尿病、中风等疾病的发病概率明显升高，因此从幼儿期开始进行规范、科学管理就尤为重要。

（一）管理目的

通过了解幼儿园内超重与肥胖幼儿的具体情况，及时进行干预、指导和相应的护理，促使其尽早恢复到正常标准，预防肥胖对幼儿产生其他不良影响，促进幼儿的健康成长。

（二）服务对象

幼儿园定期健康检查及入园健康检查所筛查出的超重与肥胖幼儿。

（三）管理内容

幼儿园通过新入园幼儿的入园健康检查和每年两次的定期健康检查筛查出超重与肥胖幼儿。其管理是一项持之以恒的工作，它渗透到幼儿的日常饮食和行为习惯中，幼儿园保健医、班级保教人员和幼儿家长三方配合至关重要，缺少任何一方都很难坚持有效地干预和矫正。

1. 超重及肥胖判定标准

幼儿园判定超重与肥胖的方法为世界卫生组织推荐的离差法，也称为标准差法。在离差法中，有三种比对数据标准：年龄别身高、年龄别体重、身高别体重，其中身高别体重是幼儿园判断幼儿超重与肥胖最常用的指标。专家经过大量数据分析和计算总结出幼儿身高相对应的体重范围，以中位数（M）为基础值加减标准差（SD）来评估幼儿的体格生长，且划分为五个等级来评价幼儿的营养状况及匀称度（见表 3.11）。幼儿园保健医依据北京妇幼保健院提供的体重 / 身高标准差数值表进行评估，筛查出超重与肥胖幼儿（见表 3.12）。

表 3.11 标准差法判定标准

等级	<M−2SD	M−2SD ~ M−1SD	M ± lSD	M+1SD ~ M+2SD	≥M+2SD
五等级	下	中下	中	中上	上
评价	消瘦	正常	正常	超重	肥胖

表 3.12 体重 / 身高标准差数值表

女童体重/身高标准差数值表

身高(cm)	体重（kg）						
	-3SD	-2SD	-1SD	中位数	+1SD	+2SD	+3SD
65.0	5.6	6.1	6.6	7.2	7.9	8.7	9.7
65.5	5.7	6.2	6.7	7.4	8.1	8.9	9.8
66.0	5.8	6.3	6.8	7.5	8.2	9.0	10.0
66.5	5.8	6.4	6.9	7.6	8.3	9.1	10.1
67.0	5.9	6.4	7.0	7.7	8.4	9.3	10.2
67.5	6.0	6.5	7.1	7.8	8.5	9.4	10.4
68.0	6.1	6.6	7.2	7.9	8.7	9.5	10.5
68.5	6.2	6.7	7.3	8.0	8.8	9.7	10.7
69.0	6.3	6.8	7.4	8.1	8.9	9.8	10.8
69.5	6.3	6.9	7.5	8.2	9.0	9.9	10.9
70.0	6.4	7.0	7.6	8.3	9.1	10.0	11.1
70.5	6.5	7.1	7.7	8.4	9.2	10.1	11.2
71.0	6.6	7.1	7.8	8.5	9.3	10.3	11.3
71.5	6.7	7.2	7.9	8.6	9.4	10.4	11.5
72.0	6.7	7.3	8.0	8.7	9.5	10.5	11.6
72.5	6.8	7.4	8.1	8.8	9.7	10.6	11.7
73.0	6.9	7.5	8.1	8.9	9.8	10.7	11.8
73.5	7.0	7.6	8.2	9.0	9.9	10.8	12.0
74.0	7.0	7.6	8.3	9.1	10.0	11.0	12.1
74.5	7.1	7.7	8.4	9.2	10.1	11.1	12.2
75.0	7.2	7.8	8.5	9.3	10.2	11.2	12.3
75.5	7.2	7.9	8.6	9.4	10.3	11.3	12.5
76.0	7.3	8.0	8.7	9.5	10.4	11.4	12.6
76.5	7.4	8.0	8.7	9.6	10.5	11.5	12.7
77.0	7.5	8.1	8.8	9.6	10.6	11.6	12.8
77.5	7.5	8.2	8.9	9.7	10.7	11.7	12.9
78.0	7.6	8.3	9.0	9.8	10.8	11.8	13.1
78.5	7.7	8.4	9.1	9.9	10.9	12.0	13.2
79.0	7.8	8.4	9.2	10.0	11.0	12.1	13.3
79.5	7.8	8.5	9.3	10.1	11.1	12.2	13.4
80.0	7.9	8.6	9.4	10.2	11.2	12.3	13.6
80.5	8.0	8.7	9.5	10.3	11.3	12.4	13.7
81.0	8.1	8.8	9.6	10.4	11.4	12.6	13.9
81.5	8.2	8.9	9.7	10.6	11.6	12.7	14.0
82.0	8.3	9.0	9.8	10.7	11.7	12.8	14.1
82.5	8.4	9.1	9.9	10.8	11.8	13.0	14.3
83.0	8.5	9.2	10.0	10.9	11.9	13.1	14.5
83.5	8.5	9.3	10.1	11.0	12.1	13.3	14.6
84.0	8.6	9.4	10.2	11.1	12.2	13.4	14.8
84.5	8.7	9.5	10.3	11.3	12.3	13.5	14.9
85.0	8.8	9.6	10.4	11.4	12.5	13.7	15.1
85.5	8.9	9.7	10.6	11.5	12.6	13.8	15.3
86.0	9.0	9.8	10.7	11.6	12.7	14.0	15.4
86.5	9.1	9.9	10.8	11.8	12.9	14.2	15.6
87.0	9.2	10.0	10.9	11.9	13.0	14.3	15.8
87.5	9.3	10.1	11.0	12.0	13.2	14.5	15.9
88.0	9.4	10.2	11.1	12.1	13.3	14.6	16.1
88.5	9.5	10.3	11.2	12.3	13.4	14.8	16.3
89.0	9.6	10.4	11.4	12.4	13.6	14.9	16.4
89.5	9.7	10.5	11.5	12.5	13.7	15.1	16.6
90.0	9.8	10.6	11.6	12.6	13.8	15.2	16.8
90.5	9.9	10.7	11.7	12.8	14.0	15.4	16.9
91.0	10.0	10.9	11.8	12.9	14.1	15.5	17.1
91.5	10.1	11.0	11.9	13.0	14.3	15.7	17.3
92.0	10.2	11.1	12.0	13.1	14.4	15.8	17.4
92.5	10.3	11.2	12.1	13.3	14.5	16.0	17.6
93.0	10.4	11.3	12.3	13.4	14.7	16.1	17.8
93.5	10.5	11.4	12.4	13.5	14.8	16.3	17.9
94.0	10.6	11.5	12.5	13.6	14.9	16.4	18.1
94.5	10.7	11.6	12.6	13.8	15.1	16.6	18.3
95.0	10.8	11.7	12.7	13.9	15.2	16.7	18.5
95.5	10.8	11.8	12.8	14.0	15.4	16.9	18.6
96.0	10.9	11.9	12.9	14.1	15.5	17.0	18.8
96.5	11.0	12.0	13.1	14.3	15.6	17.2	19.0
97.0	11.1	12.1	13.2	14.4	15.8	17.4	19.2
97.5	11.2	12.2	13.3	14.5	15.9	17.5	19.3
98.0	11.3	12.3	13.4	14.7	16.1	17.7	19.5
98.5	11.4	12.4	13.5	14.8	16.2	17.9	19.7
99.0	11.5	12.5	13.7	14.9	16.4	18.0	19.9
99.5	11.6	12.7	13.8	15.1	16.5	18.2	20.1
100.0	11.7	12.8	13.9	15.2	16.7	18.4	20.3
100.5	11.9	12.9	14.1	15.4	16.9	18.6	20.5
101.0	12.0	13.0	14.2	15.5	17.0	18.7	20.7
101.5	12.1	13.1	14.3	15.7	17.2	18.9	20.9
102.0	12.2	13.3	14.5	15.8	17.4	19.1	21.1
102.5	12.3	13.4	14.6	16.0	17.5	19.3	21.4
103.0	12.4	13.5	14.7	16.1	17.7	19.5	21.6
103.5	12.5	13.6	14.9	16.3	17.9	19.7	21.8
104.0	12.6	13.8	15.0	16.4	18.1	19.9	22.0
104.5	12.8	13.9	15.2	16.6	18.2	20.1	22.3
105.0	12.9	14.0	15.3	16.8	18.4	20.3	22.5
105.5	13.0	14.2	15.5	16.9	18.6	20.5	22.7
106.0	13.1	14.3	15.6	17.1	18.8	20.8	23.0
106.5	13.3	14.5	15.8	17.3	19.0	21.0	23.2
107.0	13.4	14.6	15.9	17.5	19.2	21.2	23.5
107.5	13.5	14.7	16.1	17.7	19.4	21.4	23.7
108.0	13.7	14.9	16.3	17.8	19.6	21.7	24.0
108.5	13.8	15.0	16.4	18.0	19.8	21.9	24.3
109.0	13.9	15.2	16.6	18.2	20.0	22.1	24.5
109.5	14.1	15.4	16.8	18.4	20.3	22.4	24.8

续表

身高(cm)	体重（kg）						
	-3SD	-2SD	-1SD	中位数	+1SD	+2SD	+3SD
110.0	14.2	15.5	17.0	18.6	20.5	22.6	25.1
110.5	14.4	15.7	17.1	18.8	20.7	22.9	25.4
111.0	14.5	15.8	17.3	19.0	20.9	23.1	25.7
111.5	14.7	16.0	17.5	19.2	21.2	23.4	26.0
112.0	14.8	16.2	17.7	19.4	21.4	23.6	26.2
112.5	15.0	16.3	17.9	19.6	21.6	23.9	26.5
113.0	15.1	16.5	18.0	19.8	21.8	24.2	26.8
113.5	15.3	16.7	18.2	20.0	22.1	24.4	27.1
114.0	15.4	16.8	18.4	20.2	22.3	24.7	27.4
114.5	15.6	17.0	18.6	20.5	22.6	25.0	27.8
115.0	15.7	17.2	18.8	20.7	22.8	25.2	28.1
115.5	15.9	17.3	19.0	20.9	23.0	25.5	28.4
116.0	16.0	17.5	19.2	21.1	23.3	25.8	28.7
116.5	16.2	17.7	19.4	21.3	23.5	26.1	29.0
117.0	16.3	17.8	19.6	21.5	23.8	26.3	29.3
117.5	16.5	18.0	19.8	21.7	24.0	26.6	29.6
118.0	16.6	18.2	19.9	22.0	24.2	26.9	29.9
118.5	16.8	18.4	20.1	22.2	24.5	27.2	30.3
119.0	16.9	18.5	20.3	22.4	24.7	27.4	30.6
119.5	17.1	18.7	20.5	22.6	25.0	27.7	30.9
120.0	17.3	18.9	20.7	22.8	25.2	28.0	31.2
120.5	16.4	18.3	20.1	22.0	24.7	27.3	29.9
121.0	16.5	18.4	20.3	22.2	24.9	27.6	30.3
121.5	16.7	18.6	20.5	22.5	25.2	27.9	30.7
122.0	16.8	18.8	20.7	22.7	25.5	28.3	31.1
122.5	17.0	19.0	20.9	22.9	25.8	28.6	31.5
123.0	17.1	19.1	21.1	23.1	26.1	29.0	31.9
123.5	17.3	19.3	21.3	23.4	26.4	29.3	32.3
124.0	17.4	19.5	21.6	23.6	26.7	29.7	32.8
124.5	17.6	19.7	21.8	23.9	27.0	30.1	33.2
125.0	17.8	19.9	22.0	24.1	27.3	30.5	33.7
125.5	17.9	20.1	22.2	24.3	27.6	30.9	34.2
126.0	18.1	20.2	22.4	24.6	28.0	31.3	34.7
126.5	18.2	20.4	22.7	24.9	28.3	31.7	35.2
127.0	18.4	20.6	22.9	25.1	28.6	32.2	35.7
127.5	18.6	20.8	23.1	25.4	29.0	32.6	36.2
128.0	18.7	21.0	23.3	25.7	29.4	33.1	36.8
128.5	18.9	21.2	23.6	25.9	29.7	33.6	37.4
129.0	19.0	21.4	23.8	26.2	30.1	34.0	37.9
129.5	19.2	21.6	24.1	26.5	30.5	34.5	38.6
130.0	19.4	21.8	24.3	26.8	30.9	35.1	39.2
130.5	19.5	22.1	24.6	27.1	31.3	35.6	39.8
131.0	19.7	22.3	24.8	27.4	31.8	36.1	40.5
131.5	19.9	22.5	25.1	27.7	32.2	36.7	41.1
132.0	20.0	22.7	25.4	28.0	32.6	37.2	41.8
132.5	20.2	22.9	25.6	28.4	33.1	37.8	42.6
133.0	20.4	23.1	25.9	28.7	33.6	38.4	43.3
133.5	20.5	23.4	26.2	29.0	34.0	39.0	44.0
134.0	20.7	23.6	26.5	29.4	34.5	39.7	44.8
134.5	20.8	23.8	26.8	29.7	35.0	40.3	45.6
135.0	21.0	24.0	27.0	30.1	35.5	41.0	46.4
135.5	21.2	24.3	27.3	30.4	36.0	41.6	47.2
136.0	21.3	24.5	27.6	30.8	36.5	42.3	48.1
136.5	21.5	24.7	27.9	31.1	37.1	43.0	49.0
137.0	21.7	25.0	28.2	31.5	37.6	43.7	49.9

男童体重/身高标准差数值表

身高(cm)	体重（kg）						
	-3SD	-2SD	-1SD	中位数	+1SD	+2SD	+3SD
65.0	5.9	6.3	6.9	7.4	8.1	8.8	9.6
65.5	6.0	6.4	7.0	7.6	8.2	8.9	9.8
66.0	6.1	6.5	7.1	7.7	8.3	9.1	9.9
66.5	6.1	6.6	7.2	7.8	8.5	9.2	10.1
67.0	6.2	6.7	7.3	7.9	8.6	9.4	10.2
67.5	6.3	6.8	7.4	8.0	8.7	9.5	10.4
68.0	6.4	6.9	7.5	8.1	8.8	9.6	10.5
68.5	6.5	7.0	7.6	8.2	9.0	9.8	10.7
69.0	6.6	7.1	7.7	8.4	9.1	9.9	10.8
69.5	6.7	7.2	7.8	8.5	9.2	10.0	11.0
70.0	6.8	7.3	7.9	8.6	9.3	10.2	11.1
70.5	6.9	7.4	8.0	8.7	9.5	10.3	11.3
71.0	6.9	7.5	8.1	8.8	9.6	10.4	11.4
71.5	7.0	7.6	8.2	8.9	9.7	10.6	11.6
72.0	7.1	7.7	8.3	9.0	9.8	10.7	11.7
72.5	7.2	7.8	8.4	9.1	9.9	10.8	11.8
73.0	7.3	7.9	8.5	9.2	10.0	11.0	12.0
73.5	7.4	7.9	8.6	9.3	10.2	11.1	12.1
74.0	7.4	8.0	8.7	9.4	10.3	11.2	12.2
74.5	7.5	8.1	8.8	9.5	10.4	11.3	12.4
75.0	7.6	8.2	8.9	9.6	10.5	11.4	12.5
75.5	7.7	8.3	9.0	9.7	10.6	11.6	12.6
76.0	7.7	8.4	9.1	9.8	10.7	11.7	12.8
76.5	7.8	8.5	9.2	9.9	10.8	11.8	12.9
77.0	7.9	8.5	9.2	10.0	10.9	11.9	13.0
77.5	8.0	8.6	9.3	10.1	11.0	12.0	13.1
78.0	8.0	8.7	9.4	10.2	11.1	12.1	13.3
78.5	8.1	8.8	9.5	10.3	11.2	12.2	13.4
79.0	8.2	8.8	9.6	10.4	11.3	12.3	13.5
79.5	8.3	8.9	9.7	10.5	11.4	12.4	13.6
80.0	8.3	9.0	9.7	10.6	11.5	12.6	13.7
80.5	8.4	9.1	9.8	10.7	11.6	12.7	13.8
81.0	8.5	9.2	9.9	10.8	11.7	12.8	14.0
81.5	8.6	9.3	10.0	10.9	11.8	12.9	14.1
82.0	8.7	9.3	10.1	11.0	11.9	13.0	14.2
82.5	8.7	9.4	10.2	11.1	12.1	13.1	14.4
83.0	8.8	9.5	10.3	11.2	12.2	13.3	14.5
83.5	8.9	9.6	10.4	11.3	12.3	13.4	14.6
84.0	9.0	9.7	10.5	11.4	12.4	13.5	14.8
84.5	9.1	9.9	10.7	11.5	12.5	13.7	14.9
85.0	9.2	10.0	10.8	11.7	12.7	13.8	15.1
85.5	9.3	10.1	10.9	11.8	12.8	13.9	15.2
86.0	9.4	10.2	11.0	11.9	12.9	14.1	15.4
86.5	9.5	10.3	11.1	12.0	13.1	14.2	15.5
87.0	9.6	10.4	11.2	12.2	13.2	14.4	15.7
87.5	9.7	10.5	11.3	12.3	13.3	14.5	15.8
88.0	9.8	10.6	11.5	12.4	13.5	14.7	16.0
88.5	9.9	10.7	11.6	12.5	13.6	14.8	16.1
89.0	10.0	10.8	11.7	12.6	13.7	14.9	16.3
89.5	10.1	10.9	11.8	12.8	13.9	15.1	16.4
90.0	10.2	11.0	11.9	12.9	14.0	15.2	16.6
90.5	10.3	11.1	12.0	13.0	14.1	15.3	16.7
91.0	10.4	11.2	12.1	13.1	14.2	15.5	16.9
91.5	10.5	11.3	12.2	13.2	14.4	15.6	17.0
92.0	10.6	11.4	12.3	13.4	14.5	15.8	17.2
92.5	10.7	11.5	12.4	13.5	14.6	15.9	17.3
93.0	10.8	11.6	12.6	13.6	14.7	16.0	17.5
93.5	10.9	11.7	12.7	13.7	14.9	16.2	17.6
94.0	11.0	11.8	12.8	13.8	15.0	16.3	17.8
94.5	11.1	11.9	12.9	13.9	15.1	16.5	17.9
95.0	11.1	12.0	13.0	14.1	15.3	16.6	18.1
95.5	11.2	12.1	13.1	14.2	15.4	16.7	18.3
96.0	11.3	12.2	13.2	14.3	15.5	16.9	18.4
96.5	11.4	12.3	13.3	14.4	15.7	17.0	18.6
97.0	11.5	12.4	13.4	14.6	15.8	17.2	18.8
97.5	11.6	12.5	13.6	14.7	15.9	17.4	18.9
98.0	11.7	12.6	13.7	14.8	16.1	17.5	19.1
98.5	11.8	12.8	13.8	14.9	16.2	17.7	19.3
99.0	11.9	12.9	13.9	15.1	16.4	17.9	19.5
99.5	12.0	13.0	14.0	15.2	16.5	18.0	19.7
100.0	12.1	13.1	14.2	15.4	16.7	18.2	19.9
100.5	12.2	13.2	14.3	15.5	16.9	18.4	20.1
101.0	12.3	13.3	14.4	15.6	17.0	18.5	20.3
101.5	12.4	13.4	14.5	15.8	17.2	18.7	20.5
102.0	12.5	13.6	14.7	15.9	17.3	18.9	20.7
102.5	12.6	13.7	14.8	16.1	17.5	19.1	20.9
103.0	12.8	13.8	14.9	16.2	17.7	19.3	21.1
103.5	12.9	13.9	15.1	16.4	17.8	19.5	21.3
104.0	13.0	14.0	15.2	16.5	18.0	19.7	21.6
104.5	13.1	14.2	15.4	16.7	18.2	19.9	21.8
105.0	13.2	14.3	15.5	16.8	18.4	20.1	22.0
105.5	13.3	14.4	15.6	17.0	18.5	20.3	22.2
106.0	13.4	14.5	15.8	17.2	18.7	20.5	22.5
106.5	13.5	14.7	15.9	17.3	18.9	20.7	22.7
107.0	13.7	14.8	16.1	17.5	19.1	20.9	22.9
107.5	13.8	14.9	16.2	17.7	19.3	21.1	23.2
108.0	13.9	15.1	16.4	17.8	19.5	21.3	23.4
108.5	14.0	15.2	16.5	18.0	19.7	21.5	23.7
109.0	14.1	15.3	16.7	18.2	19.8	21.8	23.9
109.5	14.3	15.5	16.8	18.3	20.0	22.0	24.2

续表

身高(cm)	体重（kg）						
	-3SD	-2SD	-1SD	中位数	+1SD	+2SD	+3SD
110.0	14.4	15.6	17.0	18.5	20.2	22.2	24.4
110.5	14.5	15.8	17.1	18.7	20.4	22.4	24.7
111.0	14.6	15.9	17.3	18.9	20.7	22.7	25.0
111.5	14.8	16.0	17.5	19.1	20.9	22.9	25.2
112.0	14.9	16.2	17.6	19.2	21.1	23.1	25.5
112.5	15.0	16.3	17.8	19.4	21.3	23.4	25.8
113.0	15.2	16.5	18.0	19.6	21.5	23.6	26.0
113.5	15.3	16.6	18.1	19.8	21.7	23.9	26.3
114.0	15.4	16.8	18.3	20.0	21.9	24.1	26.6
114.5	15.6	16.9	18.5	20.2	22.1	24.4	26.9
115.0	15.7	17.1	18.6	20.4	22.4	24.6	27.2
115.5	15.8	17.2	18.8	20.6	22.6	24.9	27.5
116.0	16.0	17.4	19.0	20.8	22.8	25.1	27.8
116.5	16.1	17.5	19.2	21.0	23.0	25.4	28.0
117.0	16.2	17.7	19.3	21.2	23.3	25.6	28.3
117.5	16.4	17.9	19.5	21.4	23.5	25.9	28.6
118.0	16.5	18.0	19.7	21.6	23.7	26.1	28.9
118.5	16.7	18.2	19.9	21.8	23.9	26.4	29.2
119.0	16.8	18.3	20.0	22.0	24.1	26.6	29.5
119.5	16.9	18.5	20.2	22.2	24.4	26.9	29.8
120.0	17.1	18.6	20.4	22.4	24.6	27.2	30.1
120.5	16.9	18.7	20.6	22.4	24.9	27.4	29.8
121.0	17.0	18.9	20.7	22.6	25.1	27.6	30.2
121.5	17.2	19.1	20.9	22.8	25.4	27.9	30.5
122.0	17.4	19.2	21.1	23.0	25.6	28.3	30.9
122.5	17.5	19.4	21.3	23.2	25.9	28.6	31.2
123.0	17.7	19.6	21.5	23.4	26.2	28.9	31.6
123.5	17.9	19.8	21.7	23.6	26.4	29.2	32.0
124.0	18.0	20.0	21.9	23.9	26.7	29.5	32.4
124.5	18.2	20.2	22.1	24.1	27.0	29.9	32.7
125.0	18.4	20.4	22.3	24.3	27.2	30.2	33.1
125.5	18.6	20.5	22.5	24.5	27.5	30.5	33.5
126.0	18.7	20.7	22.8	24.8	27.8	30.9	33.9
126.5	18.9	20.9	23.0	25.0	28.1	31.2	34.4
127.0	19.1	21.1	23.2	25.2	28.4	31.6	34.8
127.5	19.2	21.3	23.4	25.5	28.7	32.0	35.2

身高(cm)	体重（kg）						
	-3SD	-2SD	-1SD	中位数	+1SD	+2SD	+3SD
128.0	19.4	21.5	23.6	25.7	29.0	32.2	35.6
128.5	19.6	21.7	23.8	26.0	29.3	32.7	36.1
129.0	19.8	21.9	24.1	26.2	29.7	33.1	36.5
129.5	19.9	22.1	24.3	26.5	30.0	33.5	37.0
130.0	20.1	22.3	24.5	26.8	30.3	33.9	37.5
130.5	20.3	22.5	24.8	27.0	30.7	34.3	37.9
131.0	20.4	22.7	25.0	27.3	31.0	34.7	38.4
131.5	20.6	22.9	25.2	27.6	31.3	35.1	38.9
132.0	20.8	23.1	25.5	27.8	31.7	35.5	39.4
132.5	21.0	23.3	25.7	28.1	32.1	36.0	39.9
133.0	21.1	23.6	26.0	28.4	32.4	36.4	40.4
133.5	21.3	23.8	26.2	28.7	32.8	36.9	40.9
134.0	21.5	24.0	26.5	29.0	33.2	37.3	41.5
134.5	21.6	24.2	26.7	29.3	33.5	37.8	42.0
135.0	21.8	24.4	27.0	29.6	33.9	38.2	42.5
135.5	22.0	24.6	27.3	29.9	34.3	38.7	43.1
136.0	22.1	24.8	27.5	30.2	34.7	39.2	43.7
136.5	22.3	25.0	27.8	30.6	35.1	39.7	44.2
137.0	22.4	25.3	28.1	30.9	35.5	40.2	44.8
137.5	22.6	25.5	28.4	31.2	36.0	40.7	45.4
138.0	22.8	25.7	28.6	31.6	36.4	41.2	46.0
138.5	22.9	25.9	28.9	31.9	36.8	41.7	46.6
139.0	23.1	26.1	29.2	32.3	37.2	42.2	47.2
139.5	23.2	26.4	29.5	32.6	37.7	42.8	47.9
140.0	23.4	26.6	29.8	33.0	38.1	43.3	48.5
140.5	23.5	26.8	30.1	33.3	38.6	43.9	49.1
141.0	23.7	27.0	30.4	33.7	39.1	44.4	49.8
141.5	23.8	27.2	30.7	34.1	39.5	45.0	50.5
142.0	24.0	27.5	31.0	34.5	40.0	45.6	51.1
142.5	24.1	27.7	31.3	34.8	40.5	46.2	51.8
143.0	24.2	27.9	31.6	35.2	41.0	46.7	52.5
143.5	24.4	28.1	31.9	35.6	41.5	47.3	53.2
144.0	24.5	28.4	32.2	36.1	42.0	48.0	53.9
144.5	24.7	28.6	32.5	36.5	42.5	48.6	54.6
145.0	24.8	28.8	32.8	36.9	43.0	49.2	55.4

2. 分析原因

保健医根据北京市妇幼保健院指导，参考北京市妇幼保健网络信息系统中肥胖儿专案管理记录细则，以主要造成肥胖的因素和肥胖儿管理理念为框架，综合现有相关医学文献和肥胖儿专案管理经验，总结出一系列相关概念与内容并进行整理与归纳，最终分为遗传因素、饮食习惯、食物喜好、生活习惯和运动规律五个部分，对肥胖儿家长以问卷的形式进行预调查，与家长一起分析造成幼儿肥胖的原因。同时问卷中添加了家长对肥胖的理解与看法，保健医通过对问卷的分析找寻原因，且根据家长的需求对每个独立的肥胖儿进行有针对性的饮食与运动管理和具体指导服务（家长调查问卷见表 3.13）。

表 3.13 家长调查问卷

尊敬的家长：

您的孩子在本次体格检查中，体重超标。为了孩子的身心健康，幼儿园将进行有针对性的肥胖儿管理，并希望家园配合。

班级：________ 幼儿姓名：_______ 幼儿身高：____ cm 幼儿体重：_____ kg 评价结果：____

父亲身高：____cm 父亲体重：_____kg 母亲身高：____cm 母亲体重：____kg

家庭其他肥胖成员：_______________________

请您填写孩子在家中的饮食、生活习惯及运动的情况，并在相应选项的括号内画“√”。				
饮食习惯	食 量	大（ ）	中（ ）	小（ ）
	进食速度	快（ ）	中（ ）	慢（ ）
	夜 食	有（ ）	无（ ）	
喜爱食品	蔬 菜	喜欢（ ）	一般（ ）	不喜欢（ ）
	水 果	喜欢（ ）	一般（ ）	不喜欢（ ）
	零 食	喜欢（ ）	一般（ ）	不喜欢（ ）
	甜食 / 甜饮料	喜欢（ ）	一般（ ）	不喜欢（ ）
	油炸食品	喜欢（ ）	一般（ ）	不喜欢（ ）
生活习惯	肉 食	喜欢（ ）	一般（ ）	不喜欢（ ）
	洋快餐	喜欢（ ）	一般（ ）	不喜欢（ ）
	贪 睡	有（ ）	无（ ）	
	户外运动	多（ ）	中（ ）	少（ ）
运 动	运动方式（种类）	跑步（ ）；跳绳（ ）；游泳（ ）；跆拳道（ ）；其他（ ）		
	运动强度	高（ ）	中（ ）	低（ ）
	运动时间(分 / 日)	≤ 15 分钟（ ）	30 分钟（ ）	≥ 45 分钟（ ）
	频率（次 / 周）	≥ 5 次（ ）	4 次（ ）	≤ 3 次（ ）
谈谈您对肥胖危害的了解及肥胖儿童管理的意见和建议：				

_________ 年_____月_____日

3. 建立专案、登记记录

所有超重或肥胖儿由保健医记录在《体弱儿童及肥胖儿童登记册》和北京市妇幼保健网络信息系统中，每月为其测量身高、体重和血压（肥胖儿）并记录在册，统一管理，其中肥胖儿还需进行专案管理，每次的测量数据记录在北京市妇幼保健网络信息系统和《北京市儿童保健记录》册上。每名超重或肥胖儿都建立一份“在园期间户外活动及进餐情况观察表”（见表 3.14），由保健医和保育员根据其肥胖原因落实有针对性的干预措施并根据逐月测量结果观察管理效果。

表 3.14 在园期间户外活动及进餐情况观察表

幼儿姓名：　　　　性别：　　　　班级：

2 月检查结果：体重：　　　　　身高：　　　　　五分法评价：

3 月检查结果：体重：_______身高：_______cm 五分法评价：_______________

4 月检查结果：体重：_______身高：_______cm 五分法评价：_______________

5 月检查结果：体重：_______身高：_______cm 五分法评价：_______________

6 月检查结果：体重：_______身高：_______cm 五分法评价：_______________

具体干预措施：____

____

日期	活动项目	持续时间	面色	出汗量	运动后效果评价	进餐情况

总结分析：____

____

____

4. 干预和护理

幼儿肥胖的干预方式有别于成人，所有干预措施和护理方法都不能妨碍幼儿正常的生长发育，例如饥饿疗法、药物减重、手术去脂等方法都是不可行的。具体干预措施和护理方法分为以下几环节。

（1）饮食护理

为了保证幼儿正常生长发育的营养需求，超重或肥胖儿在园期间的三餐两点不能少，但饮食结构有所调整，例如适当减少主食的摄入量、增加蔬果的摄入量，确保患儿摄入充足的蛋白质、矿物质、微量元素和维生素。对于食量大的幼儿，保育员可采取改变进餐顺序（喝汤—蔬菜—主食—荤菜）的方法，使超重或肥胖儿提前产生饱腹感，减少主食和肉类的摄入，最终达到控制食物总量，避免过量进食的目的。需要注意的是主食量应逐步缓慢减少，且减少原有基础的 1/3 左右或减至生理需要量即可。

很多时候，进餐快的幼儿，食量也较大，这是因为我们的饱腹感传达到大脑，大概需要 20 分钟，所以对于食量大且进食快的幼儿，拉长进餐时间，减慢进食速度是重点。3 岁以上幼儿可选择带骨、带壳的食物，既有助于锻炼幼儿的咀嚼能力，也能减慢进餐速度。保育员可安排进餐快的幼儿与进餐较慢的幼儿同一餐桌进餐，指导幼儿学会细嚼慢咽，相互提醒，互相影响，幼儿的进餐时间 20 ～ 30 分钟为宜。正常情况下，日托园幼儿在园期间的营养摄入量要达到全天需要量的 80% 以上，所以放学回家后应避免再次大量进食。

（2）运动护理

户外活动中，保育员应根据超重或肥胖儿的个体情况适当增加其运动量，并注意观察其面色、汗量、呼吸、动作、注意力和反应力以及精神状态等，判断幼儿的运动量是否达标（参考标准见表 3.15）。

表 3.15　运动量观察参考表

观察内容	适度疲劳	中度疲劳	非常疲劳
面色	稍红	相当红	十分红或苍白
汗量	不多	较多	大量出汗
呼吸	匀速、稍快	显著加快、加深	呼吸急促、表浅、节奏紊乱
动作	动作协调、准确、步态轻盈	协调性、准确性和速度均降低	动作失调、步态不稳
注意力和反应力	注意力集中，反应正常	能集中注意力，但不够稳定，反应力减弱	注意力分散、反应迟钝
精神状态	情绪愉快	略有倦意	精神疲乏

幼儿园的户外活动时间严格按照《北京市托幼机构卫生保健工作常规》的要求落实，上下午各 1 小时，保证幼儿应达到相应的运动量。保健医在巡查幼儿户外活动时会发现有个别超重或肥胖儿存在不愿动、不好动的情况，例如早操环节，跳跃转圈动作被节减，运动强度及密度减低等。

为了保证超重或肥胖儿足够的运动量，教师和保育员要特别关注，为肥胖儿制订特殊的体格锻炼计划，遵循安全性、可接受性、有效性的基本原则，把运动编排为幼儿喜爱的游戏活动，带领不爱运动的超重或肥胖儿积极参与到游戏中，在游戏中获得锻炼。班级户外活动组队时，选择好动且带动性强的幼儿和肥胖儿一起运动，多给予肥胖儿在运动中展示的机会，如带操、运动点评示范等，提高其对运动参与的积极性。

幼儿户外活动后保健医随机抽取超重或肥胖幼儿，观察其运动后的状态（以微出汗、稍感疲劳、运动后情绪良好）并检查，其心率增加到 120 ～ 160 次 / 分钟为宜，并且记录在“户外体育活动检查记录”表中（见表 3.16）。需要注意的是：适量的活动强度不应该导致超重或肥胖儿锻炼后食欲增加、食量增多。

表 3.16 户外体育活动检查记录

活动前准备		活动内容	活动时间	器械名称	意外伤害	活动后整理	
场地		早操				放松活动	
着装		集体体育活动				器材整理	
鞋帽		自由体育活动				服装整理	
安全教育		联动游戏					
活动前热身		其他					
保健医监督记录　　监测人数：							
儿童姓名	动作协调	情绪良好	注意力集中	呼吸平稳	面色红润	心率	出汗量
综合反馈							

班级：　　日期　　时间：　　天气：　　教师：　　保育员：
记录人：

填写说明：正确的打“√”　一般的打“Δ”　不合格的打“×”。

（3）心理干预

肥胖儿大多是在提示指导和管理下被动减重，并非自愿。有效的心理行为指导可以变被动为主动，有事半功倍的效果。对超重或肥胖儿的心理疏导，应当以增强其自信心为原则，鼓励其适当控制饮食，多参加户外活动，及时给予其精神鼓励，培养开朗、自信和积极向上的性格。对于减重效果好的幼儿，及时在公众场合进行表扬，不仅对其本身是一种表扬，对其他超重或肥胖儿也是一种激励。

（4）健康教育

保健医通过各种方式对保教人员、家长及幼儿进行相关知识宣教，使得保教人员能更好地配合保健医对肥胖儿进行科学管理，家长能进一步理解并配合幼儿园落实对肥胖儿的管理工作，同时也培养幼儿的自我管理意识。

通过保教培训和对幼儿的膳食营养指导，帮助幼儿科学选择食物，如多吃水果蔬菜，少吃零食，合理搭配、营养均衡等。保育员可以更好地指导幼儿养成良好的饮食习惯，如细嚼慢咽、不暴饮暴食、不挑食偏食。在日常生活游戏中教师也要有意识地为超重与肥胖儿创造“动”的机会，如帮忙整理图书玩具、搬小椅子等力所能及的事情，提高幼儿活动的积极性。

超重或肥胖儿在家期间的饮食、运动、日常行为等方面同样需要家长持续地引导与干预。例如在烹调方式上多采用清蒸、炖煮，少用煎、炸等方法。在食材的选择上减少高糖、高淀粉和高脂肪类食品。运动方面可选择有趣味性的、低强度较长时间的有氧、代谢、耐力类运动（包括快速走、慢跑、登台阶、跳绳、骑车、游泳、滑冰、健美操等），每天运动 1 ～ 2 小时，每周运动 3 ～ 5 天，选择幼儿喜欢的运动，以鼓励为主。

5. 结案

当肥胖儿的体重 / 身高评价为超重或正常并连续维持 3 个月，肥胖即可结案。

二、心理发育行为异常

幼儿心理发育行为异常是指幼儿时期出现的与其年龄不符的心理活动和行为表现，例如抑郁、孤僻、焦虑或有退缩、攻击、违反纪律或反抗行为等。幼儿时期的心理发育行为异常问题持续的时间越长，对其日后的影响越大，包括身心发展、生长发育和社会化发展过程，甚至造成其成年后的心理缺陷或人格障碍。所以对于幼儿心理发育行为异常应尽早发现、尽早进行干预治疗和管理。早期的幼儿心理发育行为问题可表现在运动能力、语言能力、感知能力、心理过程和性格等方面，通过对各方面能力的表现进行评估来识别、筛查幼儿的早期心理发育行为异常。

（一）管理目的

通过定期对幼儿进行心理行为发育评估，及时了解其在不同年龄段的心理行为发育状态，及早发现心理发育行为问题，营造良好的发育环境，科学促进幼儿的健康发展，减少幼儿心理残疾的发生。

（二）服务对象

全园幼儿定期健康检查初筛阳性的幼儿。

（三）管理内容与护理方法

1. 筛查方法与记录

3 岁以下幼儿每半年筛查一次，3 岁以上幼儿每年筛查一次。筛查时间为幼儿在园期间的定期健康检查时间。

幼儿园采取“儿童心理行为发育问题预警征象”（见表 3.17），按照不同年龄阶段进行分类筛查。不同年龄的幼儿对应的预警征象不同，班级教师须按照预警征象筛查内容对幼儿进行耐心观察，对于不明了的内容需及时与家长沟通，了解幼儿在家庭环境中的表现。

表 3.17 儿童心理行为发育问题预警征象

年龄	预 警 征 象	结果
2 岁	1. 不会说 3 个物品的名称	□
	2. 不会按吩咐做简单事情	□
	3. 不会用勺吃饭	□
	4. 不会扶栏上楼梯 / 台阶	□
2 岁半	1. 不会说 2 ～ 3 个字的短语	□
	2. 兴趣单一、刻板	□
	3. 不会示意大小便	□
	4. 不会跑	□
3 岁	1. 不会说自己的名字	□
	2. 不会玩“拿棍当马骑”等假想游戏	□
	3. 不会模仿画圆	□
	4. 不会双脚跳	□
4 岁	1. 不会说带形容词的句子	□
	2. 不能按要求等待或轮流	□
	3. 不会独立穿衣	□
	4. 不会单脚站立	□
5 岁	1. 不能简单叙说事情经过	□
	2. 不知道自己的性别	□
	3. 不会用筷子吃饭	□
	4. 不会单脚跳	□
6 岁	1. 不会表达自己的感受或想法	□
	2. 不会玩角色扮演的集体游戏	□
	3. 不会画方形	□
	4. 不会奔跑	□

筛查结束后，对所有筛出阳性的幼儿，结果记录在北京市儿童保健记录册的"儿童心理行为发育问题预警征象"一栏中，在相应的"□"内打"√"。任何一项预警征象为阳性时都应引起重视。

幼儿定期健康检查中除开展"儿童心理行为发育问题预警征象"筛查外，还要对幼儿进行发育行为异常的筛查，即幼儿频繁出现的吸吮行为、睡眠问题、口吃、异食癖、咬指（趾）甲、习惯性摩擦综合征、遗尿、暴怒发作、饮食行为异常、退缩行为、过度依赖、屏气发作等心理行为异常表现时，也将由保健医对筛查结果进行汇总统计，以便进行下一步的指导与管理。

2. 登记、诊断与追访

无论是"儿童心理行为发育问题预警征象"还是"发育行为异常"的筛查，保健医均要把筛查结果进行汇总、统计与整理，对筛查出有阳性的幼儿，由保健医与其家长进行一对一沟通，了解该幼儿的具体情况，并向家长说明筛查结果，建议家长及时转诊到市、区级妇幼保健院相关门诊进一步明确诊断并给予专业的指导与干预，同时将该幼儿基本信息登记在《体弱儿童及肥胖儿童登记册》上。转诊至上级妇幼保健机构三个月内，幼儿园保健医需追访幼儿情况和上级医院明确的诊断结果（见表 3.18），并根据诊断结果继续填写完善《体弱儿童及肥胖儿童登记册》。

表 3.18　幼儿预警征阳性及心理行为异常筛查结果登记表

序号	班级	姓名	预警征阳性	心理行为问题	保健医是否与家长沟通反馈筛查结果			就诊医院	诊断	干预方式
					已沟通并建议转诊	已沟通家长否认筛查结果	未沟通			
1										
2										
3										
4										
5										

3. 护理服务

由于确诊幼儿的心理发育行为问题各不相同，在日常的护理中也应有针对性地进行干预和护理。很多学者认为心理发育行为异常的幼儿与父母教养方式、遗传和家庭因素息息相关。所以幼儿园保健医和保教人员在对特殊需求儿童进行干预前，需先了解幼儿的家庭状况和教养方式：如是否为单亲家庭、家庭关系如何；成长环境是否存在过度溺爱、放纵、训斥、打骂等。教师依据幼儿的成长背景与其在园期间的行为表现和心理障碍相结合进行分析，整理出有针对性的干预与护理计划，在日常生活照护中逐步落实相应的干预措施。

案例：

一幼儿在园期间经常无故打人，突然暴怒，抢其他同伴的玩具，随后班级教师与幼儿家长进行了几次面谈，了解其成长环境后发现该幼儿在家中缺少管教，父亲常年不在家，母亲兼顾工作、生活和抚养其成长，由此造就了他“唯我独尊”的性格。幼儿母亲面对教师对该幼儿在园期间的表现反馈也给出了积极回应，表示今后在家也会多与幼儿沟通，加大引导力度，与教师相互配合。在针对该幼儿的干预措施中，应逐步进行：正视他的攻击性行为，在不伤害幼儿自尊心的前提下，帮助他认识到打人是不正确的行为，培养他的自控能力并适时鼓励，最终使他能真正融入班集体并与其他幼儿建立友好、亲近、信任的关系，得到同伴的接纳与认可。

经过与家长的沟通配合和每月追访，保健医可制作记录表（见表 3.19）进行详细记录。一个学期的干预与护理后，发现最初的欺负同伴、频繁发脾气的现象明显减少，该幼儿在幼儿园也交到了好朋友，性格和自控能力得到了改善。

特别需要注意的是，保教人员在日常护理和干预过程中，要关心爱护、不歧视患儿。重视心理健康问题和幼儿心理健康教育，将幼儿的心理健康教育贯穿到日常生活中，纠正其不良心理行为，促进其身心和谐发展。对于情况严重的幼儿需及时转诊至心理相关专科门诊或专科医院进行协助康复治疗。

表 3.19 心理发育行为异常个案管理追访记录表

姓名： 性别： 班级： 出生日期： 登记日期： 实足年龄： 结案日期：	
家庭情况 & 教养方式	
主要心理行为异常表现	
情况分析	
干预措施	

续表

追踪、干预情况记录	1 月
	2 月
	3 月

三、蛋白质—能量营养不良

蛋白质—能量营养不良简称营养不良，是因为蛋白质和（或）热量摄入缺乏或流失过多导致的营养物质缺乏的疾病。营养不良对幼儿的影响是多方面的，通常出现营养不良后体重会最先发生变化——增长缓慢或不增长，若未得到及时干预，还会有体重减轻、脂肪逐渐减少等情况，若长期未得到控制和治疗，幼儿身高也可能受到影响，造成达不到预期身高的结果。营养不良还会影响幼儿的神经系统，具体表现为反应迟钝、呆滞等。在外观上，幼儿还可能出现皮肤无光泽，肌肉松弛、发量稀少发黄等。当蛋白质—能量营养不良严重时将出现水肿状况，比如大头娃娃事件。

（一）管理目的

通过了解蛋白质—能量营养不良幼儿的具体情况，及时进行相应干预、指导及护理，使其能尽早康复，避免对幼儿身心发育造成不良影响。

（二）服务对象

全园幼儿定期健康检查或入园健康检查所筛查出的蛋白质—能量营养不良幼儿。

（三）管理内容与护理方法

幼儿园评价幼儿蛋白质—能量营养不良的方法为标准差法，包括 3 组对比数据：体重 / 年龄、身高 / 年龄和体重 / 身高。3 组数据中任何一组标准差法评价为“下”时，都总体评价为营养不良。

3 组不同指标反映了幼儿不同的营养不良状态（见表 3.20）。体重 / 年龄为“下”时评价为低体重，反映幼儿急性或近期营养不良；身高 / 年龄为“下”时评价为生长迟缓，主要反映幼儿慢性长期营养不良；体重 / 身高为“下”时评价为消瘦，主要反映幼儿近期急性营养不良。

表 3.20 蛋白质—能量营养不良评估和分类（标准差法）

指 标	测量值标准差	评 价
体重 / 年龄	< M−2SD(下）	低体重
身高 / 年龄	< M−2SD(下）	生长迟缓
体重 / 身高	< M−2SD(下）	消瘦

保健医根据营养不良幼儿的出生史、既往喂养史、既往病史和现阶段存在的问题等，查找、分析病因。常见原因包括多胎、早产、小于胎龄儿、低出生体重、偏食、挑食、喂养不当、反复腹泻、代谢性疾病等影响幼儿生长发育的慢性疾病以及食量少、运动量不足等。保健医依据健康检查与病因分析结果将蛋白质—能量营养不良幼儿信息登记在《体弱儿童及肥胖儿童登记册》，同时录入北京市妇幼保健网络信息系统，并填写在北京市儿童保健记录册中的“营养不良专案管理记录”（见表 3.21）。

表 3.21 营养不良专案管理记录

开始管理日期：_______ 年 ____ 月 ____ 日　开始管理月龄：_____ 月

出生史：□ 早产　□ 低体重　□ 多胎

6 个月内喂养史：□ 纯母乳　□ 部分母乳　□ 配方奶 开始食物转换年龄：______ 月

既往患病情况：____

检查时间	实足年龄	体格检查					诊断	目前存在主要问题	治疗与处理意见	医师签名
		体重（kg）	身高（cm）	评价						
				W/A	H/A	W/H				

转归：□ 痊愈　□ 好转　□ 未愈　□ 失访　结案日期：_____ 年 ____ 月 _____ 日

幼儿在园期间，保健医与保教人员根据营养不良幼儿的具体原因，进行有针对性的个体化管理与照护。对于饮食行为习惯不良和有喂养问题的幼儿，矫正其不良的饮食习惯，合理喂养，并向家长开展正确的喂养知识宣传，提高家长科学育儿素养，家园携手，共同促进幼儿尽快恢复到正常的生长与发育水平。若幼儿受慢性疾病（如消化道感染、呼吸道感染等）影响导致营养不良，应提示家长及时治疗幼儿所患的慢性疾病，消除其生长发育的影响因素。

保健医每月按时为营养不良儿测量身高、体重并对其生长发育进行健康评价，营养不良儿持续两次干预治疗体重增长不理想或 3 ～ 6 个月身高增长不达标者，需及时转诊至上级妇幼保健医院或专科门诊进一步干预并治疗。保健医定期追访转诊幼儿情况，根据医疗机构的治疗方案进行有针对性的干预和管理，并记录在专案管理上直至幼儿恢复正常生长发育为止。

持续营养监测和指导直至幼儿体重 / 年龄或身高 / 年龄或体重 / 身高 ≥ M-2SD，即为恢复正常，专案管理方可结案。

四、惊厥史幼儿管理

惊厥是一种婴幼儿时期较为常见的急症，其中 6 月～ 3 岁幼儿为主要群体，其表现为突然的全身或局部肌群呈强直性和阵挛性抽搐。惊厥可分为热性惊厥（也叫高热惊厥）和非热性惊厥，其中高热惊厥更为普遍，大多是由于病毒感染（如上呼吸道感染）引起体温迅速升高，而婴幼儿神经系统发育不完善，所以出现高热惊厥的可能性较高。惊厥通常持续数秒～数分钟且只发作一次，不连续发作，发作前精神尚可，发作后迅速入睡，之后精神尚可。

（一）管理目的

通过了解在园曾有惊厥史的幼儿具体情况，加强日常关注，减少或避免惊厥的发生和惊厥发生时能及时进行正确干预及护理，避免因频繁发作导致幼儿遗留严重后遗症，从而影响其智力发育和健康甚至危及生命。

（二）服务对象

曾发生过惊厥史的在园幼儿。

（三）管理内容与护理方法

所有曾发生过惊厥史的幼儿均需登记在“特殊需求儿童一览表”和“高热惊厥史幼儿名单”上，一旦出现发热保教人员和保健医能及时给予合理降温，尽量避免惊厥的发生。

幼儿发生惊厥时须让其平躺，头偏向一侧，解开衣领，确保呼吸道通畅无阻塞，尤其注意口鼻咽喉无分泌物或呕吐物堵塞。高热惊厥发生期间不建议服用退热药，待高热惊厥状况缓解之后需要及时应用退热药或物理降温的方式进行退热，密切观察幼儿的体温、心率、血压、呼吸、瞳孔大小和尿量变化等。当惊厥反复发作或持续时间较长时应及时送往医院就医。

案例：

某班级临近放学时分，教师发现一幼儿面色潮红、无精打采，随后用体温计为其测量体温，发现幼儿体温已高达 39℃。在保育员准备将幼儿带至医务室时，幼儿出现身体僵硬、四肢抽搐。班级教师及时电话通知医务室，保健医紧急赶至现场，教师已将患儿放平至地垫上，保健医将抽搐患儿的头偏向一侧并查看其口鼻有无分泌物，解开衣领，保持呼吸道通畅，密切观察患儿状况，约 1 分钟后抽搐自行缓解，再次为患儿测量体温为 39.2℃。待患儿惊厥缓解后电话通知家长并征得家长同意为幼儿服用退热药并用退热贴进行降温。患儿惊厥缓解后意识状态未完全清醒且很快进入睡眠。约 15 分钟后保健医再次测量幼儿体温已呈下降趋势，心率、血压、呼吸均平稳。待家长赶至幼儿园后询问得知幼儿近期有感冒症状，且曾经发生过高热惊厥但未告知保健医和保教人员。随后在保健医的建议下，保健医陪同教师与家长一起将幼儿送往医院进一步诊治。

特别需要注意的是该幼儿曾发生过高热惊厥，在日常生活护理中需更加关注，注意加强锻炼，增强身体免疫力。季节交替期间注意加衣保暖，避免幼儿受细菌或病毒感染导致体温升高。感冒发热期间密切监测幼儿体温和精神状态，要及时为幼儿进行物理降温，多休息、多喝水、避免食用刺激性食物等。如果患儿病情较严重，应及时到医院就诊，以免延误病情。

五、慢性病

幼儿期常见慢性病还有维生素 D 缺乏型佝偻病、贫血、先天性心脏病、癫痫等疾病，此慢性病多会影响其正常的生长发育，需及时干预，尽早纠正，以免因长期慢性疾病导致其不能健康成长。

（一）维生素 D 缺乏型佝偻病

佝偻病全称维生素 D 缺乏型佝偻病，多发生于 3 岁以内的幼儿，其中 6 ～ 12 月婴儿为主要群体。佝偻病主要是由于幼儿体内维生素 D 不足，导致钙磷代谢失常所造成骨骼病变为其特征的一种慢性营养性疾病。对于病情较轻且治疗及时得当的患儿，普遍预后良好。若未得到及时治疗病情严重的患儿，易导致骨骼畸形，留有后遗症，影响其正常生长发育。

佝偻病分为四个时期：早期、活动期、恢复期和后遗症期（详见表 3.22）。

表 3.22 佝偻病分期

分期	症状体征	血钙、血磷	碱性磷酸酶	血 25-(OH)D	骨 X 线片
早期	多汗、易激惹、夜惊等，此期常无骨骼病变	正常或稍低	正常或稍高	降低	无异常或长骨干骺端临时钙化带模糊
活动期	小于 6 月可有颅骨软化；大于 6 月龄可见方颅、手（足）镯、肋骨串珠、肋软骨沟、鸡胸、O 形腿、X 形腿等	血钙正常低值或降低；血磷明显下降	增高	显著降低	长骨干骺端临时钙化带消失，干骺端增宽，呈毛刷状或杯口状，骨骺软骨盘加宽 > 2mm
恢复期	早期或活动期患儿可经日光照射或治疗后逐渐减轻或消失	逐渐恢复正常	逐渐恢复正常	逐渐恢复正常	长骨干骺端临时钙化带重现、增宽、密度增加，骨骺软骨盘 < 2mm
后遗症期	严重佝偻病治愈后遗留不同程度的骨骼畸形				

1. 管理目的

通过了解园内维生素 D 缺乏型佝偻病幼儿的具体患病情况，进行相应的干预、指导和护理等，帮助患儿尽早康复，促进其健康成长。

2. 服务对象

所有患有维生素 D 缺乏型佝偻病的在园幼儿。

3. 管理内容与方法

通过对新入园幼儿和在园幼儿的定期健康检查，筛查出维生素 D 缺乏型佝偻病患儿，转诊到医疗机构进一步明确患儿所处阶段，依据医疗机构的专业诊疗建议进行相应的管理与照护。

所有园内维生素 D 缺乏型佝偻病患儿均应当登记在《体弱儿童及肥胖儿童登记册》上，活动期佝偻病应进行专案管理，保健医要提示家长定期带患儿到医疗机构进行相应检查，每日带患儿多开展户外活动，需要药物治疗的要坚持用药等，管理记录填写在北京市儿童保健记录册中“佝偻病患儿专案管理记录”表中（详见表 3.23）。

活动期患儿每月复查 1 次，恢复期患儿 2 个月复查 1 次，幼儿园保教人员需根据复查时间进行随访直至痊愈。活动期佝偻病患儿症状消失 1 ～ 3 个月，体征减轻或恢复正常后观察 2 ～ 3 个月无变化，即可结案。

如果活动期佝偻病患儿经过维生素 D 治疗 1 个月后症状、体征、实验室检查无改善，则需要考虑其他非维生素 D 缺乏型佝偻病因素，要及时转至上级妇幼保健机构或专科门诊进一步明确诊断。

表 3.23 佝偻病患儿专案管理记录

<table>
<tr><td colspan="7">患儿出生日期： 年 月 日 开始管理日期： 年 月 日</td></tr>
<tr><td colspan="7">母孕期和哺乳期：□未补充 VitD □日照不足 □下肢痉挛</td></tr>
<tr><td colspan="7">儿童服用 VitD：□无 □有
（开始服用 VitD 年龄： 月 天 药品名称： ，剂量： IU/d）
儿童既往患病情况：</td></tr>
<tr><td colspan="3">检查日期</td><td></td><td></td><td></td><td></td></tr>
<tr><td colspan="3">年 龄</td><td></td><td></td><td></td><td></td></tr>
<tr><td colspan="3">方 颅</td><td></td><td></td><td></td><td></td></tr>
<tr><td colspan="3">肋骨串珠</td><td></td><td></td><td></td><td></td></tr>
<tr><td colspan="3">肋软骨沟</td><td></td><td></td><td></td><td></td></tr>
<tr><td colspan="3">鸡 / 漏斗胸</td><td>/</td><td>/</td><td>/</td><td>/</td></tr>
<tr><td colspan="3">手 / 足镯</td><td>/</td><td>/</td><td>/</td><td>/</td></tr>
<tr><td colspan="3">O / X 形腿</td><td>/</td><td>/</td><td>/</td><td>/</td></tr>
<tr><td colspan="3">其 他</td><td></td><td></td><td></td><td></td></tr>
<tr><td rowspan="5">辅助检查</td><td rowspan="4">血生化</td><td>血钙值</td><td></td><td></td><td></td><td></td></tr>
<tr><td>血磷值</td><td></td><td></td><td></td><td></td></tr>
<tr><td>血碱性磷酸酶值</td><td></td><td></td><td></td><td></td></tr>
<tr><td>血 25-（OH）D 值</td><td></td><td></td><td></td><td></td></tr>
<tr><td colspan="3">骨 X 线片结果</td><td></td><td></td><td></td></tr>
<tr><td colspan="3">户外活动时间（小时 / 日）</td><td></td><td></td><td></td><td></td></tr>
<tr><td colspan="3">存在问题</td><td></td><td></td><td></td><td></td></tr>
<tr><td colspan="3">VitD 治疗（品名、剂量）</td><td></td><td></td><td></td><td></td></tr>
<tr><td colspan="3">指导</td><td></td><td></td><td></td><td></td></tr>
<tr><td colspan="3">医师签名</td><td></td><td></td><td></td><td></td></tr>
</table>

转归：□痊愈 □好转 □未愈 □失访 结案日期： 年 月

（二）贫血

缺铁性贫血是国内外婴幼儿最常见的疾病之一。由于大部分贫血患儿没有明显症状而不易被察觉，常在血常规检查时发现外周血红细胞容积和血红蛋白（Hb）均低于正常值而被初步诊断为贫血。

研究表明，轻度贫血对患儿的生长发育影响尚不明确，但中度贫血可能影响幼儿的身体和神经发育，重度贫血影响幼儿的消化系统（出现便秘、腹胀、呕吐、恶心、食欲缺乏、腹泻或异食癖等症状）、呼吸与循环系统（如心率加快、心脏杂音、呼吸加速、心力衰竭等）、免疫系统（易患感染性疾病）和神经系统（如注意力不集中、记忆力差或头晕耳鸣等）。

1. 管理目的

了解园内营养性缺铁性贫血幼儿的具体患病情况，及时进行干预、指导和护理，避免对其生长发育造成不良影响，促其能尽早康复并健康成长。

2. 服务对象

幼儿园定期健康检查或新入园健康检查所筛查出的贫血儿。

3. 管理内容与方法

（1）评估标准

6 月龄 ~ 6 周岁幼儿血红蛋白（Hb）小于 110g/L 则初步诊断为贫血。贫血分为轻度、中度和重度，Hb 值 90 ～ 109g/L 为轻度贫血，Hb 值 60 ～ 89g/L 为中度贫血，Hb 值＜ 60g/L 为重度贫血。有条件的医疗机构可进一步检查铁代谢，以明确诊断是否为缺铁性贫血。

（2）登记与护理服务

保健医根据幼儿入园健康检查和定期健康检查筛查出贫血患儿，及时把筛查为贫血的信息告知患儿家长，同时建议家长带患儿到医疗机构做进一步检查来明确贫血原因，保健医和保教人员配合家长遵医嘱进行相关护理和治疗。

所有贫血患儿都需要登记在《体弱儿童及肥胖儿童登记册》上，其中中度和重度贫血患儿须填写北京市儿童保健记录中的“营养性缺铁性贫血患儿专案管理记录”（详见表 3.24）并进行专案管理。

表 3.24 营养性缺铁性贫血患儿专案管理记录

<table>
<tr><td colspan="8">患儿出生日期：　　年　月　日　　开始管理日期：　　年　月　日</td></tr>
<tr><td colspan="8">母孕期贫血情况：孕　周，Hb g/L
铁剂治疗：□无 □有（药物：　，剂量：　mg/d，疗程：　周）</td></tr>
<tr><td colspan="8">母乳喂养情况：□纯母乳□部分母乳□配方奶，儿童开始添加含铁食物年龄：　月</td></tr>
<tr><td colspan="8">患儿既往病史、喂养（饮食情况）：</td></tr>
<tr><td rowspan="2">检查日期</td><td rowspan="2">实足年龄</td><td colspan="2">化验</td><td rowspan="2">存在问题</td><td rowspan="2">治疗（药物剂量）</td><td rowspan="2">指导</td><td rowspan="2">医师签名</td></tr>
<tr><td>血红蛋白（g/L）</td><td>评价</td></tr>
<tr><td></td><td></td><td></td><td></td><td></td><td></td><td></td><td></td></tr>
<tr><td></td><td></td><td></td><td></td><td></td><td></td><td></td><td></td></tr>
<tr><td></td><td></td><td></td><td></td><td></td><td></td><td></td><td></td></tr>
</table>

转归：□ 痊愈 □ 好转 □ 未愈 □ 失访　　　　结案日期：　　年　月　日

待明确病因后，保健医根据每位贫血患儿进行有针对性的护理指导，例如指导保教人员纠正贫血患儿的挑食、偏食等不良饮食习惯，增加蛋白质和铁的摄入，提高免疫力预防感染性疾病的发生等。幼儿园保健医依照儿童营养膳食标准科学合理地提供营养均衡的三餐。进餐环节，保教人员在分餐时可针对贫血患儿给予恰当照顾，例如适当增加含铁元素和维生素 C 高的食物量等。

贫血患儿可以通过服用铁剂进行铁元素的补充和治疗。为减轻铁剂的副作用可选择餐间、分两三次服用。服用剂量按照 1 ～ 2mg/kg 且总剂量不超过 30mg/ 日为标准，同时为促进铁剂的吸收可服用适量维生素 C。正常情况下，补充铁剂 2 周后血红蛋白值开始增加，4 周后血红蛋白值应当至少增加 10 ～ 20g/L。待血红蛋白值回归正常后应持续补充 2 个月铁剂以恢复身体铁储备量。口服铁剂期间，幼儿可能会出现胃痛、腹泻、恶心、呕吐、便秘、大便呈黑色等胃肠道的不良反应。当出现以上症状时，保教人员及时把患儿在园情况向家长反馈，以便专科医生做出适当调整。

轻度和中度贫血患儿服用铁剂后 2 ～ 4 周复查血红蛋白，保健医通过电话、调查问卷、当面沟通等方式继续进行随访，了解患儿服用铁剂顺应性的同时，观察其治疗效果。若通过正规铁剂治疗 1 个月后仍然没有改善或者病情加重的患儿，需及时转诊至上级妇幼保健院或专科门诊进一步治疗。血红蛋白值恢复正常后即可结案。

除对患儿自身的干预和护理外，日常科普宣教也很重要。通过对幼儿及家长开展健康宣教，使其了解贫血的危害，促进幼儿均衡饮食、适量补充动物性食物（如肉、肝、鱼、内脏等）和蔬菜水果，纠正不良饮食习惯等，同时要预防寄生虫感染，全面预防贫血的发生。

（三）先天性心脏病

先天性心脏病是非常常见的一种与遗传和环境因素相关的出生缺陷疾病，占出生且存活婴儿的 0.4% ～ 1%。它是由于心脏及大血管在胚胎发育时期产生了障碍或发育异常从而引起了心脏结构异常。严重者可出现缺氧、休克甚至死亡。多数先天性心脏病患者可在婴幼儿时期进行治疗或手术，且预后恢复正常状态与正常幼儿一样生活和学习。

1. 管理目的

先天性心脏病影响幼儿的生长发育，加强对先天性心脏病患儿的特殊照顾及护理，有利于控制并发症，改善其健康状况。

2. 服务对象

未实施根治手术的在园先天性心脏病患儿。

3. 管理内容与方法

对新入园和定期健康检查中发现的先天性心脏病患儿均需登记在《体弱儿童及肥胖儿童登记册》上。保教人员应知晓患儿具体状况以便日常加强关注与照护。

保健医要加强对保教人员的指导，增强其对先天性心脏病患儿重点关注的思想意识，加强对先心病患儿的生活各环节照护。患儿哭闹时及时安抚其情绪；气温变化适时增减衣物，注意保暖；居室开窗通风，保持室内空气清新；开展适量体育运动，避免过度疲劳；合理饮食，营养均衡，适量添加维生素和蛋白质的摄取量，多饮水。除此之外，心理关注也至关重要，要关心、关爱患儿，不歧视患儿，为其建立信心。患儿通过根治手术后即可结案。

（四）癫痫

癫痫是一种幼儿时期较为常见的脑部慢性疾病，属于神经系统疾病。癫痫对患儿的智力、精神和生长发育都可产生不良影响。

1. 管理目的

加强对癫痫患儿的护理与关注，减少或避免癫痫发作引发其他身体、精神及智力发育的影响。

2. 服务对象

确诊及疑似癫痫的在园幼儿。

3. 管理内容与方法

已确诊的癫痫患儿信息需登记在《体弱儿童及肥胖儿童登记册》上。幼儿园保健医和保教人员应熟知癫痫患儿及其基本情况，以便日常多加关注与照护，在癫痫突然发作时不慌张，能够从容应对，给予其有效的干预措施，使其癫痫发作状况能尽快得以缓解，进而降低对患儿的精神、智力和发育产生的不良影响。

与患儿家长保持紧密联系也十分重要。保健医提示家长遵医嘱长期、按时服药，不能随意停药或减量，定期到医疗机构复查。全面细致了解和观察患儿癫痫发作特点、可能的诱发因素以及发作所持续的时间，通过家长向医疗机构反馈，以便专业的医疗机构调整患儿用药。在生活护理中，按照患儿需求，适当控制进食量，关注患儿的精神状态，尽量减少或避免癫痫发作。例如防止幼儿过度兴奋或紧张，避免剧烈运动，保证充足睡眠等。同时有癫痫史的幼儿不要爬高或在近水的地方玩耍，避免突然发作时发生意外伤害。

给予患儿及家长社会支持非常重要。大于 50% 的癫痫患儿会产生情绪异常和行为异常的现象，如易怒、焦虑、胆小、自卑、多动、冲动、攻击甚至自残等。保健医和保教人员良好的态度可以为其他幼儿树立榜样，有效给予癫痫患儿心理支撑。保教人员应当关心、关爱患儿，做到不贬低、不歧视患儿，保护患儿的心理健康。所以，掌握癫痫患儿的心理特点并正确有效引导是提高患儿生活质量的一项重要干预措施。

（项碧初）

第五节 健康教育指导

幼儿园健康教育的核心是向全园教职工、幼儿及其家长开展多方面的健康知识宣传，促进保教人员和家长培养幼儿良好的卫生习惯，增强健康理念，提高其健康素养，自觉选择有益于幼儿健康成长的生活方式，家园携手，共同保障幼儿的健康与安全。

一、健康教育指导思想

《托儿所幼儿园卫生保健管理办法》规定：托幼机构卫生保健人员应当对机构内的工作人员进行卫生知识宣传教育、疾病预防、卫生消毒、膳食管理、食品卫生、饮用水卫生等方面的具体指导。按照《托儿所幼儿园卫生保健工作规范》严格制订健康教育工作计划，对幼儿及其家长开展多种形式的健康教育活动。

《幼儿园教育指导纲要（试行）》明确提出：幼儿园必须把保护幼儿的生命和促进幼儿的健康放在工作的首位。《3－6岁儿童学习与发展指南》围绕健康领域明确提出："发育良好的身体、愉快的情绪、强健的体质、协调的动作、良好的生活习惯和基本生活能力是幼儿身心健康的重要标志，也是其他领域学习和发展的基础。"

二、健康教育的意义和目标

健康教育的意义是调动个体自我保健的主体意识，增加有益于健康的行为，有效地提高教职工、家长和幼儿的防病意识，增强科学理念，提高管理水平，达到实现健康的目的。健康教育是疾病预防的首要条件，做好健康教育工作可以有效控制传染性疾病的传播，对传染病做到早发现、早报告、早隔离、早治疗，让幼儿在健康、温馨的环境中成长。

幼儿园保健医将幼儿身心健康作为健康教育的目标，将幼儿健康行为的建立、改变和巩固视为核心内容。通过开展健康教育培训工作，向在园幼儿、幼儿家长、教师、保育员、食堂从业人员及保洁人员等有效传播健康知识，更新健康理念，培养健康行为，改变对健康的认知，改善其健康的态度，满足幼儿的生长发育需求，从而达到促进幼儿身心健康发展的目的。

三、健康教育指导内容

幼儿园的健康教育指导内容分为专项指导和日常指导两大类。专项指导是指针对某项特定内容、特定人群专门组织的健康教育活动或课程。日常指导主要是指在日常生活中对保教人员、幼儿家长及幼儿实施的健康教育活动。

健康教育的内容广泛，包含传染病防控知识、卫生清洁与消毒、学龄前幼儿的五官保健、幼儿膳食营养与食品安全、体弱儿和肥胖儿管理与指导、生长发育和心理卫生健康、户外阳光体育、生活行为习惯以及安全教育等多方面内容。

四、健康教育制度

幼儿园健全的健康教育制度是保障健康教育实施的基础。健康教育需成立领导小组，负责贯彻落实上级多部门对健康教育工作的要求，制订计划，开展具体的健康教育工作。

（一）全面贯彻健康教育指导思想，明确健康教育目的，有计划、有策略地针对园内不同群体开展分层、分类、有效的健康教育活动，传播健康教育知识。

（二）保健医主要负责幼儿园的具体健康教育工作。根据上级卫生部门的要求，结合季节、疾病流行特点及突发传染病疫情等状况，从幼儿园所在环境及幼儿实际情况出发，制订全年的健康教育工作计划，并组织实施。

（三）健康教育内容应涵盖：卫生清洁与消毒、常见疾病及传染病防控、五官保健、膳食营养及食品安全、肥胖儿管理、幼儿心理卫生、户外锻炼与安全教育以及意外伤害的预防与应急处理等多方面的健康知识。

（四）健康教育形式多样：例如专项培训、专家讲座、分享讨论会、板报、宣传栏、游戏、儿歌、情景表演、网络平台（微信公众号、视频号等）、家长信、家长会、咨询指导、宣传海报等。

（五）开展健康教育工作每月至少1次，其中要求每季度至少举办1次保健医健康教育讲座，每学期至少开展1次家长讲座，每班都有健康教育类图书、健康课、健康知识环创以及组织幼儿开展的健康教育系列活动。

（六）保健医负责做好健康教育的记录和存档，对健康教育的方式及内容进行汇总、登记，填写《健康教育册》。定期评估健康教育效果，收集并保留健康教育原始资料，进行分析，书面反馈报告。

五、健康教育具体实施

保健医在幼儿园园长的领导下，根据幼儿生长发育的实际情况、季节变化及传染病流行趋势，针对不同宣教对象、不同时间节点、不同需求等，制订幼儿园切实可行的健康教育计划，采取有效的方法开展健康宣教活动。

（一）制订健康教育计划

保健医每学期制订一次健康教育培训计划，在确定目标、选择内容和教学方式过程中，均要体现出以幼儿健康为主体性原则，教授的健康知识概念明确、内容正确、数据准确，要综合考虑表述的内容是否具有可操作性，要能指导具体的教学过程。书写健康教育计划时可包含以下四个主要部分：制订本学期健康教育计划的依据，总结分析上学期的健康教育状况，明确指出本学期的健康教育目标，详细完善本学期具体的工作和措施。

（二）健康教育实施形式

保健医在幼儿园开展卫生保健相关知识的健康宣教活动，需根据不同时期的现状和上级的相关要求，按学期计划中的重点工作，针对不同人群及需求，选择合适的培训形式推进实施。

健康教育实施的形式多样，幼儿园主要使用的形式包括：专题培训、专项讲座、现场实操演练指导交流、班级健康课、保健医进课堂、宣传屏循环播放健康宣教视频，通过网络（微信群、微信公众号、官网）等平台发放健康宣教小知识、家长信、家长开放日、现场咨询指导等多种方式。

具体实施方案分三类详细说明。

1. 开展幼儿健康教育

幼儿健康是指幼儿的生长发育良好，在身体、心理和社会适应三大层面的发展状态良好。幼儿的健康教育是终身健康教育的基础，学龄前期（3 ～ 6 岁）是幼儿身体发育和机能发展的重要阶段。

幼儿健康教育活动以保护和促进幼儿身心健康为目标，通过丰富多彩的教育形式和通俗易懂的教育内容，围绕“健康”和“教育”的内涵进行扩展，关注幼儿学习与发展的整体性。尊重幼儿个体差异和幼儿身心发展规律，理解幼儿的学习方式和特点，重视幼儿的学习质量，结合幼儿园卫生保健年度重点工作内容进行规划设置。通过教学、游戏、日常生活和卫生活动等开展健康教育，培养幼儿良好的卫生行为习惯、良好的心理素质和健康的体魄。

（1）班级健康课

教师组织幼儿一日生活时，科学合理地安排班级健康课，利用玩教具或健康教育类书籍，向幼儿宣传正确的健康教育知识，每学期至少 2 次。

（2）游戏互动

针对不同年龄段开展生动、有趣的健康教育课程，通过游戏、儿歌、角色扮演、讲故事、知识问答、体育竞赛等方式，引导幼儿养成正确的行为习惯，培养其自理能力，及时给予幼儿表扬和鼓励。

（3）卫生保健宣传栏、图书角

在班级不同位置使用相应的健康教育小贴士，例如：在洗手间张贴“七步洗手法”和“刷牙”的步骤示意图，在活动室卫生保健宣传栏上宣传如何保护眼睛，爱护牙齿小知识等。班级设立卫生保健类健康教育图书角，粘贴标识，提示保教人员和幼儿在此位置投放有卫生保健类图书供幼儿翻阅、学习（图 3.3、图 3.4）。

图 3.3 宣传栏

图 3.4 图书角

（4）保健医进课堂

保健医定期进入班级，通过科普知识讲解和示范引导，结合播放视频资料等多种形式向幼儿开展卫生防病、五官保健等方面的健康指导，让幼儿学习传染病预防小常识，掌握正确的七步洗手法，学习口腔保健小知识、学会刷牙以及幼儿如何配合健康检查开展视力筛查等（例如保健医进课堂之——儿童口腔知识小课堂记录表见表 3.25）。

表 3.25　儿童口腔知识小课堂活动记录表

<table>
<tr><td>时间</td><td>××年×月×日</td><td>地点</td><td>大×班活动室</td><td>组织部门</td><td>医务室</td></tr>
<tr><td colspan="2">主讲人（组织者）</td><td colspan="2">×××保健医</td><td>活动形式</td><td>现场讲授</td></tr>
<tr><td>主题</td><td colspan="5">儿童口腔知识小课堂——牙菌斑快现身</td></tr>
<tr><td>参加对象及人数</td><td colspan="5">大×班在园幼儿 35 人</td></tr>
<tr><td>资料来源</td><td colspan="5">自撰培训课件</td></tr>
<tr><td>小结</td><td colspan="5">牙菌斑是一类口腔细菌性生物膜，不能被水冲去或漱掉，肉眼无法识别，长期积累容易导致龋齿和牙周牙龈病症。而去除牙菌斑最简便的方式就是刷牙。幼儿正处于练习刷牙阶段，容易刷不到位，使得刷牙效果不佳。菌斑显示液安全无害，可以让牙菌斑着色，在刷牙前后使用，帮助了解牙菌斑附着的地方，有效提示幼儿清洁中容易遗漏的部位。本次教学活动，保健医利用牙菌斑显示剂、牙齿模型、自制课件，采取现场演示、操作的教学形式，让幼儿了解牙齿结构、龋齿形成条件、检查幼儿刷牙效果，发现在刷牙过程中遗漏的位点，讲解正确刷牙方法，现场使用牙齿模型练习刷牙。通过讲解理论知识、使用牙膜练习刷牙及用菌斑显示剂检查刷牙效果，让幼儿直观了解如何正确、有效刷牙。整个活动幼儿收益非常大，也得到了班级保教人员的一致好评。</td></tr>
<tr><td>现场照片</td><td colspan="5"></td></tr>
</table>

2. 推进家长健康宣教

父母是幼儿健康成长的第一责任人，家长是幼儿教育活动中的最佳伙伴。家长的参与可进一步提高幼儿对卫生健康知识的认知水平，更好地培养幼儿日常生活中的良好卫生行为习惯。因此，保健医需引导家长积极参与幼儿健康成长相关的卫生保健知识学习，加强家园沟通，为拓展幼儿教育活动及形式，共同促进幼儿健康成长创造有利条件。

（1）多媒体健康教育宣传

为了让家长更好地了解幼儿卫生保健知识，日常工作中，定期通过班级家长微信群、微信公众号、幼儿园官网等方式，向家长推送幼儿健康教育宣传类资料，普及卫生保健的多方面知识。

在健康促进日，例如全国爱眼日、爱牙日、爱耳日等，通过官方视频、微信公众号、自制美篇等形式，向家长传播相关健康知识。在开学初或季节性传染病的高发期，向家长推送各种传染病的预防管理措施等。

（2）卫生保健宣传资料

利用移动展板，在幼儿园门口张贴卫生保健宣传画，或向家长发放健康教育类宣传册、宣传折页，开展相关的调查问卷等，不断向家长普及卫生保健知识，增强家园共育意识。

（3）健康知识讲座

定期开展家长开放日活动，聘请相关专家学者来园现场为家长们开展卫生保健相关知识讲座，特殊时期可通过“腾讯会议”等线上直播平台开展。专业地讲解与指导、答疑，不断提升家长的科学育儿知识水平（例如专家讲座——儿童口腔保健知识，活动记录见表 3.26）。

表 3.26 儿童口腔保健知识活动记录表

时间	×× 年 × 月 × 日	地点	幼儿园多功能厅	组织部门	医务室
主讲人（组织者）		××× 医师 （××× 医院）		活动形式	现场讲授
主题	儿童口腔保健知识——呵护每张笑容，成就一片蓝天				
参加对象及人数	幼儿家长代表及保教人员 共计 174 人				
资料来源	专家课件				
小结	据全国范围内统计，近年来 3 ～ 6 岁幼儿患龋率居高不下，海淀区学龄前幼儿平均患龋率在 50% 以上。随着科学育儿理念的发展和宣传，家长对幼儿口腔健康越来越重视，但又存有很多认知误区。如何更早发现幼儿乳牙疾病，如何能掌握更加规范的预防措施，如何更好地培养幼儿良好的口腔卫生习惯？ 为了提升家长和保教人员的健康知识水平，幼儿园特邀了 ××× 医院口腔中心 ××× 医师，来园开展专业的幼儿口腔健康知识讲座。通过本次讲座，让家长和保教人员充分了解衡量口腔健康的标准，从家长做起，为幼儿建立“健康牙齿伴终生”的观念，家园携手，共同指导幼儿学习正确保护牙齿的方法。				
现场照片					

3. 实施保教健康培训

保教人员是幼儿园开展教育教学及保育护理工作的主要力量，是每日与幼儿接触最多、相处时间最长的人，其一言一行对幼儿都有不同程度的影响。定期组织保教人员进行健康教育培训学习，确保其在宣教卫生保健方面的观点鲜明，指导幼儿健康活动方面知识正确，处理幼儿突发意外的技能高效。因此，保健医依据幼儿园教师培训制度，根据幼儿园保育教育的工作性质实施培训。定期对保教人员进行幼儿相关卫生保健知识培训与考核具有重要的意义。具体可采取以下措施。

（1）线上线下同步授课

幼儿园日常工作中，保健医定期开展保教专项工作培训，以线上线下相结合的形式，向保教人员传达卫生保健最新要求及重点动向，不断更新卫生保健知识（例如保教培训之——秋冬季传染病预防与卫生消毒，活动记录见表 3.27）。此外会定期聘请妇幼保健专家学者来园为保教人员开展健康教育讲座，特殊时期可采用线上线下同步直播的讲授方式开展。

表 3.27 秋冬季传染病预防与卫生消毒活动记录表

<table>
<tr><td>时间</td><td>××年×月×日</td><td>地点</td><td>幼儿园多功能厅</td><td>组织部门</td><td>医务室</td></tr>
<tr><td colspan="2">主讲人（组织者）</td><td colspan="2">保健医</td><td>活动形式</td><td>现场讲授</td></tr>
<tr><td>主题</td><td colspan="5">秋冬季传染病预防与卫生消毒</td></tr>
<tr><td>参加对象及人数</td><td colspan="5">全园保教人员（线上线下共计 106 人）</td></tr>
<tr><td>资料来源</td><td colspan="5">自撰课件</td></tr>
<tr><td>小结</td><td colspan="5">随着秋冬季节交替，天气日渐寒冷，是多种传染病的高发季节。学龄前儿童年龄小，免疫系统发育尚不完善，机体适应能力下降，且幼儿园人口相对较为密集，易发生传染性疾病的传播与流行。为严防传染病在幼儿园内造成暴发，特此组织本次培训。
本次培训重点讲解秋冬季节常见传染病相关知识及常用预防措施，提高保教人员预防传染病的技术水平，特别强调班级教师做好日常消毒防护。通过线上线下相结合的培训形式，保教人员全覆盖，人人掌握传染病的预防措施和日常卫生消毒要求，为保障全园幼儿的健康与安全建立坚实的防护屏障。</td></tr>
<tr><td>现场照片</td><td colspan="5">  </td></tr>
</table>

（2）专项技能培训学习

保健医定期组织保育员进行技能培训，例如：班级各项卫生消毒及消毒液配制、一次性呕吐物应急处置包使用方法等，为保育教师提供专业的支持与指导，不断提升保育员的卫生专业技能。

（3）理论知识考核

保健医根据《幼儿园保育员工作指南》和幼儿园的《保育教师岗前培训手册》相关知识，制定保育员考核试卷（下附试卷），定期组织保育员进行理论考核，不断提升保育员的理论知识水平。

附试卷　保育员理论考核试卷

所在班级________姓名________成绩________________

一、选择题（在空格中填写选择的字母，每空一个选项 2 分）：

1. 幼儿园教职工行为规范，以______的良好园风为准则，______，不断提高工作水平。

A 自强不息、厚德载物、尽职尽责、服从分配

B 团结、求实、创新、育人

C 自觉学习、刻苦钻研、团结协作、勇于创新

D 和谐、研究、求真、务实

2. 面向全体幼儿，坚持_____，严禁_____，促进幼儿健康快乐地成长。

A 尊重幼儿　B 正面教育　C 迟到早退　D 体罚和变相体罚

3. 保育教师职责中，重视幼儿安全，严格执行____，防止各类安全事故发生。

A 安全制度　B 保健制度　C 规章制度　D 消毒制度

4. 面向全体幼儿和保教人员，坚持在______情况下，用肥皂或洗手液按七步洗手法清洗双手。

A 饭前、大小便后　B 室外活动结束后　C 饮水前　D 以上均是

5. 专业七步洗手法的第四步是_____。

A 手背交替揉搓　B 拇指旋转揉搓

C 双手互握指背揉搓　D 手指交叉搓一搓

6. 幼儿正餐应间隔时间为_____小时。

A 1 ～ 2　B 2 ～ 3　C 3.5 ～ 4　D 4 ～ 5

7. 关于餐后护理环节，下面说法正确的是_____。

A 孩子正在吃饭，抓紧时间整理床铺

B 午餐结束，指导幼儿将餐具放在固定位置

C 进餐结束，让孩子们追逐玩耍帮助消化

D 幼儿嘴里含着饭菜赶紧起身收拾餐具

8. 进餐时，气管异物的紧急抢救方法是______。

A 拍击胸口　　B 刺激催吐　　C 海姆利希急救法　　D 使劲拍背

9. 关于健之素消毒片、“84”消毒液的使用，说法正确的是______。

A 用完后放置在水池边或洗碗布铁架上

B 健之素片溶解慢，提前一天配置好

C 用于消毒娃娃家表演服

D 使用后拧紧瓶盖放置于高处木质专用柜专用筐中

10. 使用“84”消毒液处理幼儿呕吐物时，______倾倒消毒液。

A 由中间区域向周边区域

B 从外向内，贴近地面

C 从上往下

D 由里向外

11. 关于保育一日工作流程中 8:00—9:00 的工作内容，下列哪项不是______。

A 开窗通风，餐前准备

B 取水果的同时将水杯、水果盘、热力毛巾等取回备用

C 协助班级教师进行进餐护理

D 早餐后整理：洗毛巾、擦拭餐桌、餐车、清扫

12. 关于热力毛巾的清洗方法，不正确的选项是______。

A 用热水冲泡洗涤剂，将毛巾浸泡 3 ～ 5 分钟后再搓洗

B 个别脏毛巾用肥皂单独搓洗

C 用含氯消毒液再浸泡 30 分钟

D 用流动清水将毛巾清洗干净至无洗涤剂残留

13. 卫生间刷洗消毒方法，说法不正确的是______。

A 用厕所刷把便池内外刷洗一遍

B 倒入洁厕灵滞留 10 分钟后，再用刷子刷洗

C 卫生间窗户要常开，保持空气新鲜

D 用洁厕灵没刷干净，再倒些“84”消毒液刷

14. 烫伤处理方法的正确顺序是______。

A 脱—冲—泡—盖—送　　B 冲—脱—泡—盖—送

C 脱—冲—送—泡—盖　　D 冲—泡—盖—脱—送

15. 一次性呕吐处置包使用方法顺序是_____、_____、_____、_____。

A 取出消毒湿巾以 S 形完成两次擦拭

B 开包依次穿戴口罩、帽子、隔离衣、手套、鞋套

C 打开清洁吸附巾全面覆盖呕吐物

D 用洗手液或肥皂加流动水按七步洗手法洗手

二、填空题（每线 2 分）：

1. 按最新消毒记录要求，餐桌消毒擦拭采用“____—_____—____”程序，消毒液有效氯含量的浓度为_____mg/L，在桌上滞留___～___分钟。

2. 室内定时开窗通风保持空气新鲜无异味，冬季或夏季使用空调时，仍需保证每个房间每天通风至少____次，每次≥____分钟，雾霾天开启空气净化器。

3. 不耐湿玩具（图书、毛绒玩具等）消毒，不适合用消毒剂浸泡，可放在日光下摊开暴晒≥_____小时，每____一次。

4. 围裙、教师擦手毛巾，每_____用肥皂清洗（随脏随洗），定位存放。

5. 使用健之素（250mg/ 片）配置 1000ml（1L）有效氯含量为 500mg/L 的消毒液时，需要在 1L 水中加入_____片健之素片，现配现用。

6. 处理幼儿呕吐物时，按目前园内使用的“84”消毒液（消毒液配比按 1:5），配置 600ml 有效氯含量为 10000mg/L 的 “84”消毒液，需要原液___ml，加水___ ml。

7. 日托园需保证幼儿每日充足的户外活动时间≥___小时，昼间睡眠时间___小时。

8. 饮水机表面清洁擦拭每_____一次，出水口用_____擦拭。

9. 床围栏、门把手、台面、水杯架等消毒擦拭需每___一次，消毒液浓度___mg/L。

10. 幼儿小椅子擦拭消毒，需每_____一次，消毒液浓度______mg/L。

11. 消毒垃圾桶、蹲坑、小便池、卫生间地面，消毒液浓度为_____mg/L。

12. 幼儿梳子每____清洗消毒一次，方法：温水洗涤剂浸泡清洗→消毒液浸泡≥____分钟→清水冲净→逐个______，最后晾晒。

三、简答题（10 分）

请结合日常保育工作，谈谈您在工作中需要关注哪些重点环节？以及您还希望获得哪方面的卫生保健知识？

（4）实操观摩分享交流

定期组织保育员通过实操比赛、技能展示等方式，相互观摩学习，沟通交流，取长补短，提升物品卫生消毒技能及为幼儿服务的品质（图 3.5、图 3.6）。

图 3.5 保育员实操观摩

图 3.6 现场专项培训

4. 完善“保安—食堂—保洁”人员的健康教育

保安、食堂从业人员及保洁人员是幼儿园后勤服务保障的重要组成部分，加强对“保食洁”人员的卫生保健知识培训，有利于提升其健康知识水平，规范幼儿园卫生消毒、环境清洁及食品安全要求，保障幼儿在园期间的健康发展，提高幼儿的生活质量。

（1）现场实操培训

保健医定期组织保安、保洁人员及食堂从业人员，开展现场操作培训与指导，例如专业洗手法、一次性呕吐包使用方法、消毒液配比方法、各种区域或物品的消毒方法及消毒要求等。

（2）发放健康教育资料

日常工作中，定期通过微信工作群、微信公众号、幼儿园官网等方式，向大家发放与幼儿相关的健康教育文章及重点内容指导思想文件，组织“保食洁”人员自行学习。

（三）收集资料

保健医在行使培训职能的同时，还应收集健康教育相关的资料，对其进行整理、汇总并存档（健康教育一览表，见表 3.28），为下一步总结分析及效果评价做准备。每一次健康教育活动要对应完善《健康教育签到表》和《健康教育活动记录表》，认真填写北京市托幼机构卫生保健记录——（三）《健康教育册》。

健康教育活动记录对档案整理和经验积累尤为重要，完整的记录可以总结每次活动的经验和要点，收集信息的同时发现存在的问题，在此后的健康教育活动中加以改进。每份健康教育活动资料都应是年度健康教育计划的落实材料。

表 3.28 健康教育一览表

序号	健康教育主题	实施形式	受众人群
1	儿童口腔保健	专家讲座	保教人员及幼儿家长
2	学龄前儿童眼保健	专家讲座	保教人员及幼儿家长
3	儿童身高健康促进方法	专家讲座	保教人员及幼儿家长
4	儿童心理健康发展	专家讲座	保教人员及幼儿家长
5	儿童常见疾病及传染病预防与家庭护理	专家讲座	保教人员及幼儿家长
6	肥胖儿童行为矫正	专家讲座	保教人员及幼儿家长
7	儿童意外伤害的预防及处理	专家讲座	教职工
8	中医养生之道与幼师的身心健康	专家讲座	教职工
9	甲状腺疾病浅析	专家讲座	教职工
10	春季传染病防控与卫生消毒	培训	保教人员
11	冬季常见传染病预防与幼儿生活护理	培训	保教人员
12	掌握科学体测方法，积极开展体育锻炼	培训	保教人员
13	幼儿进餐护理	培训	保教人员
14	新冠防控及卫生消毒	培训	保教人员
15	常见意外伤害事故预防与应急处理	培训	保教人员
16	保育教师一日工作流程	培训	保育员
17	守护光明·照亮未来 ——关爱儿童眼健康	培训	保教人员
18	关注儿童口腔健康，助力健康快乐成长	培训	保教人员
19	垃圾分类与卫生消毒	培训	保教人员
20	诺如病毒防控要求与措施	培训	保教人员
21	肥胖儿童管理	培训	保教人员
22	保育工作实操观摩与经验交流分享	现场观摩与交流	保育员
23	牙菌斑快现身	保健医进课堂	在园幼儿
24	预防流感小课堂	保健医进课堂	在园幼儿
25	幼儿膳食营养搭配	保健医进课堂	在园幼儿
26	幼儿如何查视力	保健医进课堂	在园幼儿
27	营养美味·幸福成长	微信公众号	保教人员及幼儿家长
28	预防诺如·呵护健康	微信公众号	保教人员及幼儿家长
29	美好“食光”·幸福相伴	微信公众号	保教人员及幼儿家长
30	健康入秋·科学防控	微信公众号	保教人员及幼儿家长
31	科学防控·远离诺如	微信公众号	保教人员及幼儿家长

续表

序号	健康教育主题	实施形式	受众人群
32	秋冬季幼儿保健小常识	微信公众号	保教人员及幼儿家长
33	幼儿口腔保健早知道	微信公众号	保教人员及幼儿家长
34	春光无限好·正是长高时	微信公众号	保教人员及幼儿家长
35	美丽“视”界·用心呵护	微信公众号	保教人员及幼儿家长
36	垃圾分类·你我同行	微信公众号	保教人员及幼儿家长
37	你了解弱视吗?	微信公众号	保教人员及幼儿家长
38	预防冬季传染病·享受健康生活	微信公众号	保教人员及幼儿家长
39	冬季幼儿保健小常识	微信公众号	保教人员及幼儿家长
40	呵护幼儿健康·预防秋冬传染病	美篇	保教人员及幼儿家长
41	疫情不息·抗疫不止	美篇	保教人员及幼儿家长
42	口腔健康·全身健康	美篇	保教人员及幼儿家长
43	健康体检·助力成长	美篇	保教人员及幼儿家长
44	认识流感·加强防护	美篇	保教人员及幼儿家长
45	有远见·不近视—全国爱眼日	美篇	保教人员及幼儿家长
46	关爱儿童听力健康	美篇	保教人员及幼儿家长
47	春暖花开“幼”见时	美篇	保教人员及幼儿家长
48	预防手足口病和疱疹性咽峡炎	宣传视频	保教人员及幼儿
49	预防诺如病毒感染	宣传视频	保教人员及幼儿
50	幼儿园膳食安全	宣传视频	保教人员及幼儿
51	专业七步洗手法	宣传视频	保教人员及幼儿
52	春季常见传染病预防知识	宣传视频	保教人员及幼儿
53	幼儿冬季锻炼	宣传视频	保教人员及幼儿
54	圆弧刷牙法	自制小视频	幼儿、家长及保教人员
55	流感高发季幼儿园温馨提示	自制小视频	幼儿、家长及保教人员
56	食品安全与膳食营养	自制小视频	幼儿、家长及保教人员
57	健康中国“手”护星洗手操	自制小视频	幼儿、家长及保教人员

六、健康教育评价方法

幼儿健康知识的获得和卫生行为习惯的养成，需要反复不断地培养和引导，从被动到主动，从不自觉到自觉，是在不断教育和引导下形成的。因此，采用科学而有效可行的方法，收集真实而完整的信息，针对不同健康教育活动进行科学的效果评估，以评价健康教育开展的效果，并给予反馈。在实际健康教育工作中与相关人员积极沟通，让健康教育内容更丰富、更专业、更具个性化、更有效地深入教师，走进幼儿，服务家长。

（一）健康教育效果评价的目的

通过健康教育效果评价，总结从本次健康教育活动中获得的反馈信息，应用于之后的健康教育中，从而提升保教人员、家长及幼儿的保健意识，保教结合，家园配合，培养幼儿养成良好的生活行为习惯，保障幼儿身心健康发展。

（二）健康教育效果评价的原则

1. 全面性原则

评价健康教育是否有健康教育的管理人员，是否有健康教育计划和具体措施，是否广泛覆盖了保教人员、幼儿、家长及其他教职工，是否全面包含了幼儿健康、饮食、睡眠等行为习惯、传染病防控、生活安全知识等内容。

2. 可操作性原则

评价健康教育的内容是否为受众者所接受，幼儿、家长和保教人员对健康教育知识、态度、行为方面的接受程度。

3. 评价与指导相结合原则

健康教育评价主要就是为了更好地指导工作，因此评价、指导、再评价、再指导的过程，反复循环促进健康教育质量的不断提高。

（三）评价方法

1. 问卷调查

设计一份针对健康教育活动的调查问卷，问卷可以包括开放式问题和封闭式问题，通过调查问卷收集到参与者对于健康教育内容、效果和方式的意见和建议，旨在获取参与者对于健康教育活动的满意度、知识水平提升程度以及具体内容和形式的评价。

2. 观察记录

在健康教育活动中进行细致观察，详细记录参与者的参与程度、互动情况以及学习表现，通过观察记录，可以评估健康教育活动的效果，包括参与者是否积极参与、是否能够理解和掌握教育者所要表达的健康知识、是否能够运用所学知识改变不良行为习惯等。

3. 其他评价方法

可以邀请专家或专家小组，根据其专业知识和经验，通过专家访谈或专家小组讨论等形式，从而获取对健康教育内容、形式、培训者现场表现等方面的专业意见和改进建议，也可以抽取一部分参与者进行个案研究，通过深入访谈或观察，了解个体参与者在进行健康教育活动后的理解情况以及行为习惯的改变情况等。

综合以上评价方法的结果，结合其他参与者的反馈意见，可以进行综合分析，再从多个角度全面分析、评估健康教育活动的效果、满意度和改进方向，最终为后续健康教育活动提供优质的参考资料和指导意见。

（张英萍）

第六节　体质测查与服务指导

学龄前幼儿是生长发育较为迅速的阶段，也是其生理功能快速发展和形成良好体质的基础阶段。幼儿园体质监测的目的是获得 3 ～ 6 岁幼儿体质监测连续性的数据资料，有针对性地对幼儿体质状况进行总结与分析，为教师、家长了解幼儿的身体形态、身体素质、身体机能等多方面的发展情况提供数据支持，为幼儿下一阶段的发展和体质健康提供科学可参考的依据。

一、幼儿体质测试前的准备工作

为了幼儿体测工作的顺利开展，保证幼儿在体测过程中的安全，我们需要从测试场地、测试器材、人员部署和人员培训等方面进行全面的准备工作。

（一）测试场地准备

开展幼儿体质测试前测试人员首先要检查测试场地，保证场地平坦、宽敞、明亮、安全。形态指标（身高、体重）的测试场地应选择安静、温度适合的场所进行。素质指标的测试场地严格按照《国民体质测定标准手册》要求设定。

（二）测试器材准备

幼儿体质测试要求使用标准的测试器材，即国家体育总局要求的检测器材，每次测查前对体重秤进行校验，保证体重秤的灵敏度符合测试要求，测试人员提前做好测试器材的清洗与消毒，需要安装、调试、充电的器材提前做好相应的准备工作。

（三）保健医准备

保健医按照幼儿园卫生保健工作计划确定全园幼儿的体质测试时间和测试小组人员安排。测试人员如果不是保健医，测试前保健医要对测试人员进行幼儿体质测试的相关知识培训，保证测试方法正确、测试结果记录标准。保健医要对保教人员进行测试前指导，使其能按规范要求组织好幼儿积极配合开展各项体质测试工作。体质测试素质指标的各项内容均安排两名专职测试人员开展测试工作，保证测试的公平、公正。

（四）保教人员准备

保教人员在测试前指导幼儿初步了解体质测试的项目及完成方法，主要是素质指标，要检查幼儿着装、精神状态等是否适合参加测试，对伤、病、残疾等原因不适合参加者，可以免予测试。测试前对幼儿进行安全教育，引导幼儿不在测试场地嬉戏打闹，有序参加各项测试活动。带领幼儿做好测试前的热身活动，防止测试过程中出现拉伤、扭伤等意外伤害事故的发生。

二、幼儿体质测试及操作使用方法

充分了解幼儿体质测试各项指标的意义和测试方法，可以更加顺利完成幼儿体测工作，并保证体测数据的准确性。幼儿体质测试指标包括形态指标（身高、体重）和素质指标（坐位体前屈、立定跳远 、10 米折返跑 、网球掷远、走平衡木、双脚连续跳）。

（一）测试指标的意义

身高：反映人体骨骼的纵向生长水平。

体重：反映人体的发育程度和营养状况。

坐位体前屈：反映人体的柔韧性。

立定跳远：主要反映下肢的爆发力。

网球掷远：反映人体上肢和腰腹肌肉力量。

双脚连续跳：反映人体协调性和下肢的肌肉力量。

10 米折返跑：反映人体的灵敏素质。

走平衡木：反映人体的平衡能力。

（二）测试指标的要求、方法与注意事项

1. 身高

（1）场地环境要求在温度适宜的室内，可在各班级睡眠室或多功能厅。测试器材为儿童身高计（精确度 0.1 厘米）。

（2）测试方法：测试人员将水平压板移至立柱的上端，幼儿赤足、呈正立位背向立柱站立在身高计的底板上，躯干自然挺直，头部正直，两眼平视前方。耳屏上缘与眼眶下缘最低点呈水平位。上肢自然下垂，两腿伸直。两足跟并拢，足尖分开约 60°。足跟、骶骨部及两肩胛间与立柱相接触，成“三点一线”站立姿势。测试人员站在幼儿的右侧，将水平压板沿立柱下滑至幼儿头顶，测试者两眼与压板呈水平位进行读数。

（3）记录方法：测试者大声读出读数，记录者重复，保证数值无误。记录以厘米为单位，精确到小数点后 1 位。

（4）注意事项：身高计贴墙放置，注意幼儿站姿，不能踮脚，幼儿头顶有发饰或辫子时应取下发饰或散开辫子后再测量。

2. 体重

（1）场地环境要求在温度适宜的室内，可在各班级睡眠室或多功能厅。测试器材为儿童体重秤（最小秤量 50 克，最大秤量 60 千克）。

（2）测试方法：使用电子体重秤时，开启后等待显示屏数值归零，幼儿穿着单衣、单裤、赤足，自然站立在体重秤踏板的中央，保持身体平稳后再记录显示的数值。

（3）记录方法：测试者大声读出读数，记录者重复，保证数值无误。记录以千克为单位，精确到小数点后 2 位。

（4）注意事项：测量时，体重秤应放置在平坦地面上，幼儿应尽量减少着装。上、下体重秤时，测试者提示幼儿动作要轻缓，防止摔倒。天气寒冷时，测试前要打开空调暖风，保证室内温度适宜，防止幼儿受凉。

3. 坐位体前屈

（1）测试场地环境要求在洁净、平坦的空地上，室内、室外皆可以。测试器材为坐位体前屈测试仪。

（2）测试方式：将坐位体前屈测试仪游标推到导轨近端，幼儿赤足面向仪器坐在垫子上，双腿向前伸直，脚跟并拢，蹬在测试仪的挡板上，脚尖自然分开，双手并拢，掌心向下平伸，膝关节伸直，上身前屈，用双手中指指尖推动游标平滑前进，直到不能推动为止。此时，显示屏上显示的数值即为测试值。

（3）记录方法：测试 2 次，取最好成绩。记录以厘米为单位，保留小数点后一位。

（4）注意事项：测试前幼儿应做好准备活动，防止肌肉拉伤。测试中幼儿双臂不能突然前振，不能用单手前推游标，膝关节不能弯曲。每次测试前，测试人员都要将游标推到导轨近端位置。测试人员要正确填写受试者测试值的“+”“-”号，如果幼儿测试值小于“-10 厘米”，按“-10 厘米”记录。

4. 10 米折返跑

（1）场地环境要求在平坦的地面（地质不限）上画长 10 米、宽 1.22 米的直线跑道两条。一端为起、终点线，另一端为折返线，在起、终点线外 3 米处画一条目标线，在折返线处设一手触物体（见图 3.7）。10 米折返跑的测试器材为秒表。

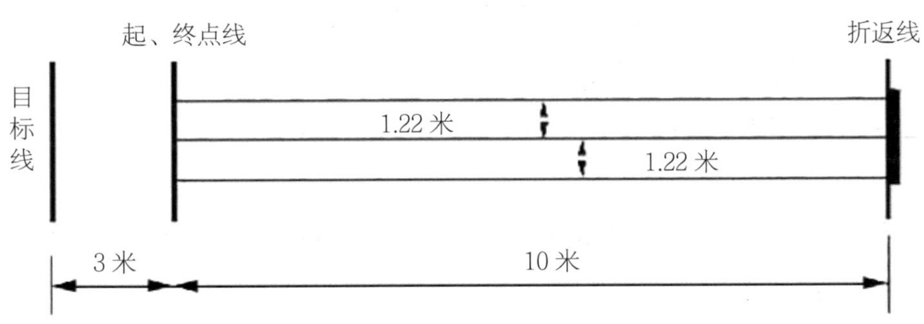

图 3.7　10 米折返跑场地

（2）测试方法：幼儿 2 人一组站立在起跑线后，两腿前后分开，当听到起跑信号后立即起跑，直奔折返线，用手触摸到物体后立即返回，直奔目标线。发令员站在起跑线的斜前方发令，在幼儿起跑的同时开秒表计时，当测试幼儿胸部到达终点线垂直面时立即停表。

（3）记录方法：测试 1 次，记录往返后通过终点的时间。以秒为单位，精确到小数点后 1 位，小数点后第 2 位数，按非“0”进“1”的原则进位。

（4）注意事项：测试前，测试人员要明确告诉幼儿要全速直线跑，途中不得串道。起跑前幼儿不得踩、跨起跑线，起跑时如幼儿未听到起跑信号，测试人员可轻推幼儿后背促其起跑。幼儿通过起、终点线后方可减速。在目标线处要安排专人对幼儿进行保护，防止摔倒发生意外。

5. 立定跳远

（1）场地环境要求沙坑（距沙坑边缘 20 厘米处设立起跳线）或软地面。测试器材为卷尺（1.5 ～ 2.0 米）和直角尺（见图 3.8）。

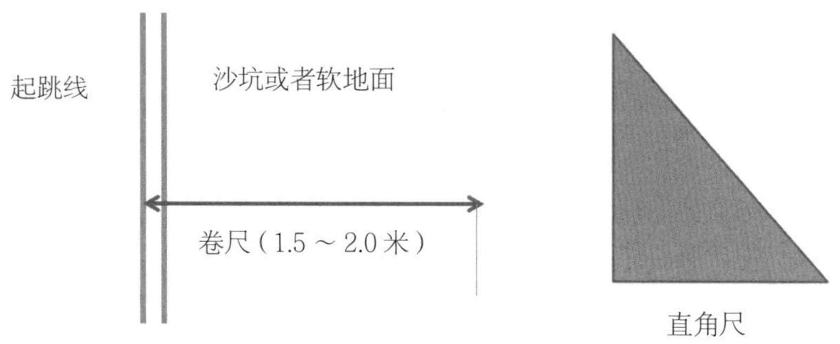

图 3.8 立定跳远场地及用具

（2）测试方法：幼儿站立在起跳线后，两脚自然分开，然后摆动双臂，双脚蹬地尽力向前跳，双脚同时落地。

（3）记录方法：测试 2 次，测量起跳线距最近脚跟之间的直线距离，记录最好成绩，以厘米为单位，不计小数。

（4）注意事项：幼儿起跳前双脚均不能踩线、过线，起跳时不能有垫跳、助跑、连跳等动作。犯规时成绩无效，继续测试直至取得成绩为止。

6. 网球掷远

（1）场地环境要求在平坦场地上画一长 20 米，宽 6 米的长方形，设一端为投掷线，在投掷线后每间隔 0.5 米处画一条横线（见图 3.9）。测试器材为卷尺和标准网球。

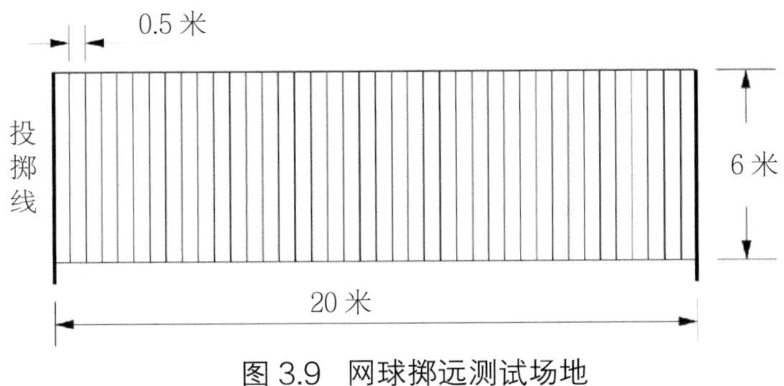

图 3.9 网球掷远测试场地

（2）测试方法：幼儿身体面向投掷方向站在投掷线后，两脚前后分开，站在投掷线后一步距离。单手持球举过头顶，利用腰部力量带动上臂将球从肩上方尽力投出，球出手时后脚可以向前迈出一步，但不能踩线或过线。一位测试人员站在投掷线侧前方位置发令，另一位测试人员观察球的落点，并记录成绩。

（3）记录方法：如果球的落点在横线上，则记录该线所标示的数值，如果球的落点在两条横线之间，则记录靠近投掷线的横线所标示的数值，如果球的落点已超出 20 米长的测试场地，可用卷尺丈量实际距离。如果球的落点超出 6 米宽的场地，受试者要重新投掷。测试 2 次，取最好成绩。以米为单位，精确到小数点后 1 位。

（4）注意事项：测试时严禁幼儿进入投掷区，避免出现伤害。幼儿投掷时脚不能踩线、过线，不能助跑投球。测试时，测试人员应注意观察球的落点。

7. 走平衡木

（1）场地环境要求宽敞、平坦的空地。测试器材为平衡木和秒表。平衡木要求高 30 厘米，宽 10 厘米，长 3 米，设一端边线为起点线，则另一端边线为终点线。两端外各加一块与平衡木等高的宽 20 厘米、长 20 厘米的正方形平台（见图 3.10）。

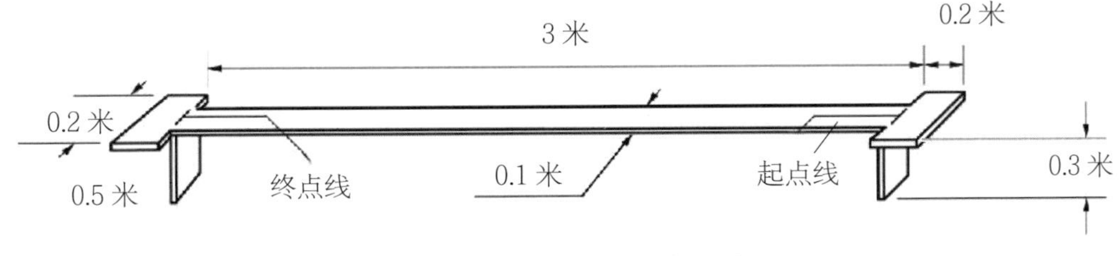

图 3.10 平衡木测试器材

（2）测试方法：幼儿站立在“起点线”后的平台上，面向平衡木，双臂侧平举，当听到“开始”的口令后，两脚交替向“终点线”前进。测试人员在幼儿的侧前方发令，在幼儿起步的同时开表计时，并跟随幼儿向“终点线”前进，同时注意观察幼儿在平衡木上的状况，防止发生意外。当幼儿任意一个脚尖超过“终点线”时，立即停止计时。

（3）记录方法：测试 2 次，取最好成绩。记录以秒为单位，精确到小数点后 1 位。小数点后第 2 位数，按非“0”进“1”的原则进位。

（4）注意事项：测试前幼儿脚尖不得超过“起点线”，中途落地者须重新测试。测试人员及保教人员要做好保护，防止幼儿在平衡木上摔倒。

8. 双脚连续跳

（1）场地环境要求有平坦、宽敞的地面，按直线距离每间隔 0.5 米画一条横线，共画 10 条，每条横线上放置一块软方包，共放置 10 个软方包，在距第一块软方包 0.2 米处设立起跳线（见图 3.11）。测试器材为卷尺、秒表、软方包（长 10 厘米、宽 5 厘米、高 5 厘米）。

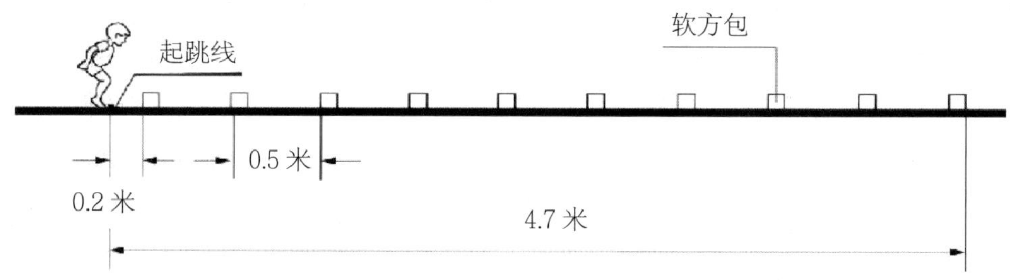

图 3.11 双脚连续跳测试场地

（2）测试方法：幼儿两脚并拢站在“起跳线”后，听到测试人员“开始”的口令后，双脚同时起跳，连续跳过 10 个软方包后停止。在幼儿起跳的同时测试人员开表计时，当幼儿跳过第 10 个软方包双脚落地时停止计时。

（3）记录方法：测试 2 次取最好成绩。记录以秒为单位，精确到小数点后 1 位。小数点后第 2 位数，按非“0”进“1”的原则进位。

（4）注意事项：如果幼儿出现一次跨越 2 个软方包、脚踩软方包、将软方包踢乱或两次单脚起跳等情况，要立即停止测试，重新开始。如果一次跳不过 1 个软方包，可以两次跳过。

三、幼儿体质测试结果评价

幼儿体质测试完成后，保健医需及时进行测试结果评价。评价按男、女分年龄段进行，采用单项评分和综合评级进行评定。

（一）把幼儿按照年龄分组

3 ～ 5 岁每 0.5 岁为一组，6 岁为一组。男女共 14 个组别。

测试年龄计算方法：

测试年龄（周岁）= 测试时间（年 / 月 / 日）— 出生时间（年 / 月 / 日）

举例：某幼儿出生日期 2019 年 3 月 20 日，体质测试时间 2023 年 5 月 25 日。测试年龄为：2023.5.25—2019.3.20=4 岁 2 月 5 天，即测试年龄记录为 4 岁。

（二）采用单项评分和综合评级进行评定

1. 单项评分内容包括：身高 / 年龄、体重 / 身高、10 米折返跑、立定跳远、网球掷远、双脚连续跳、坐位体前屈、走平衡木共计八项。每一项测试数据根据幼儿的测试年龄、性别及所测数据进行具体评分，采用 5 分制评分法（见表 3.29、表 3.30 和表 3.31）。

表 3.29 身高 / 年龄评分标准

评 分	1 分	2 分	3 分	4 分	5 分
WHO-2006 年标准	＜ M-2SD	M-2SD ～ M-1SD	M-1SD ～ M+1SD	M+1SD ～ M+2SD	≥ M+2SD

表 3.30 体重 / 身高评分标准

评 分	1 分	3 分	5 分	3 分	1 分
WHO-2006 年标准	＜ M-2SD	M-2SD ～ M-1SD	M-1SD ～ M+1SD	M+1SD ～ M+2SD	≥ M+2SD

表 3.31 以 3 岁幼儿为例，六项体质测试单项指标评分

测试指标	1 分	2 分	3 分	4 分	5 分
	男 童				
10 米折返跑（秒）	15.8 ～ 12.9	12.8 ～ 10.3	10.2 ～ 9.1	9.0 ～ 8.0	＜ 8.0
立定跳远（厘米）	21 ～ 29	30 ～ 42	43 ～ 58	59 ～ 76	＞ 76

网球掷远（米）	1.5	2.0 ~ 2.5	3.0 ~ 3.5	4.0 ~ 5.5	> 5.5
双脚连续跳（秒）	25.0 ~ 19.7	19.6 ~ 13.1	13.0 ~ 9.2	9.1 ~ 6.6	< 6.6
坐位体前屈（厘米）	2.9 ~ 4.8	4.9 ~ 8.5	8.6 ~ 11.6	11.7 ~ 14.9	> 14.9
走平衡木（秒）	48.5 ~ 30.1	30.0 ~ 16.9	16.98 ~ 10.6	10.5 ~ 6.6	< 6.6
测试指标	女 童				
10 米折返跑（秒）	16.8 ~ 13.5	13.4 ~ 10.6	10.5 ~ 9.4	9.3 ~ 8.2	< 8.2
立定跳远（厘米）	21 ~ 28	29 ~ 39	40 ~ 54	55 ~ 71	> 71
网球掷远（米）	1.0	1.5 ~ 2.0	2.5 ~ 3.0	3.5 ~ 5.0	> 5.0
双脚连续跳（秒）	25.9 ~ 20.1	20.0 ~ 13.5	13.4 ~ 9.8	9.7 ~ 7.1	< 7.1
坐位体前屈（厘米）	3.2 ~ 6.2	6.3 ~ 9.9	10.0 ~ 12.9	13.0 ~ 15.9	> 15.9
走平衡木（秒）	49.8 ~ 32.5	32.4 ~ 17.4	17.3 ~ 10.8	10.7 ~ 6.9	< 6.9

2. 综合评级是根据 8 个单项得分之和进行评价，共分四个等级：优秀、良好、合格、不合格。任意一项指标无分者，不进行综合评级。具体评级标准见表 3.32。

表 3.32 幼儿体质测试综合评级标准

等级	得分
优秀	> 31 分
良好	28 ～ 31 分
合格	20 ～ 27 分
不合格	< 20 分

四、幼儿体质测试结果统计与分析

根据《北京市托幼机构卫生保健工作常规》相关要求，幼儿园每年开展一次 3 岁及以上幼儿体质测试工作，幼儿体质测试时间与定期健康检查中身高、体重测量时间在一个月内。保健医指导保教人员配合组织在园幼儿按时参加测试，保健医在完成测试后要及时对测试数据进行汇总、统计与分析，可当年同一年级组内各班级横向对比，各年级组不同测试项目对比，也可以与上一年测试成绩进行纵向对比，分析幼儿的各项体质状况，指导保教人员分析本班幼儿的个体体质情况并开展相应的体格锻炼。

（一）体测数据统计指标

根据单项评分和综合评级结果进行横向与纵向数据对比与分析。

1. 统计全园幼儿体质测试的测查率、优秀率、良好率和优良率并与前一年同期测试成绩进行对比。

2. 各年级组幼儿体质测试优秀率、优良率的排名。

3. 全园幼儿的六项体质测试分别按照 5 分率、≥ 4 分率及< 3 分率进行对比分析。

4. 不同年级组幼儿的六项体质测试分别按照 5 分率、≥ 4 分率、< 3 分率进行对比分析。

5. 每个年级组进行体测单项 5 分、4 分、≥ 4 分率计算，并进行对比分析。

（二）某年幼儿体质测试统计与分析

1. 全园幼儿体质测试结果统计与分析

全园共有 33 个班级，其中大班 10 个，中班 11 个，小班 12 个。全园应测幼儿人数 1039 人，实测人数 1014 人，测查率为 97.6%。其中优秀率为 62.3%，良好率为 26.8%，优良率高达 89.1%，总计合格率 100%，体测无不及格幼儿（图 3.12）。

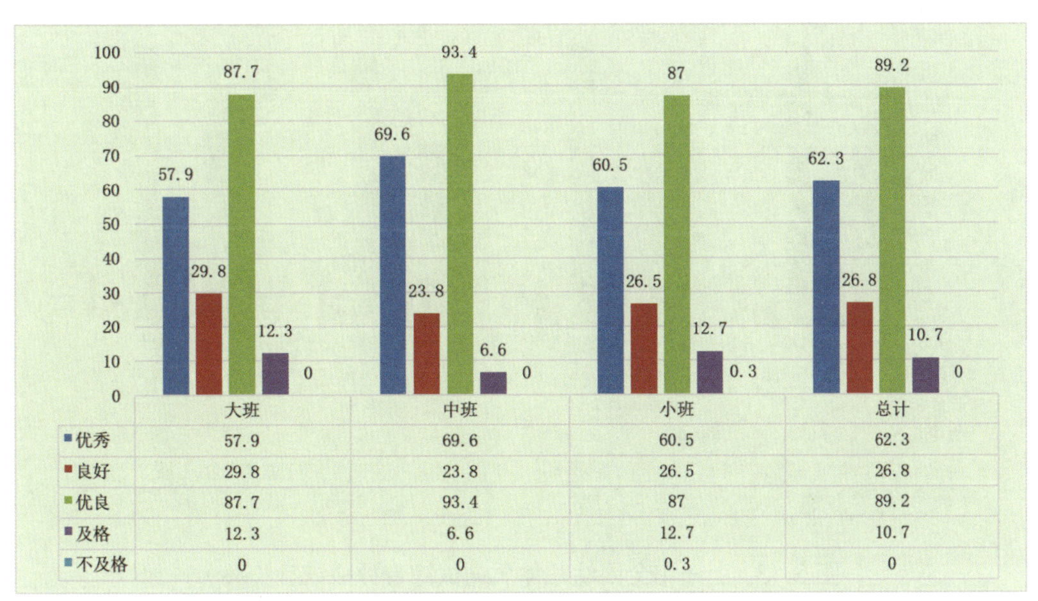

	大班	中班	小班	总计
优秀	57.9	69.6	60.5	62.3
良好	29.8	23.8	26.5	26.8
优良	87.7	93.4	87	89.2
及格	12.3	6.6	12.7	10.7
不及格	0	0	0.3	0

图 3.12　全园幼儿体质测试综合评级统计（%）

结果统计与分析：

全园幼儿体质测试成绩良好，优秀率为62.3%，从高到低依次为：中班组69.6%、小班组60.5%、大班组57.9%。全园优良率高达89.2%，从高到低依次为：中班组93.4%、大班组87.7%、小班组87%。

本年度中班组体质测试成绩突出，优秀率及优良率成绩均为三个年级之首，小班优秀率较大班高2.6个百分点。大班组测试优秀率低于中、小班组，与幼儿的发展不一致。保健医把此成绩告知大班年级主任，由年级主任带领同组保教人员开展讨论分析，寻找导致成绩低于中、小班的原因，以便今后指导幼儿培养方向，开展相应的体育游戏活动，增强幼儿体质，促进幼儿全面发展。

结果统计：

上一年度全园幼儿体质测试成绩良好，优秀率为62.8%，按年龄组成绩对比，优秀率从高到低依次为大班65.2%、中班64.0%、小班59.6%。全园优良率高达90.3%，从高到低依次为：中班91.9%、大班91.4%、小班88%。不及格率为0.3%。

大班优秀率最高，优良率大、中班无明显差异，符合幼儿发展规律，如图3.13所示。

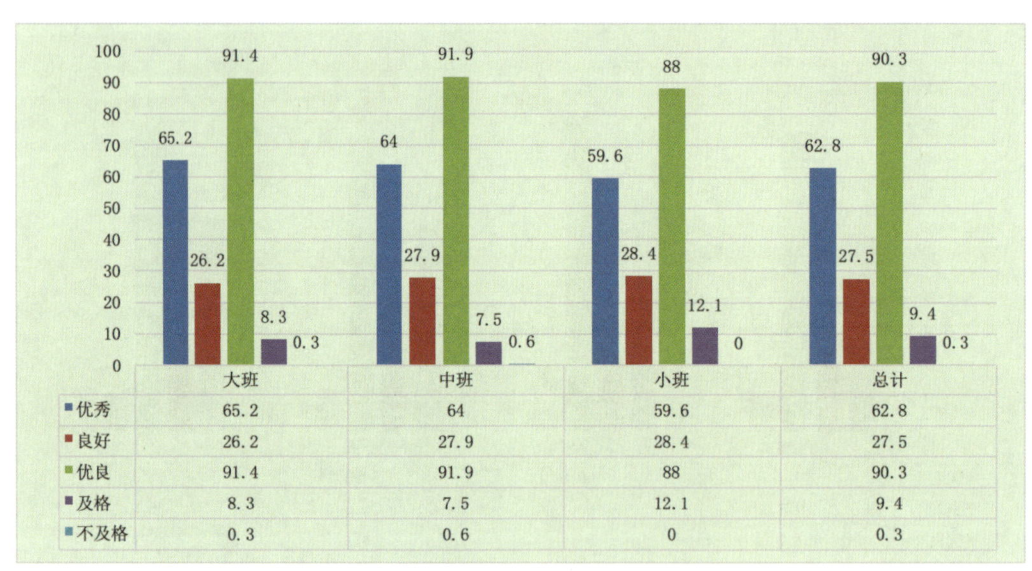

	大班	中班	小班	总计
优秀	65.2	64	59.6	62.8
良好	26.2	27.9	28.4	27.5
优良	91.4	91.9	88	90.3
及格	8.3	7.5	12.1	9.4
不及格	0.3	0.6	0	0.3

图3.13　上一年全园幼儿体质测试综合评级统计（%）

结果对比分析：

本年度幼儿体质测试优秀率比上一年下降了 0.5 个百分点，优良率比上一年下降 1.2 个百分点，本年度不及格率降为 0。本年度幼儿体质测试整体成绩变化不大，优秀率和良好率都略有下降，但是降幅不大，不及格率降为 0。讨论分析其原因与近两年新冠疫情流行，幼儿户外活动与体育锻炼时间减少，体育活动的运动量减低，活动在循序渐进中逐步开展等有关，如图 3.14 所示。

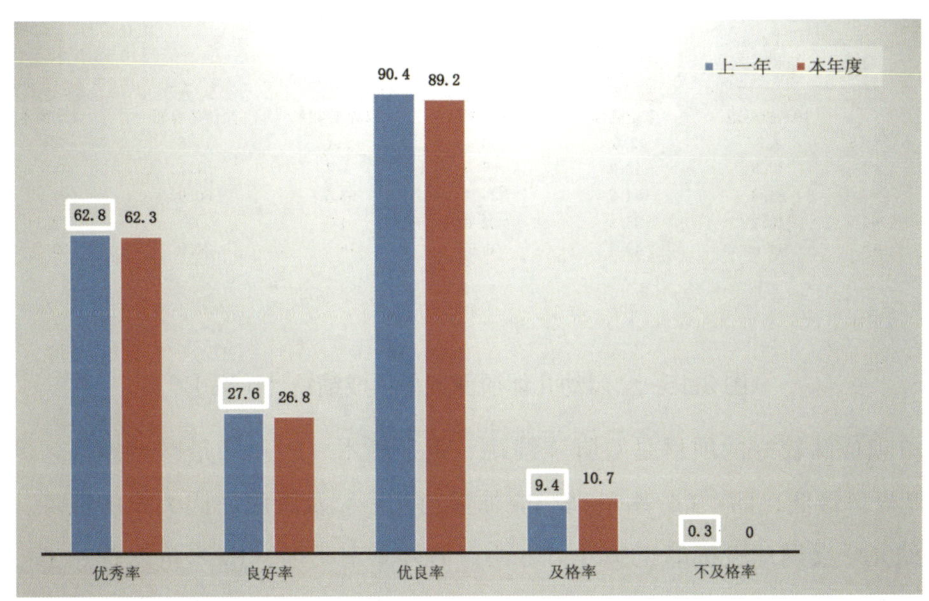

图 3.14 两年同期综合评级统计对比（%）

结果统计与分析：

各单项 5 分得分率从高到低依次为双脚连续跳跃 76.7%、走平衡木 59.2%、立定跳远 48.9%、10 米折返跑 44.6%、坐位体前屈 26.9%、网球掷远 6.8%。≥4 分率从高到低依次为双脚连续跳 93.7%、走平衡木 91.3%、10 米折返跑 84.8%、立定跳远 84.2%、坐位体前屈 60.0%、网球掷远 29.4%。<3 分率从高到低依次为网球掷远 33.1%、坐位体前屈 18.8%、立定跳远 2.6%、10 米折返跑 2.3%、双脚连续跳 2.1%、走平衡木 2.0%，如图 3.15 所示。

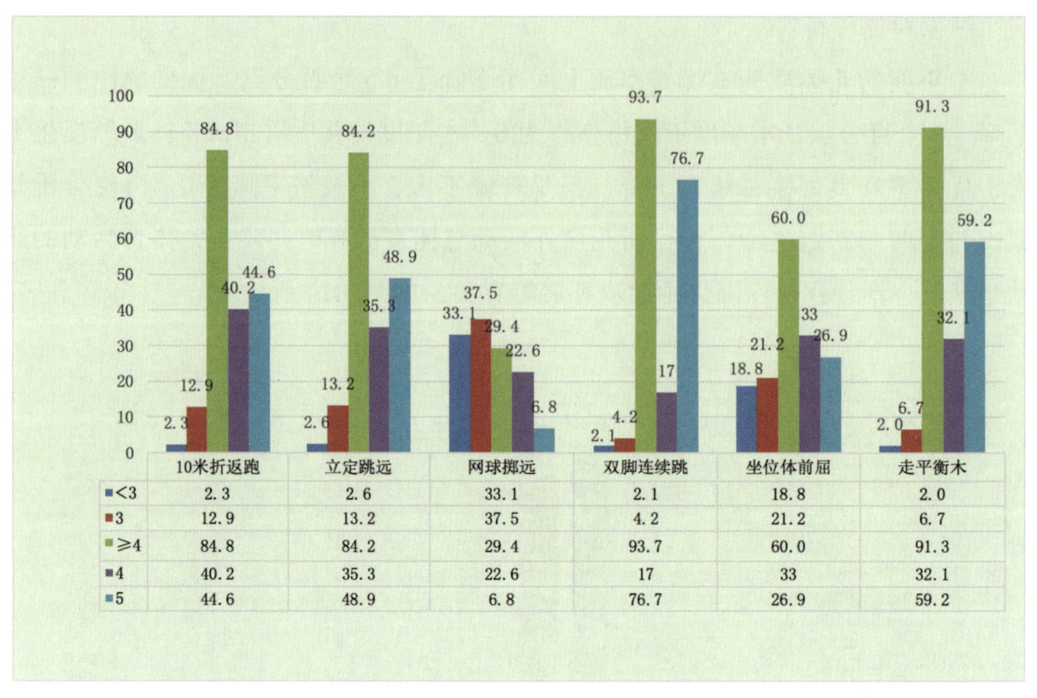

	10米折返跑	立定跳远	网球掷远	双脚连续跳	坐位体前屈	走平衡木
<3	2.3	2.6	33.1	2.1	18.8	2.0
3	12.9	13.2	37.5	4.2	21.2	6.7
≥4	84.8	84.2	29.4	93.7	60.0	91.3
4	40.2	35.3	22.6	17	33	32.1
5	44.6	48.9	6.8	76.7	26.9	59.2

图 3.15　全园幼儿体质测试单项成绩统计（%）

单项成绩较好的项目是双脚连续跳、走平衡木，较差的是网球掷远，该项目 5 分得分率最低，而<3 分率最高，应加强幼儿上肢及腰腹肌肉力量的锻炼，重点指导幼儿学会网球投掷的正确发力方法。另外立定跳远、10 米折返跑、坐位体前屈的 5 分成绩还有较大的上升空间，提示保教人员在以后的活动设计中多穿插与其相关的游戏活动，增加幼儿下肢力量、灵敏度和柔韧性的锻炼。

结果对比与分析：

本年度与上一年幼儿体质测试各项对比，5 分得分率分别为 10 米折返跑下降 2.4 个百分点，立定跳远下降 24.1 个百分点，网球掷远下降 1.5 个百分点，双脚连续跳下降 8.9 个百分点，坐位体前屈下降 4.6 个百分点，走平衡木下降 10.9 个百分点。本年度体质测试各项目 5 分得分率均有不同程度下降，按下降幅度从高到低依次为立定跳远、走平衡木、双脚连续跳、坐位体前屈、10 米折返跑、网球掷远，如图 3.16 所示。

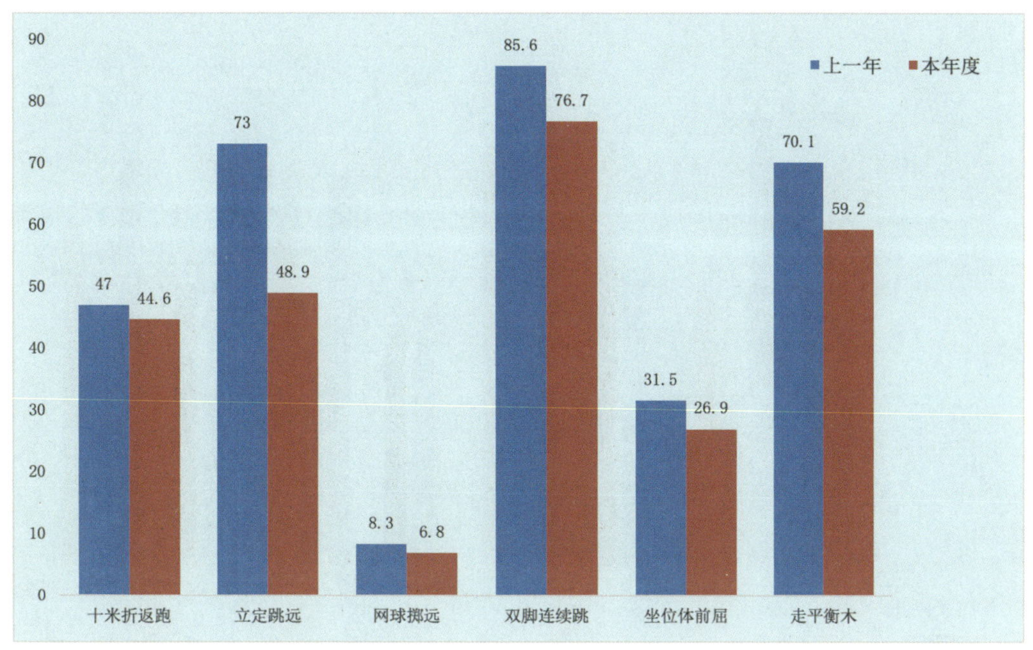

图 3.16 两年同期体测各项 5 分率对比（%）

本年度幼儿体质测试各项 5 分得分率成绩明显下降直接原因是受近两年新冠疫情影响，幼儿长时间居家，户外活动及体育锻炼明显减少，幼儿的身体素质较前下降。通过数据对比，指导保教人员今后在幼儿的户外活动锻炼中，逐步加强幼儿各方面的体育锻炼，促进身体素质的进一步发展。

结果统计与分析，如图 3.17 所示。

（1）10 米折返跑：从高到低依次为：中班 52.1%、大班 43.3%、小班 39.5%。

（2）立定跳远：从高到低依次为：中班 58.1%、大班 48.1%、小班 42%。

（3）网球掷远：从高到低依次为：大班 9.7%、中班 6.3% 、小班 4.4%。

（4）双脚连续跳：从高到低依次为：中班 85.5%、大班 77.9%、小班 68.2%。

（5）坐位体前屈：从高到低依次为：中班 28.4%、小班 27.3%、大班 25.2%。

（6）走平衡木：从高到低依次为：中班 72.6%、小班 58.6%、大班 48.1%。

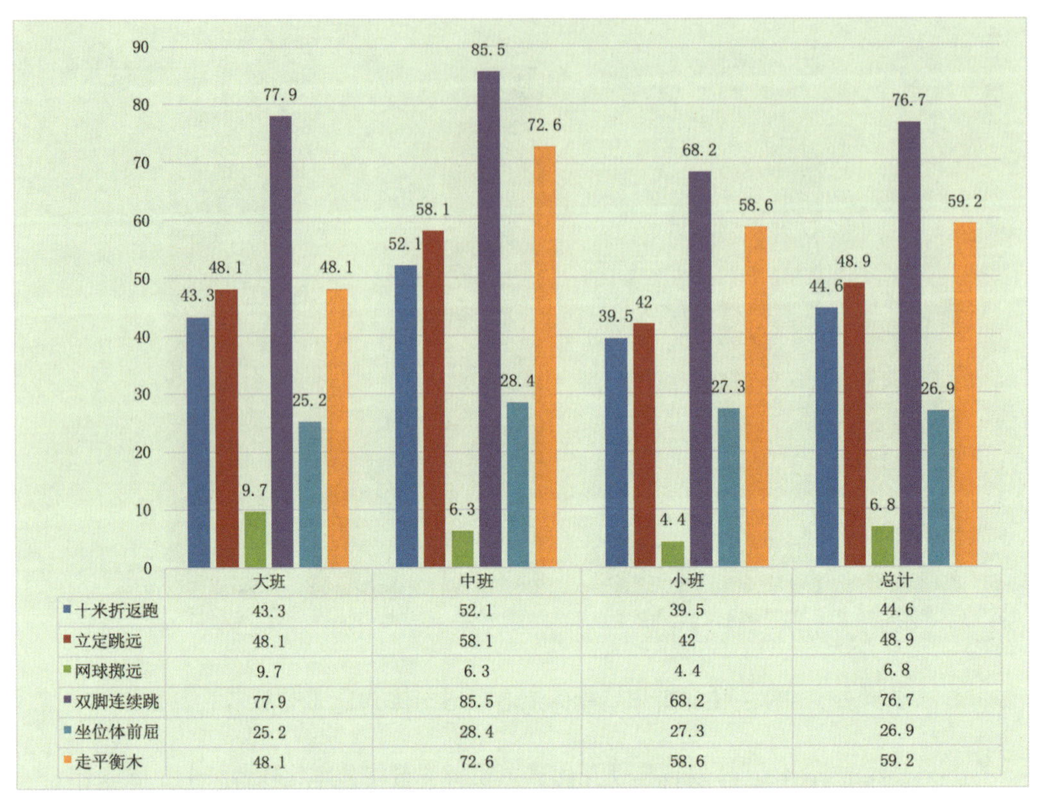

	大班	中班	小班	总计
十米折返跑	43.3	52.1	39.5	44.6
立定跳远	48.1	58.1	42	48.9
网球掷远	9.7	6.3	4.4	6.8
双脚连续跳	77.9	85.5	68.2	76.7
坐位体前屈	25.2	28.4	27.3	26.9
走平衡木	48.1	72.6	58.6	59.2

图 3.17　各年级组体质测试单项 5 分得分率比较（%）

全园各单项成绩 5 分得分率从高到低依次为：双脚连续跳 76.7%、走平衡木 59.2%、立定跳远 48.9%、10 米折返跑 44.6%、坐位体前屈 26.9%、网球掷远 6.8%。通过测试成绩分析，进一步明确需加强幼儿上肢和腰腹肌肉力量的锻炼以及柔韧性的练习。根据不同年龄段的各项成绩分析，指导保教人员从不同方面加强幼儿的体能锻炼，不断提高幼儿的体质状况。

结果统计与分析，如图 3.18 所示：

（1）10 米折返跑从高到低依次为：中班 89.4%、大班 84.2%、小班 81.5%。

（2）立定跳远从高到低依次为：中班 88.4%、大班 85.1%、小班 79.8%。

（3）网球掷远从高到低依次为：大班 39.3%、中班 25.4%、小班 23.2%。

（4）双脚连续跳从高到低依次为：中班 96.7%、大班 95.7%、小班 89.2%。

（5）坐位体前屈从高到低依次为：中班 67%、小班 58%、大班 55.9%。

（6）走平衡木从高到低依次为：中班 93.7%、大班 93.1%、小班 87.6%。

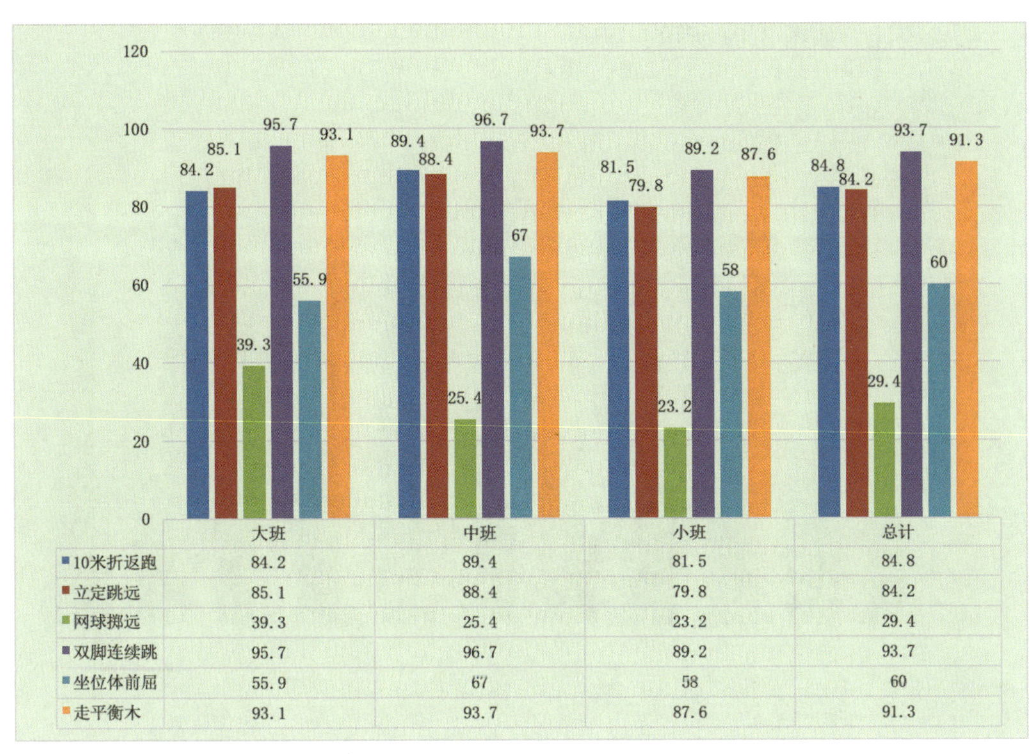

图 3.18　各年级组幼儿体测单项≥ 4 分得分率比较（%）

全园幼儿各单项成绩 ≥4 分得分率从高到低依次为：双脚连续跳 93.7%、走平衡木 91.3%、10 米折返跑 84.8%、立定跳远 84.2%、坐位体前屈 60%、网球掷远 29.4%。在成绩排序中可以看出，网球掷远在三个年级组都是成绩最差的项目，成绩提升空间很大。依据体测数据，提示保教人员在幼儿的日常体育活动中应着重加强上肢和腰腹肌肉力量的锻炼。此外坐位体前屈也是弱项，需要在循序渐进的过程中不断加强，逐步提高幼儿的身体素质。

2. 分年级组开展幼儿体测结果统计与分析（以大班组为例）

大班共计 10 个班级，应测幼儿人数 357 人，实测 349 人，测查率为 97.8%。其中优秀率为 57.9%，良好率为 29.8%，优良率达 87.7%，及格率为 12.3%，不及格率为 0%。各单项成绩分别统计分析如下：

结果统计，如图 3.19 所示：

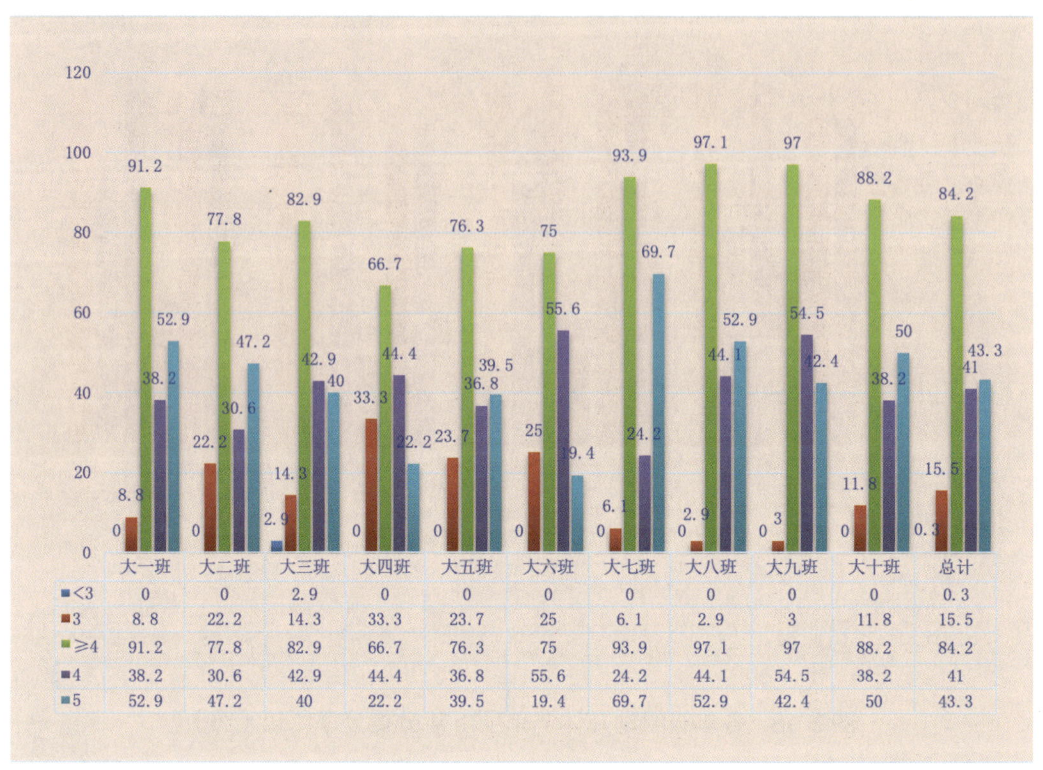

	大一班	大二班	大三班	大四班	大五班	大六班	大七班	大八班	大九班	大十班	总计
<3	0	0	2.9	0	0	0	0	0	0	0	0.3
3	8.8	22.2	14.3	33.3	23.7	25	6.1	2.9	3	11.8	15.5
≥4	91.2	77.8	82.9	66.7	76.3	75	93.9	97.1	97	88.2	84.2
4	38.2	30.6	42.9	44.4	36.8	55.6	24.2	44.1	54.5	38.2	41
5	52.9	47.2	40	22.2	39.5	19.4	69.7	52.9	42.4	50	43.3

图 3.19　大班幼儿 10 米折返跑成绩统计（%）

大班部幼儿 10 米折返跑 5 分得分率平均为 43.3%。各班级 5 分得分率从高到低依次为大七班 69.7%、大一班与大八班 52.9%、大十班 50%、大二班 47.2、大九班 42.4%、大三 40%、大五班 39.5%、大四班 22.2%、大六班 19.4%，最大差距达 50.3 个百分点。总体平均 4 分得分率为 41%，≥4 分得分率为 84.2%。大班组幼儿的本项体质测试成绩整体较好，个别班级得分较低者，保教人员要查找原因，以便进一步改进工作，促进幼儿全面发展。

结果统计，如图 3.20 所示：

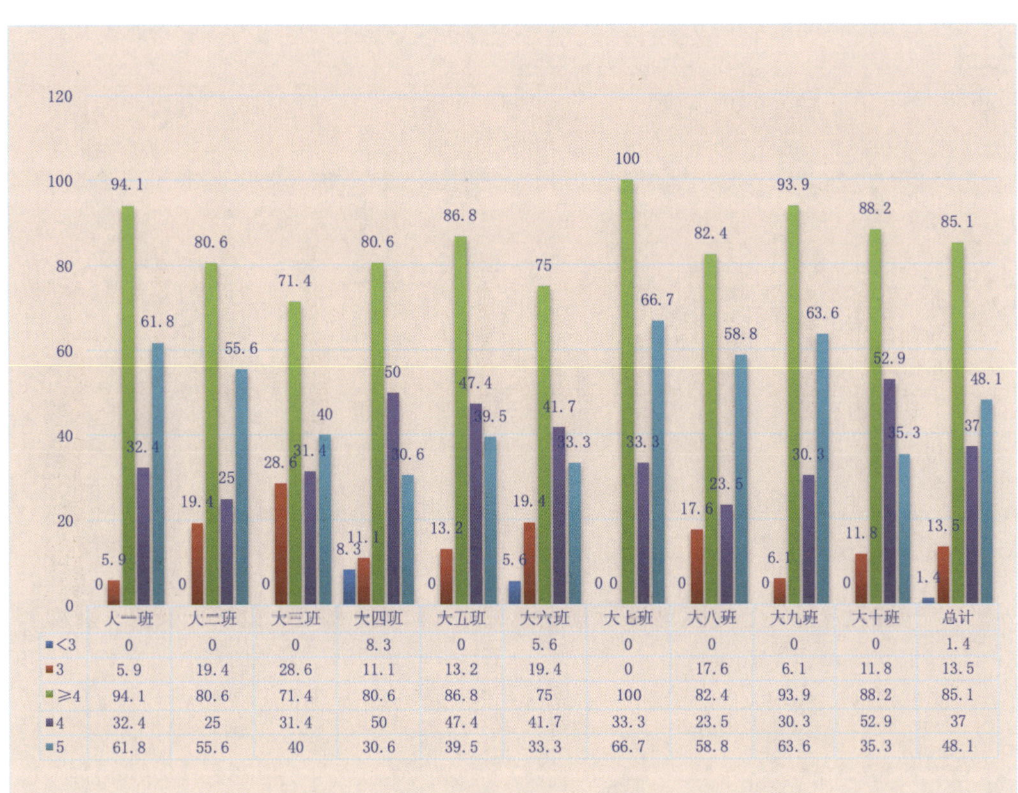

	人一班	人二班	大三班	大四班	大五班	大六班	大七班	大八班	大九班	大十班	总计
<3	0	0	0	8.3	0	5.6	0	0	0	0	1.4
3	5.9	19.4	28.6	11.1	13.2	19.4	0	17.6	6.1	11.8	13.5
≥4	94.1	80.6	71.4	80.6	86.8	75	100	82.4	93.9	88.2	85.1
4	32.4	25	31.4	50	47.4	41.7	33.3	23.5	30.3	52.9	37
5	61.8	55.6	40	30.6	39.5	33.3	66.7	58.8	63.6	35.3	48.1

图 3.20 大班幼儿立定跳远成绩统计（%）

大班组幼儿立定跳远的 5 分得分率为 48.1%。各班级 5 分得分率从高到低依次为大七班 66.7%、大九班 63.6%、大一班 61.8%、大八班 58.8%、大二班 55.6%、大三班 40%、大五班 39.5%、大十班 35.3%、大六班 33.3%、大四班 30.6%，最大差距达 36.1 个百分点。大班组幼儿 4 分得分占 37%，其中最高的是大十班 52.9%，最低的是大八班 23.5%。总体 ≥4 分得分率占 85.1%，其中大一班、大七班、大九班均在 90% 以上。最高的是大七班 100%，最低的是大三班 71.4%，两班相差 28.6%。该项目在大班组幼儿的测试成绩中相对较好，但班级之间存在较大的差异，成绩偏低的班级保教人员需要仔细讨论分析每一名幼儿的具体情况，为后续开展幼儿体育锻炼起到数据支撑作用。

结果统计，如图 3.21 所示：

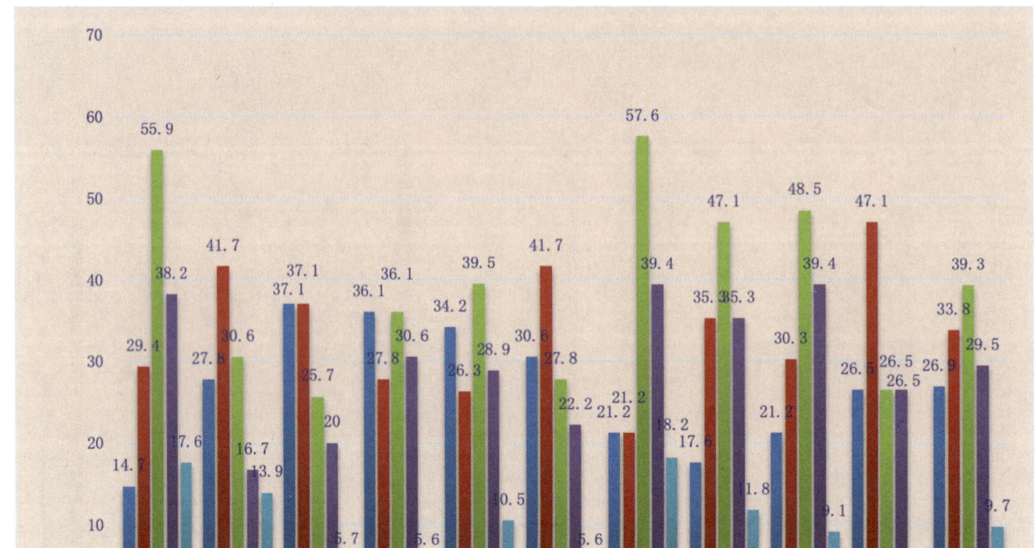

	大一班	大二班	大三班	大四班	大五班	大六班	大七班	大八班	大九班	大十班	总计
<3	14.7	27.8	37.1	36.1	34.2	30.6	21.2	17.6	21.2	26.5	26.9
3	29.4	41.7	37.1	27.8	26.3	41.7	21.2	35.3	30.3	47.1	33.8
≥4	55.9	30.6	25.7	36.1	39.5	27.8	57.6	47.1	48.5	26.5	39.3
4	38.2	16.7	20	30.6	28.9	22.2	39.4	35.3	39.4	26.5	29.5
5	17.6	13.9	5.7	5.6	10.5	5.6	18.2	11.8	9.1	0	9.7

图 3.21 大班幼儿网球掷远成绩统计（%）

大班组幼儿网球掷远的 5 分得分率为 9.7%。各班级 5 分得分率从高到低依次为大七班 18.2%、大一班 17.6%、大二班 13.9%、大八班 11.8%、大五班 10.5%、大九班 9.1%、大三班 5.7%、大四班与大六班均为 5.6%、大十班 0%，最大差距达 18.2 个百分点。大班组幼儿总体 4 分得分率为 29.5%，其中最高的是大七班与大九班为 39.4%，最低的是大二班 16.7%。总体 ≥4 分得分率为 39.3%，最高的班级是大一班 55.9%，最低的班级是大三班 25.7%，两班相差 30.2 个百分点。总体< 3 分的为 26.9%，3 分人数占比为 33.8%，3 分及< 3 的人数占到全年级组的 60.7%，此体能项目主要反映人体上肢和腰腹肌肉力量，提示保教人员在日常的户外活动中要重点加强幼儿上肢和腰腹肌肉力量的锻炼，设计适合的游戏运动，让幼儿在快乐的运动中得到相应锻炼。

结果统计，如图 3.22 所示：

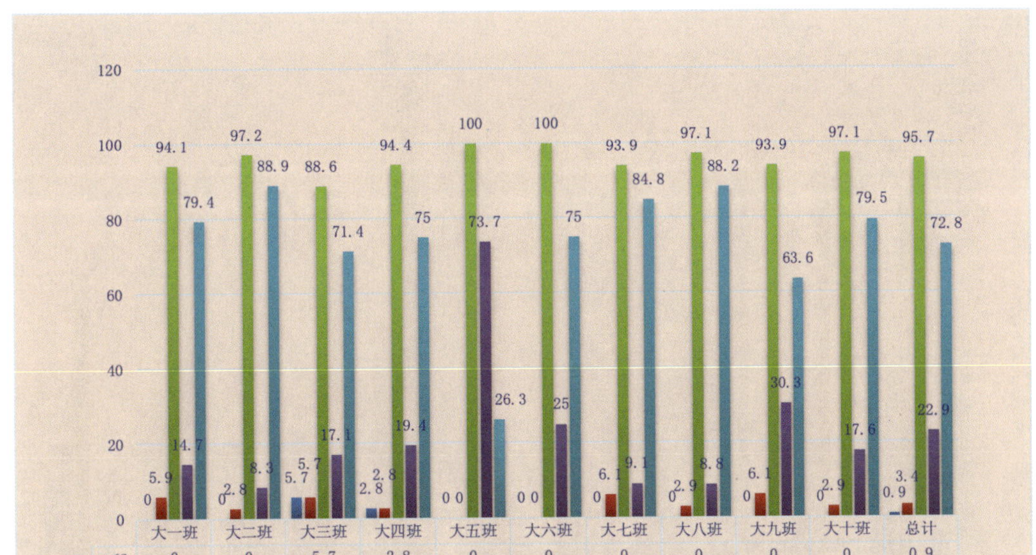

	大一班	大二班	大三班	大四班	大五班	大六班	大七班	大八班	大九班	大十班	总计
<3	0	0	5.7	2.8	0	0	0	0	0	0	0.9
3	5.9	2.8	5.7	2.8	0	0	6.1	2.9	6.1	2.9	3.4
≥4	94.1	97.2	88.6	94.4	100	100	93.9	97.1	93.9	97.1	95.7
4	14.7	8.3	17.1	19.4	73.7	25	9.1	8.8	30.3	17.6	22.9
5	79.4	88.9	71.4	75	26.3	75	84.8	88.2	63.6	79.5	72.8

图 3.22 大班幼儿双脚连续跳成绩统计（%）

大班组幼儿双脚连续跳的 5 分得分率为 72.8%。各班级 5 分得分率从高到低依次为大二班 88.9%、大八班 88.2%、大七班 84.8%、大十班 79.5%、大一班 79.4%、大四班与大六班均为 75%、大三班 71.4%、大九班 63.6、大五班 26.3%，最大差距达 62.6 个百分点。平均 4 分得分率为 22.9%，其中最高的是大五班 73.7%，最低的是大二班 8.3%。总体 ≥4 分得分率为 95.7%，其中大五班与大六班均为 100%，除大三班为 88.6% 之外，其余班级均在 90% 以上。总体< 3 分的得分率为 0.9%，3 分人数占比 3.4%，该项体质测试成绩总体较好，但班级之间仍有较大的差别，得分较低的个别班级保教人员需对成绩差的幼儿逐一进行详细分析，明确原因，积极改进，以便能促进幼儿全面发展。

结果统计，如图 3.23 所示：

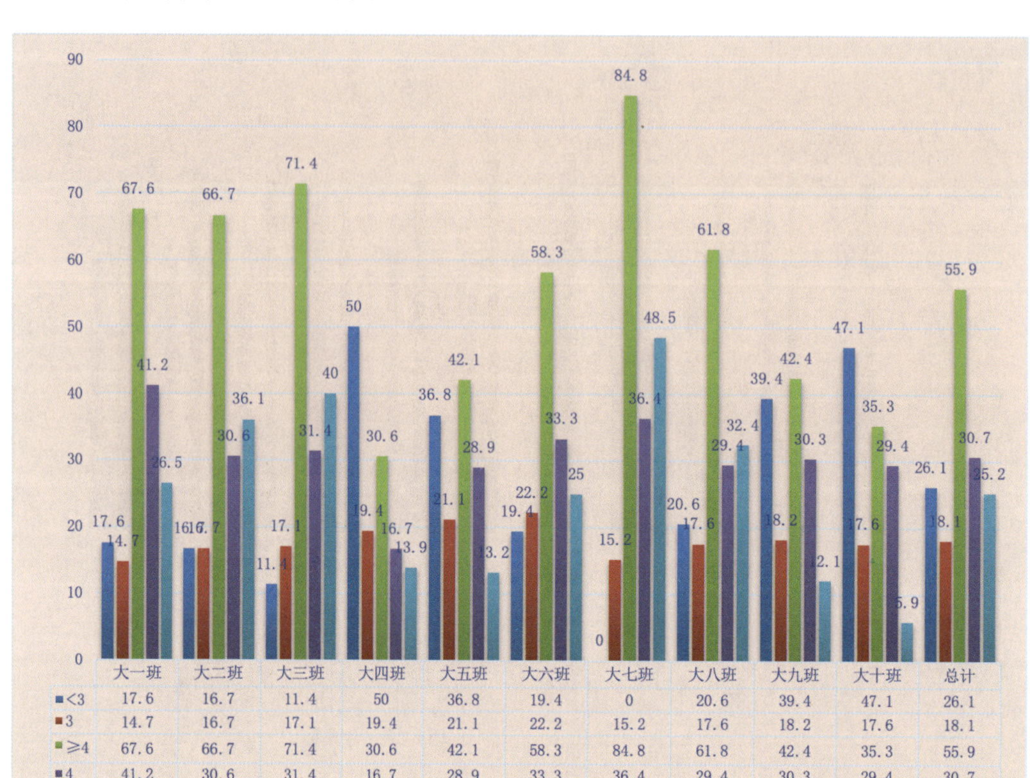

	大一班	大二班	大三班	大四班	大五班	大六班	大七班	大八班	大九班	大十班	总计
<3	17.6	16.7	11.4	50	36.8	19.4	0	20.6	39.4	47.1	26.1
3	14.7	16.7	17.1	19.4	21.1	22.2	15.2	17.6	18.2	17.6	18.1
≥4	67.6	66.7	71.4	30.6	42.1	58.3	84.8	61.8	42.4	35.3	55.9
4	41.2	30.6	31.4	16.7	28.9	33.3	36.4	29.4	30.3	29.4	30.7
5	26.5	36.1	40	13.9	13.2	25	48.5	32.4	12.1	5.9	25.2

图 3.23 大班幼儿坐位体前屈成绩统计（%）

大班组幼儿坐位体前屈的平均 5 分得分率为 25.2%。各班级 5 分得分率从高到低依次为：大七班 48.5%、大三班 40%、大二班 36.1%、大八班 32.4%、大一班 26.5%、大六班 25%、大四班 13.9%、大五班 13.2%、大九班 12.1%、大十班 5.9%，最大差距达 42.6 个百分点。年级组 4 分得分率平均为 30.7%，其中最高的是大一班 41.2%，最低的是大四班 16.7%。≥4 分人数占比为 55.9%，其中最高的是大七班 84.8%，最低的是大四班 30.6%。总体< 3 分人数占比为 26.1%，3 分人数占比为 18.1%。该项目在大、中、小班年级组对比中，是大班组的弱项，与幼儿不同年龄段有关，提示保教人员在日常体育活动中需加强大班年级组幼儿的柔韧性锻炼。

结果统计，如图 3.24 所示：

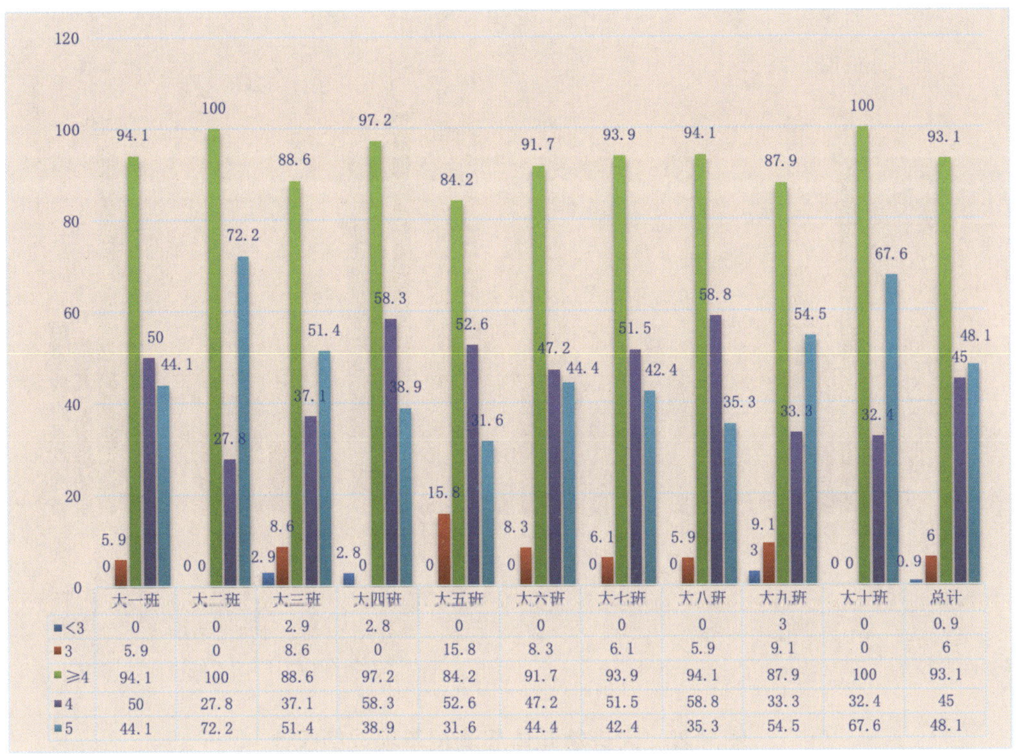

	大一班	大二班	大三班	大四班	大五班	大六班	大七班	大八班	大九班	大十班	总计
<3	0	0	2.9	2.8	0	0	0	0	3	0	0.9
3	5.9	0	8.6	0	15.8	8.3	6.1	5.9	9.1	0	6
≥4	94.1	100	88.6	97.2	84.2	91.7	93.9	94.1	87.9	100	93.1
4	50	27.8	37.1	58.3	52.6	47.2	51.5	58.8	33.3	32.4	45
5	44.1	72.2	51.4	38.9	31.6	44.4	42.4	35.3	54.5	67.6	48.1

图 3.24 大班幼儿走平衡木成绩统计（%）

大班组幼儿走平衡木的测试结果显示总体 5 分得分率为 48.1%。各班级 5 分得分率从高到低依次为大二班 72.2%、大十班 67.6%、大九班 54.5%、大三班 51.4%、大六班 44.4%、大一班 44.1%、大七班 42.4%、大四班 38.9%、大八班 35.3%、大五班 31.6%，最大差距达 40.6 个百分点。年级组总体 4 分得分率为 45%，其中最高的是大八班 58.8%，最低的是大二班 27.8%。≥4 分的人数占比平均为 93.1%，其中大二班、大十班均为 100%，最低的是大五班 84.2%。< 3 分人数占比为 0.9%，3 分人数占比为 6%，该项目测试成绩较好。

结果统计与分析，如图 3.25 所示：

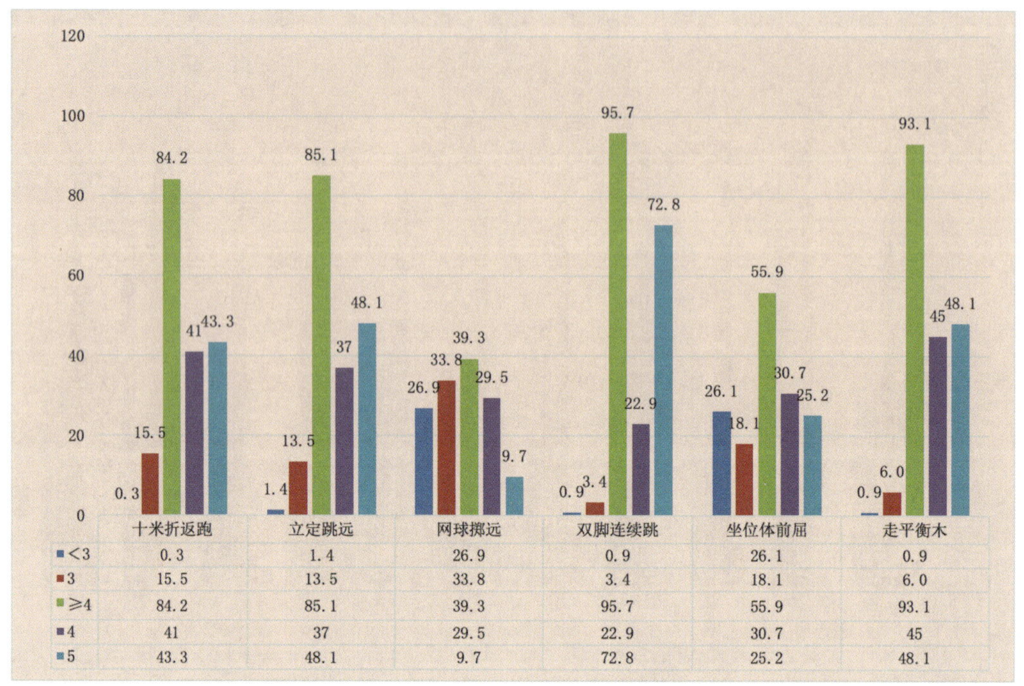

	十米折返跑	立定跳远	网球掷远	双脚连续跳	坐位体前屈	走平衡木
<3	0.3	1.4	26.9	0.9	26.1	0.9
3	15.5	13.5	33.8	3.4	18.1	6.0
≥4	84.2	85.1	39.3	95.7	55.9	93.1
4	41	37	29.5	22.9	30.7	45
5	43.3	48.1	9.7	72.8	25.2	48.1

图 3.25 大班幼儿体质测试单项成绩统计

从以上各单项测试成绩看，大班组 5 分得分率从高到低的项目依次为双脚连续跳 72.8%、立定跳远与走平衡木均为 48.1%、10 米折返跑 43.3%、坐位体前屈 25.2%、网球掷远 9.7%。≥4 分率从高到低依次为双脚连续跳 95.7%、走平衡木 93.1%、立定跳远 85.1%、10 米折返跑 84.2%、坐位体前屈 55.9%、网球掷远 39.3%。<3 分的得分率从高到低依次为网球掷远 26.9%、坐位体前屈 26.1%、立定跳远 1.4%、双脚连续跳与走平衡木均为 0.9%、10 米折返跑 0.3%。

综上所述，大班组幼儿在双脚连续跳和走平衡木中成绩较好，立定跳远、10 米折返跑项目成绩中等，坐位体前屈成绩中下，网球掷远成绩较差。一方面基于幼儿自身的身体素质以及年龄特点。腿部力量、跳跃能力、平衡能力达到最佳的一个年龄段，而幼儿勇敢的心理品质也影响着测查成绩。依据测试数据，提示各班级保教人员应在成绩中等及中下和较差的项目中加强相关锻炼，在户外活动及体育运动中设计合理的运动形式开展锻炼，促进幼儿的全面发展。

结果统计与分析，如图 3.26 所示：

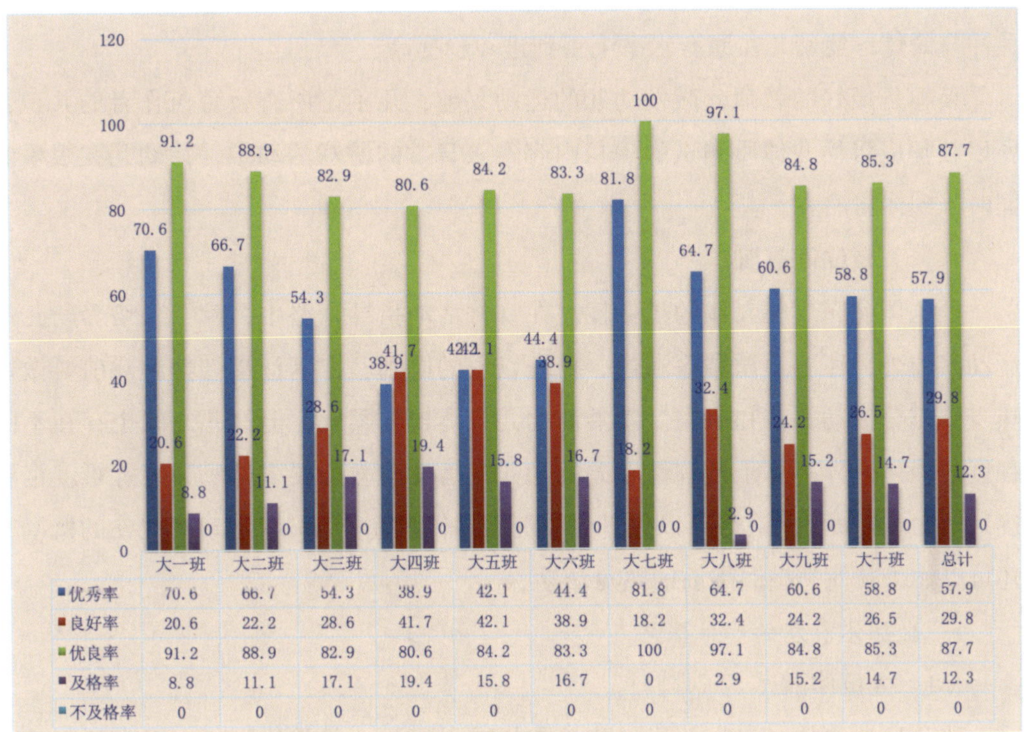

	大一班	大二班	大三班	大四班	大五班	大六班	大七班	大八班	大九班	大十班	总计
优秀率	70.6	66.7	54.3	38.9	42.1	44.4	81.8	64.7	60.6	58.8	57.9
良好率	20.6	22.2	28.6	41.7	42.1	38.9	18.2	32.4	24.2	26.5	29.8
优良率	91.2	88.9	82.9	80.6	84.2	83.3	100	97.1	84.8	85.3	87.7
及格率	8.8	11.1	17.1	19.4	15.8	16.7	0	2.9	15.2	14.7	12.3
不及格率	0	0	0	0	0	0	0	0	0	0	0

图 3.26　大班幼儿体质测试综合评级统计

大班组幼儿体质测试综合评价的优秀率为 57.9%，各班级的优秀率排名从高到低依次为大七班 81.8%、大一班 70.6%、大二班 66.7%、大八班 64.7%、大九班 60.6%、大十班 58.8%、大三班 54.3%、大六班 44.4%、大五班 42.1%、大四班 38.9%。全年级组优良率为 87.7%，其中大七班优良率达 100%、大八班 97.1%、大一班 91.2%，其余班级优良率未达到 90%，针对在测试中成绩不理想的项目，已提示班级保教人员要重点开展相应的体育活动，加强相关锻炼。

全园幼儿的体质测试数据均提供给园长、保教副园长、各年级组主任、各主班教师，用于保教工作计划和总结的数据支持。

五、幼儿体质测试分析与服务指导

全园幼儿体质测试成绩的具体分析可以反映幼儿的上下肢力量、平衡协调能力、灵敏性和柔韧性水平等，保健医可根据体测成绩找出全园及各年级组乃至各班级单项成绩较弱的项目及各班级某单项成绩较弱的幼儿（成绩低于 3 分的幼儿），根据目前存在的不足之处，向保教副园长和年级主任以及班级教师反馈，在后续的保教工作中，制订相应的工作计划，有的放矢，加强薄弱环节及对个别幼儿的关注与锻炼，使幼儿在原有水平上得到进一步提高。

兴趣是最好的教师，激发幼儿的运动兴趣，几乎是所有教育工作者的共识，所以教师应将幼儿体质测试的项目内容融入日常的游戏活动中，让幼儿在娱乐的同时得到体格锻炼。

（一）坐位体前屈

坐位体前屈反映人体的柔韧性。在日常活动指导策略中，除了要培养幼儿的运动兴趣外，还要遵循循序渐进、持之以恒的原则。在进行柔韧性游戏前要做好热身，充分活动关节和肌肉。学龄前幼儿身体比较柔软，但幼儿之间也存在不同程度的个体差异。对于柔韧性较差的幼儿在运动时教师要多鼓励，锻炼难度也要逐渐增加。柔韧性的锻炼可以促进身体健康和体型完美、减少运动时受伤的概率，还可以作为其他类型锻炼前的热身活动。

1. 坐位体前屈的动作锻炼

（1）立位体前屈

幼儿呈站立位，双脚并拢，膝关节伸直，腰部、背部放松，双手自然下垂，用手掌摸地。如手掌不能摸地，可用指尖触地。柔韧性差的幼儿可从摸膝盖、摸小腿、摸脚面循序渐进开展。

（2）坐位体前屈

幼儿呈坐位，双脚并拢，膝关节伸直，脚尖勾回，身体前屈双手手腕触碰脚尖。如不能手腕触碰脚尖，可用手指触碰脚尖。柔韧性较差的幼儿可从手指摸膝盖、摸小腿、摸脚面循序渐进开展。

（3）跨栏坐

幼儿呈坐位，双腿尽量左右分开，呈跨栏坐姿势，呼气，转体，上身前倾贴在一条腿上，双手扶在身体前倾一侧腿的踝关节前部。柔韧性较差的幼儿可从扶膝盖、扶小腿慢慢加大难度。

2. 坐位体前屈的游戏锻炼

（1）游戏《拉大锯》

两人对坐，双脚自然盘曲，双手对握，随儿歌节奏做拉锯似的前俯后仰动作。

锻炼幼儿的大腿韧带，培养幼儿的节奏感。儿歌："拉大锯，扯大锯，姥姥门前看大戏。你也去，我也去，大家一起去看戏。"

（2）游戏《荡船》

准备直径为20厘米，高为60厘米的海绵棒，旧毛巾若干绳子若干。用旧毛巾做成一个与海绵棒尺寸相符的套子，把海绵棒装进去缝好，在海绵棒的中间放一个小娃娃，让它坐着。把包装绳编成辫子系在海绵棒的两端，然后拴在悬着的钢丝上。游戏时两名幼儿面对面站好，互相推海绵棒，看谁推得又稳又高。

（3）游戏《双人坐推球》

两名幼儿面对面坐在地垫上，两腿伸直当"轨道"拿一个球在一条"轨道"上向前推动行驶到另一条"轨道"上，两名幼儿交互推动。游戏时可哼唱儿歌："小小球宝贝，你也推来我也推，推来推去真有趣。"游戏中保教人员注意指导幼儿腿尽量不弯曲。

（二）10米折返跑

10米折返跑反映人体的灵敏素质。部分保教人员把此项目的重点放在了"跑"字上，其实重点应在"折返"。幼儿需要在跑步的过程中进行加速、减速、转身、再加速、冲刺等一系列反应机体灵敏素质的动作。保健医通过分析幼儿10米折返跑测查情况时发现，起跑的快慢、迈步的频率、转身的速度以及运动轨迹是影响幼儿成绩的重要因素。因此保教人员应针对这些常见因素设计能指导幼儿解决相应问题的小游戏，还可以开展各种和10米折返跑类似的竞技类游戏。

活动前需要做好充分的热身和拉伸，活动间隔适当休息，避免受伤。同时，根据幼儿个体差异进行个性化指导，对能力较差的幼儿要时常鼓励，关注病后恢复阶段的幼儿，适当降低其运动强度，并且结合营养均衡的膳食和良好的作息，才能够更好地提高幼儿10米折返跑的能力。

1. 游戏《谁的耳朵灵》

可锻炼幼儿听口令后的反应能力。游戏时可根据场地面积情况，全体幼儿一起或分组进行。幼儿听到教师"开始"口令后进行原地跑，比一比大家的反应速度。口令也可以是各种小动物的叫声，或者生活中任何幼儿感兴趣的声音等。

2. 游戏《网鱼》

能锻炼幼儿的转身速度。准备带长杆的渔网一个。游戏时在平坦的场地上画一个大圆圈作为鱼塘，幼儿扮演小鱼。儿歌唱起时幼儿开始在鱼塘里游来游去，当儿歌唱到“快快游”的时候，教师手持渔网开始捕鱼，渔网罩到谁的头上即被捕到。儿歌：“小鱼小鱼水里游，游来游去点点头，渔网来了捕小鱼，小鱼小鱼快快游。”

3. 游戏《美丽彩虹》

该游戏可以锻炼幼儿的灵敏性，增强其竞技意识。游戏需准备 30 厘米 ×30 厘米的纸板 28 块，纸板一面分别涂上红、橙、黄、绿、青、蓝、紫 7 种颜色。游戏时将幼儿分为人数相等的 4 队（红队、橙队、黄队、绿队）站在起点处，折返点是四列涂有颜色的纸板，每列纸板摆放按照红、橙、黄、绿、青、蓝、紫的颜色排序，纸板前、后间隔 30 厘米，纸板涂有颜色的一面向下。哨声响，游戏开始，每队第 1 名幼儿从起点快速跑到折返点处，将本队对应列的任意一块纸板翻面后迅速跑回队尾，本队第 2 名幼儿即可出发，以此类推。先翻开本队 7 块纸板变成“美丽彩虹”的小队即为获胜。在游戏过程中，幼儿每次只能翻一块纸板，且只能翻自己队对应的 7 块纸板，在折返点翻完纸板的幼儿要快速回到队尾排队等候。

（三）立定跳远

立定跳远反映人体的爆发力。完整的立定跳远动作由预摆、起跳、腾空、落地四部分组成。幼儿在立定跳远时，主要要求腿部爆发力和腰腹部力量以及全身协调性的配合，当然也离不开技术动作本身。幼儿如果能掌握好摆臂起跳和蹬地的连贯性，身体协调性好，立定跳远就会跳得远。

1. 立定跳远四个分解动作

（1）手臂预摆

在立定跳远之前预先摆动手臂有助于维持身体在起跳过程中的平衡状态，帮助幼儿控制身体重心，防止在起跳环节身体倾斜。因此保教人员在指导过程中注意幼儿的双腿应微微弯曲、呈简单扎马步姿势、手臂垂放身侧并自然摆动。

（2）起跳

在起跳环节，幼儿双腿应带动身体用力蹬地离开地面，随后形成抛物线运动，完成跳跃。事实上，该环节也是幼儿完成远距离立定跳远的关键。保教人员应重视该环节的动作技能，指导幼儿先将力量集中在双脚上，再用力蹬地。在蹬地的基础上，有意让双臂向身后摆动，借助双臂的摆动力量为双脚起跳动作增加力量。在起跳过程中，保持身体放松，避免过于紧张或僵硬。

（3）腾空

腾空动作是立定跳远动作练习中技术含量与操作难度较大的一个动作，幼儿只有最大限度实现身体放松，才能保持腾空的质量，达到最佳的跳远效果，但腾空效果的保持受幼儿主观意识影响较为严重。因此保教人员应注重对幼儿腾空动作的指导，同时还应帮助幼儿调整主观意识，使其放松身体、减少对腾空的畏惧感，规范并保持动作的正确性。

（4）落地

落地是立定跳远运动中最后一个关键动作，是从空中回归地面的动作，该动作的规范与否既关系着立定跳远的距离远近，也关系着脚踝等部位的健康，若幼儿落地存在力度不合理、动作不规范等问题，极易造成脚踝扭伤，严重影响运动安全。保教人员应该指导幼儿通过屈膝减少缓冲，保证脚跟先着地、脚掌后着地，指导幼儿通过小腿动作的变化完成落地动作“脚跟到脚掌的过渡”。

2. 立定跳远动作锻炼

（1）纵跳摸高

在合适的高度悬挂一些玩具，让幼儿去摸。组织幼儿依次站在玩具下方保持半蹲预备姿势，手臂向上自然举起，在双腿蹬地跳跃的同时向上方摸悬挂的玩具，感受手臂为跳跃带来的力量，同时锻炼踝关节力量。如集体游戏“摸星星”“小猴摘桃子”等。

（2）连续摆臂踝跳

保教人员指导幼儿做跳跃动作，要求幼儿在起跳后保持直腿状态，并在落地瞬间通过脚踝发力，配合手臂的上举继续向上前方跳跃，引导他们在此过程中感受手臂力量带动身体的技巧，增强其摆臂与踝关节运动的协调性。

（3）蹲跳起

双脚左右开立，脚尖平行，屈膝向下深蹲或半蹲，两臂向后摆，然后两腿迅速蹬伸，使髋、膝、踝三个关节充分伸直，同时两臂迅速有力地向前向上摆动，最后用脚尖蹬离地面向上跳起，落地时用前脚掌着地屈膝缓冲，接着再跳起。如集体游戏“小火箭飞上天”“放鞭炮”等。

（4）单脚交换跳

上身保持正直，膝部伸直，两脚交替向上跳起。跳跃时主要是用踝关节的力量，用前脚掌快速蹬地跳起，离地时脚面绷直，脚尖向下。如集体游戏“受伤的小鸟”“钟表嘀嗒走”等。

（四）网球掷远

投掷是一种同时运用小肌肉和大肌肉的复合型运动，与幼儿的肌肉力量、关节灵活性和韧带的弹性等有着密切的关系，反映人体的协调性和下肢肌肉力量。掌握投掷动作需要身体的整体配合，看似简单地将物体向前上方投出，却包含挥臂、转体、身体前倾等多种运动模式，是需要在反复练习中掌握的一项全身运动。投掷能够提高身体柔韧性，增强上肢、腰部、腹部等的肌肉力量。

网球掷远是幼儿园体质测试项目中成绩最弱的一项，通过日常观察发现，投掷时掌握合适的出手角度与出手时机，直接关系到投掷物前行的方向与距离。投掷物出手早，角度就大，投掷距离就较远；相反，投掷物出手晚时角度就小，投掷距离就较近。日常活动中保教人员应设计符合幼儿年龄特点、深受幼儿喜爱的投掷游戏。

1. 游戏《看谁投得远》

准备小沙包或自制纸球（要有一定重量），设置红、黄、蓝三条彩线（其他颜色均可）分别摆在距离准备线 5 米、6 米、7 米远的地方固定。游戏时让幼儿站到准备线上，做好准备姿势，听到口令后用力往远处投，看谁投得远（游戏过程中保教人员要注意纠正幼儿的投掷姿势）。

2. 游戏《击响》

准备挂有小铃铛的软体玩具、小沙包或自制纸球。游戏时把挂有铃铛的玩具悬挂在适当的高度，幼儿站在距离悬挂物 4 ～ 5 米的地方，用小沙包或自制纸球投击悬挂物（因为投中后铃铛能发出声音，更能激发幼儿的投掷兴趣）。

3. 游戏《套圈》

准备套圈若干、玩具若干。游戏时把玩具依次摆好，指导幼儿轮流用套圈一个一个向前投，看谁玩具套得准、套得多。游戏开始时可让幼儿离被套的玩具近一点，让幼儿容易套中，增强其信心，然后逐渐增加距离，加大难度，让幼儿体验挑战的快乐。

（五）走平衡木

走平衡木主要反映人体的平衡能力，它是幼儿运动和生活中一项必备的身体素质。通过观察发现，幼儿克服胆怯心理和提高走步速度是走平衡木的重点和难点，而两者都依赖于一个重要原则：循序渐进。所以日常开展平衡能力锻炼时要从走线、走马路牙子、走木桥和木桩等逐步进行。

幼儿平衡力的锻炼和游戏都具有一定的风险，保教人员需要注意幼儿的安全问题。在锻炼和游戏中一定注意看护好幼儿，保证幼儿的安全，同时注意培养其兴趣，还要注重发展幼儿的心理素质，这就要求教师设计有针对性的游戏，组织幼儿坚持锻炼并在游戏中培养幼儿自信、勇敢的品质。

1. 游戏《顶物运输》

准备一本书或者一个小篮球，在地上画两条直线，设置起点和终点，孩子头顶一本书或一个小篮球站在起点，沿直线将头上的物品送到终点，如果掉下来则回到起点重新开始。直线运输毫无难度时，可以将直线改为圈线。

2. 游戏《蒙眼过桥》

在空地上画出两条平行的直线，称为独木桥，开始时两眼睁开站立在独木桥的一端，并注意地面上独木桥的走向，然后闭上眼睛站立，并向前方独木桥行走。

3. 游戏《金鸡独立》

地上画直径 20 厘米的圆圈，幼儿单脚站立在圆圈内，保持身体平衡，另一只脚不落地，进阶模式增加难度，可以在单脚站立的同时闭上双眼。

（六）双脚连续跳

双脚连续跳反映人体的协调性和下肢力量。连续跳可以增强幼儿体质，有助于幼儿的生长发育，是跳绳等运动的基础，可以提高幼儿对体育活动的兴趣。双脚连续跳的动作要领：双脚并拢，膝关节微屈，脚尖起跳且上肢有节奏地前后摆动，积极带动身体向前上方跳起，躯干稍前倾，落地时前脚掌着地，积极缓冲。通过日常观察发现影响幼儿成绩的因素主要是没有完全掌握双脚连续跳的基本方法，腿部力量不足、动作协调性不够、勇气不佳导致双脚无法同时从地面起跳。

1. 腿部力量锻炼

（1）拉跳

教师和幼儿面对面拉着手，选择台阶或楼梯，让幼儿从高处往下跳。锻炼时要从易到难，让幼儿找到双脚跳的感觉，培养幼儿的勇气。

（2）触物跳

引导幼儿双脚同时向上纵跳触摸铃铛、水果模型或教师的手等，让幼儿体会双脚同时向上跳的动作。

（3）跳跃游戏《剪刀、石头、布》

引导幼儿两人一组，跳跃着玩剪刀、石头、布，锻炼幼儿腿和脚的灵活性。

2. 运动协调性锻炼

（1）多给幼儿创造户外攀、爬、钻的机会，多让幼儿奔跑、蹦跳。

（2）可在班级运动区投放羊角球，羊角球可让孩子在短时间内锻炼腿部肌肉并能以“跳跃”“旋转”等方式进行全身运动，大大促进前庭感觉和运动感觉的发育，提高身体和动作的协调性。

3. 利用角色扮演在情景游戏中锻炼

（1）游戏《我是运动员》

准备 10 本书，将书放在起点，开始口令传达后，幼儿拿起一本书放于后背，手脚爬行 4 米，把书运输到对面的终点处，返回时再双脚连续跳回起点。

（2）游戏《小袋鼠搬家》

准备两个小玩偶或自制纸球，设置起点和终点，开始口令传达后幼儿双腿夹住玩偶（纸球）双脚连续向终点跳跃，跳跃时保证双腿间玩偶（纸球）不能掉落，如掉落重新开始。

（3）游戏《小兔跳跳跳》

准备沙包或软积木若干，在平坦宽阔的场地每隔 0.5 米处放沙包（软积木），在距离第一标志物 20 厘米处设起跳线，开始口令传达后幼儿双脚并拢从起跳线连续向终点跳跃。跳跃时注意指导幼儿每次只能越过一个沙包（软积木），且尽量跃起时不要踩踏或踢翻沙包（软积木）。

（白雪娣）

第四章 膳食管理与服务保障

幼儿膳食平衡是维持幼儿生长发育的必要条件，对幼儿健康发展极为重要。强化幼儿园膳食管理与服务，关注幼儿在园饮食营养均衡，是促进幼儿园保教活动顺利开展，提升保教质量的有力保障。因此，幼儿园要加强各环节的制度保障和组织规范，强化教职工服务意识，以政策为引领，管理措施环环相扣，层层递进。通过科学膳食管理，合理制订膳食计划；规范食品安全管理，增强全面制度支持；加强集体幼儿进餐护理，关注个体幼儿进餐指导等途径加强膳食管理与服务，全面促进幼儿营养均衡，助力幼儿健康体质培养。

第一节 幼儿科学膳食

3～6岁幼儿处于生长发育的关键时期，其生长发育的特点是新陈代谢旺盛，身高增长速度大于体重增长速度；神经系统发育迅速，脑的重量已接近成人；对蛋白质、钙的需求较高。随着幼儿年龄的增长，运动量不断增加，热量的消耗亦增加。因此，科学合理的膳食是保证幼儿健康成长的基础，可以有效满足幼儿对营养的需求。通过合理选择及应用，促进幼儿生长发育，保证幼儿身心健康成长。

一、幼儿科学膳食的意义

科学膳食是幼儿健康成长的重要物质基础，其意义主要有以下几个方面。

（一）促进幼儿健康成长

幼儿园膳食主要包括谷薯类、蔬菜、水果，还有一些动物食品类（禽畜肉蛋）、豆类及制品，通过科学合理的食物调配，可以为幼儿提供营养素种类齐全、数量充足、比例合适的膳食，满足幼儿生长发育所需的各种营养素，如蛋白质、脂肪、碳水化合物、维生素和矿物质等，促进幼儿身体健康成长。

（二）培养良好饮食习惯

幼儿时期饮食习惯非常重要，科学膳食可以让幼儿接触到多样化的食物。面对挑食、偏食的幼儿，老师会进行引导，介绍不同食物带来的营养，鼓励尝试不同食物，从而帮助幼儿养成良好的饮食习惯。

（三）提高免疫力和身体素质

科学膳食中的营养素能够增强幼儿的免疫力，提高幼儿抵抗力。同时，合理的膳食搭配还可以改善幼儿的消化功能，促进新陈代谢，提高幼儿身体素质和整体健康水平。

（四）预防营养相关疾病

幼儿期是预防营养相关疾病的重要时期。通过科学膳食，可以避免幼儿出现营养不良、肥胖、贫血等营养相关疾病，为他们的健康打下坚实的基础。

二、科学膳食管理

幼儿园是幼儿成长的主要场所，必须把保护幼儿生命安全、促进幼儿健康成长放在工作的首位。根据《北京市托幼机构卫生保健工作常规》中的相关要求，幼儿园对幼儿膳食进行科学管理。

（一）建立健全膳食管理制度

1. 完善膳食管理各项制度

膳食管理制度的完善是幼儿园食品安全的重要保障。通过完善食品采购制度、加工制度、存储制度、配送环节管理等制度，使幼儿园膳食管理更加科学、规范，确保食品安全的同时，也防止食物中毒等风险的发生，为幼儿健康成长提供了安全的保障。

2. 积极发挥膳食委员会作用

膳食委员会成员由园长、保健人员、食品卫生管理员、保教人员、炊事人员、财会人员及家长代表组成，膳食委员会每月召开一次会议，幼儿园充分利用膳食委员会交流平台，收集膳食方面的意见和建议，让膳食管理更加科学有效。

召开会议前，幼儿园下发《膳食委员会会前意见征集统计表》（见表4.1所示），委员们通过各种渠道听取意见并进行填写。组织者会将征集到的意见进行汇总，根据问题确定会议的议题。会上，大家一起探讨解决问题的方法，提出合理化建议。

每学期幼儿园还会下发《幼儿餐饮质量满意度调查表》（见表4.2所示），收集对餐饮质量、种类选择、膳食搭配、烹饪方法等方面意见，根据统计结果整理相关问题并召开膳食委员会。在膳食委员会上，保健医认真听取每位成员的意见及建议，合理调整食谱，让膳食更加营养健康。

表4.1 膳食委员会会前意见征集统计表

部门：

饭菜搭配的意见	饭菜制作的建议	饭菜量是否合适	幼儿食谱的其他意见

表4.2 幼儿餐饮质量满意度调查表

为不断提高幼儿园食堂的饭菜质量，保健室精心设计了此项问卷，请各位家长认真填写，以便我们对食堂进行更好的监督与管理，从而保障全园幼儿的饮食营养与安全。

1. 您与幼儿的关系是：

A. 母子（女） B. 父子（女） C. 爷（奶）孙

2. 您对我园幼儿餐饮质量的总体满意度如何？

A. 非常满意 B. 满意 C. 一般 D. 不满意

3. 您对我园幼儿膳食营养搭配满意吗？

A. 非常满意 B. 满意 C. 一般 D. 不满意

续表

4. 您对我园幼儿饭菜的种类选择满意吗？ A. 非常满意　B. 满意　C. 一般　D. 不满意 5. 您对我园幼儿食堂的烹饪方法满意吗？ A. 非常满意　B. 满意　C. 一般　D. 不满意 6. 请写出幼儿在幼儿园内喜欢吃的菜肴、主食： ______________________________ 如有其他建议和意见，请在此说明： ______________________________ ______________________________

（二）膳食费用合理使用

为确保幼儿膳食费全部用于幼儿膳食，幼儿园采取专款专用、计划开支、合理使用等措施，每月进行结算，并向家长公布账目，保证费用的透明度，让家长对费用支出更加明确。通过计划开支，幼儿园确保每学期的膳食费收支盈亏不超过2%。

（三）食品进行严格管理

幼儿食品应符合卫生、安全、富含营养、有利于消化吸收的要求，在具有《食品生产许可证》或《食品流通许可证》的单位进行采购。因此，食品进货前必须进行采购查验及索票索证，建立食品采购和验收记录，做好出入库账目登记。

为确保幼儿园食品卫生安全，幼儿园会在各个流程加大管理力度。发现不符合标准的货物，立刻退回，将一切安全隐患排除到园外。

在食品储存方面，食堂将需要保存的食品严格按照储存标准进行分类，避免食品出现变质、发霉的现象，同时缩短供货周期，拒绝一次性大量进货、长时间存放的情况，保障食品新鲜度。

（四）合理安排进餐时间

依据《中国居民膳食指南2022》，结合《北京市托幼机构卫生保健工作常规》要求，幼儿园确保正餐每餐间隔时间为3.5～4小时，每餐的进餐时间为20～30分钟；加餐与正餐之间间隔1.5～2小时。在一日生活中保证幼儿按需饮水，每日上、下午集中饮水各1～2次，保证每次饮水量100～150毫升，并根据季节变化酌情进行调整。

（五）准确统计就餐人数

食堂每天准确统计各班就餐人数（班级食物过敏及清真膳食幼儿单独标记上

报），做到不多报、不漏报。炊事员根据各班当天上报的实际就餐人数按量、按食谱进行精细制作，做到少剩饭（主食量最好控制在 5% 以内）、不浪费。

（六）关注特殊幼儿需求

在统计与调查中如果发现特殊幼儿，如贫血、营养不良、食物过敏等，幼儿园会根据园所条件主动作为，如在主食制作中会添加坚果及牛奶来丰富食材种类及提高营养；部分幼儿存在牛奶及坚果过敏情况，幼儿园会在制作过程中为牛奶过敏、坚果过敏幼儿单独制作；有些幼儿对海产品过敏，在菜肴的制作上幼儿园也会为海鲜过敏及清真膳食幼儿单独进行制作等，让这些幼儿身体健康成长得到满足。

（七）加强健康教育与宣传

1. 加强班级教师培训

为了让教师了解膳食知识，更好地对幼儿进行引导，保健室加强了对教师培训。如：为了加强幼儿进餐护理，保健室组织了保育员和教师进行进餐护理专题培训，从食谱制作、分餐、进餐环节的注意事项、特殊儿童进餐护理等逐一进行讲解，提高护理水平。

2. 进班宣教

为了加强幼儿对膳食营养的认识，保健医参与班级营养知识科普工作，根据一餐的菜肴搭配为幼儿介绍本餐菜肴的食物种类、营养价值，使幼儿了解营养均衡的重要性；通过图片、故事等引导幼儿了解健康饮食的重要性。

3. 创设营养专栏

为了发挥环境育人作用，保健室指导教师在班级内创设膳食营养专栏，让幼儿认识食物金字塔、了解食物分类、食材选择等知识，如图 4.1 和图 4.2 所示。

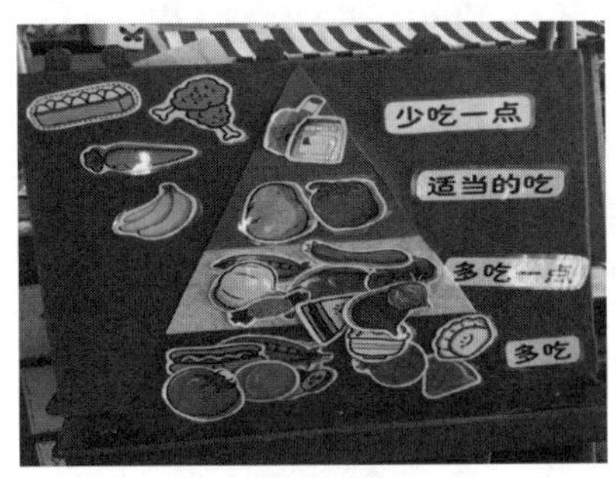

图 4.1 食物金字塔

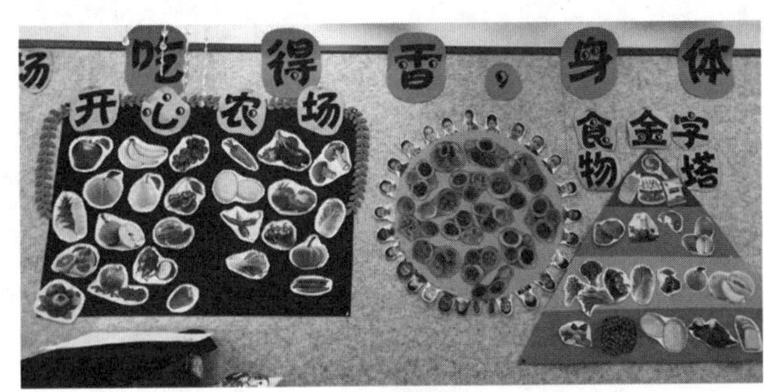

图 4.2 营养宣传栏

4. 组织食谱播报活动

为了激发幼儿进餐食欲以及了解每餐食物中的营养，中大班幼儿餐前进行食谱播报活动，在播报中，幼儿不仅介绍菜品名称还会在家长或老师的帮助下简单介绍食物搭配和营养成分，通过食谱播报活动，幼儿逐渐了解科学膳食的搭配原则，从而对膳食产生兴趣，增进食欲，促进幼儿健康成长。

5. 创设种植区

由于家庭的养育方式不同，部分幼儿存在挑食、偏食等不良饮食习惯。为了改善这种情况，从健康角度出发，幼儿园专为幼儿设立了“紫荆小农场”，让幼儿通过播种、松土、浇水等活动观察蔬菜的生长，了解蔬菜的生长过程。通过参与择菜等体验活动，感受食堂叔叔阿姨工作的辛苦，从而间接改善挑食、偏食的不良饮食习惯，如图 4.3 至图 4.6 所示。

图 4.3　紫荆小农场

图 4.4　播种、松土、浇水

图 4.5　观察蔬菜的生长

图 4.6　餐盘里的收获

6. 通过多种形式进行宣传

为做好“均衡营养、科学膳食”的宣传及家庭膳食营养的指导工作，幼儿园通过微信、公众号、美篇等形式，向家长推送关于食品安全、食物选择、膳食搭配、餐饮制作等膳食营养介绍；通过宣传栏张贴每周食谱让家长了解膳食制作及营养情况。通过多种形式的宣传，让家长感受到幼儿园对膳食管理、食品安全的重视，从而使家长对幼儿在园内的饮食安心、放心，对家庭饮食的制作和搭配也有所帮助，如图 4.7 至图 4.9 所示。

图 4.7 公众号宣传

图 4.8 美篇宣传

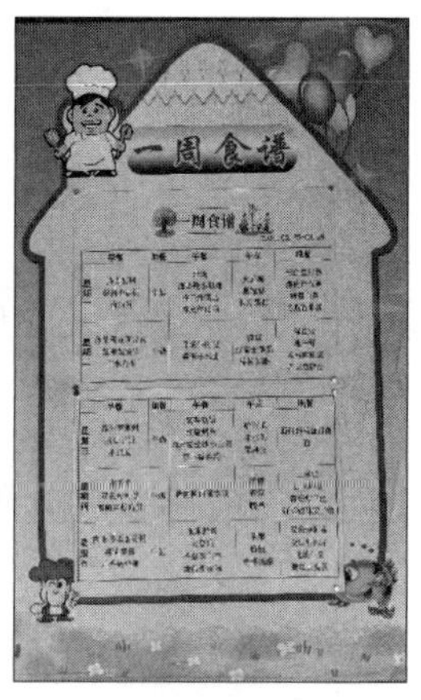

图 4.9 宣传栏宣传

（八）加强家园合作

家庭教育在幼儿成长中起着至关重要的作用。在膳食管理中，幼儿园与家长保持密切沟通，了解幼儿在家中的饮食习惯和爱好。通过膳食委员会鼓励家长参与膳食管理工作；通过班级开放日让家长了解幼儿园膳食管理情况；通过品尝幼儿园制作的美食、参观食堂等活动，加强家园合作，共同促进幼儿的健康成长。

三、科学膳食的实施方法

幼儿园膳食要在符合食品安全卫生的基础上，通过选用丰富且适合幼儿食用的多种类食物、制订可行的膳食计划、按照幼儿营养需要量，运用食物替换的方法、搭配且遵循营养素能量配比及要求制定每周带量食谱，每月进行有效的营养计算分析，通过多方面的配合与实施做到满足幼儿的营养需求。具体实施方法有以下几个方面。

（一）精确掌握幼儿一日所需营养量

营养是人体为了维持正常生理、生化、免疫功能以及生长发育、新陈代谢等生命现象而摄取和利用食物的综合过程。幼儿时期是孩子生长发育的关键时期，与婴儿期相比，幼儿时期代谢旺盛、活动量大，需要的能量、蛋白质及各种营养素的比例更高，日常膳食中的食物能提供种类齐全的各种营养素，但是没有一种食物所含营养素是全面的。精确掌握一日所需营养量，能够确保身体获得足够的蛋白质、矿物质、维生素等营养，在增强免疫力的同时预防营养不良等疾病的发生。

幼儿园保健室根据《2 ～ 5 岁学龄前儿童每日各类食物每天摄入量》制订合理的膳食计划，如表 4.3 所示，建议每天摄入 12 种以上食物，每周摄入 25 种以上食物。

表 4.3 2~5 岁学龄前儿童每日各类食物每天建议摄入量

食物	2 ～ 3 岁	4 ～ 5 岁
谷类 /g	75 ～ 125	100 ～ 150
薯类 /g	适量	适量
蔬菜 /g	100 ～ 200	150 ～ 300
水果 /g	100 ～ 200	150 ～ 250
畜禽肉鱼 /g	50 ～ 75	50 ～ 75
蛋类 /g	50	50
奶类 /g	350 ～ 500	350 ～ 500
大豆（适当加工）/g	5 ～ 15	15 ～ 20
坚果（适当加工）/g	—	适量
烹调油 /g	10 ～ 20	20 ～ 25
食盐 /g	<2	<3
饮水量 /ml	600 ～ 700	700 ～ 800

注：中国营养学会 . 中国居民膳食指南 2022[M]. 北京；人民卫生出版社，2022

（二）合理制订膳食计划

幼儿园膳食计划是幼儿园保健室根据幼儿生理需要，以《北京市托幼机构卫生保健工作常规》《中国居民膳食指南》《中国居民膳食营养素参考摄入量》为参考，根据各类食物每日参考摄入量而制定的。

在膳食计划中，保健室根据幼儿营养的需要选择食物种类、数量，结合膳食费用，参照膳食营养素参考摄入量（DRIs）标准、各类食物每日参考摄入量，依据《北京市托幼机构卫生保健工作常规》中膳食相关要求，结合幼儿进食量、营养计算的结果以及当时市场供应情况、物质条件、饮食习惯等方面，定出谷类、干豆类、肉类、蛋类、鱼虾蟹贝类、蔬菜类水果类等的具体用量，以满足幼儿每日对营养素的需要（见表 4.4 所示）。

在制定计划时，保健室首先注意了解本季节市场食品供应情况，按营养需要选择每天所需要的食品种类并计划数量，保证各种营养素之间的正确比例。其次，根据幼儿膳食费标准来计划每天各类食品的进食量，满足幼儿营养需要。最后，在选择食品和烹调加工方式上注意选择适合幼儿消化功能的、品种多样化的食物；选择易于幼儿咀嚼、吞咽和消化的烹调方式，讲究色、香、味、形，从而提高幼儿的食欲。

表 4.4 膳食计划表格

类别	每人每日用量（克）	能量(kcal)	蛋白质（克）	钙(毫克)	维生素A（微克）	每人每月用量（克）	每月所需费用（元）	全园每月用量（斤）	全园每周用量（斤）
谷类及制品									
薯类、淀粉及制品									
干豆类及制品									
蔬菜类及制品									
菌藻类									
水果类及制品									
坚果、种子类									
畜肉类及制品									
禽肉类及制品									
乳类及制品									
蛋类及制品									
鱼虾蟹贝类									
速食食品									
糖、蜜饯类									

续表

类别	每人每日用量（克）	能量(kcal)	蛋白质（克）	钙(毫克)	维生素A（微克）	每人每月用量（克）	每月所需费用（元）	全园每月用量（斤）	全园每周用量（斤）
油脂类									
调味品类									
其他									
编制日期	营养素	人均摄入量			DRIs			比较（%）	
年 / 月 / 日	能量（千卡）								
	蛋白质（克）								
	钙(毫克)								
	维生素A（微克）								

（三）科学制定带量食谱

食谱是制作膳食的依据。幼儿园在制作膳食时既要保证幼儿营养量的摄入达到要求，又要做到不剩饭。因此，需要在花样食谱的基础上制定带量食谱，把膳食计划中各类食物的每周用量全部反映在食谱中，定出每餐或者每日每人所需的各种食物原料用量。在制定带量食谱时保健室做到以下几个方面。

1. 膳食配制的原则

依照《北京市托幼机构卫生保健工作常规》《中国居民膳食指南（2022）》中对于学龄前儿童膳食指南关键五条推荐进行膳食配备。

（1）规律就餐，自主进食不挑食，培养良好的饮食习惯。

（2）每天饮奶，足量饮水，正确选择零食。

（3）食物合理烹调、易于消化、少调料、少油炸。

（4）参与食物选择与制作，增进对食物的认知与喜爱。

（5）经常户外活动，保障健康生长。

2. 三大营养素能量配比

制定带量食谱时要遵循热量分配、满足三大营养素的供热比，根据膳食宝塔、

2～5岁儿童各类食物每天建议摄入量，按照幼儿的年龄及一定比例适量分配到一日三餐中。

（1）蛋白质供热比

学龄前儿童生长发育每增加1kg体重约需要160g蛋白质积累，蛋白质提供的能量占总能量的12%～15%，其中来源于动物性食物的蛋白质应占50%以上，其余蛋白质可由植物性食物（如谷类、豆类）提供，能保证较好地满足学龄前儿童机体的营养需要。

（2）脂肪供热比

幼儿生长发育所需的能量、免疫功能的维持、脑的发育和神经髓鞘的形成都需要脂肪，尤其是必需脂肪酸。学龄前儿童每日每千克体重需总脂肪4～6g。由于学龄前儿童胃的容量相对较小，而需要能量又相对较高，其膳食脂肪提供能量比高于成人，3岁以上脂肪提供的能量占总能量的20%～30%。脂肪不仅提供所需的必需脂肪酸，而且有利于脂溶性维生素的吸收。学龄前儿童的膳食中供给的脂肪要适量，摄入过量的脂肪尤其是饱和动物脂肪会增加脂肪储存，引起肥胖。

（3）碳水化合物供热比

经幼儿期的逐渐适应，学龄前儿童的膳食基本完成了从以奶和奶制品为主到以谷类为主的过渡，谷类所含有的丰富碳水化合物是其能量的主要来源。学龄前儿童每日每千克体重约需要碳水化合物15g，每日膳食中碳水化合物的推荐能量摄入量应占总能量的50%～65%。碳水化合物中的膳食纤维可促进肠蠕动，防止儿童便秘。

3. 三餐热量分配及配餐要求

（1）早餐

早餐供给的热量应占全天热量分配的30%左右，包括早餐及上午的加餐。早餐应以主食为主、优质蛋白为辅、干稀搭配，注意主食不能单调，经常变换花样，每餐可配有高蛋白、高脂肪、高热量的食物，如鸡蛋、牛奶、豆制品、酱牛肉等，条件允许早餐也可以增加蔬菜。如早餐主食为南瓜粥、可可卷，可以搭配西葫芦炒鸡蛋，上午加餐以奶类、水果等为主。

（2）午餐

午餐供给的热量应占全天热量分配的40%左右，包括午餐及下午的加餐。午餐配比应主副食并重，两菜一汤，菜品为一荤一素。例如午餐主食为二米饭，荤菜为红烧莲藕排骨、蔬菜为香菇小油菜，汤为番茄蛋花汤，午点为香蕉、苹果，下午的加餐可选择奶类、水果、坚果等食物。

（3）晚餐

晚餐供给的热量应占全天热量分配的 30% 左右，晚餐比午餐略清淡，应安排脂肪较少，易于消化的食物，减少油炸食品和甜食的摄入。例如晚餐的主食为开花馒头、荤菜为肉片番茄烧菜花、素菜为海米娃娃菜、汤为木须豆腐汤。早、中、晚三餐在搭配上要注意粗细粮搭配、荤素搭配、米面搭配、干稀搭配、甜咸搭配、深色蔬菜与浅色蔬菜的搭配、根茎类蔬菜与叶菜的搭配。

4. 食物种类的选择

从生理角度看，幼儿园阶段的孩子咀嚼能力较差，消化系统尚未完全成熟，对食物种类、烹调方法的选择也更加严格。在食物的选择方面应选择应季食物，并且根据市场供应情况合理进行采购，拒绝采购腌制食品、油炸食品、高糖高甜食品等不适宜幼儿的食物；选择富有优质蛋白的食物，如牛奶、鸡蛋、瘦肉类、肝脏、动物血和豆制品等，这些食物含有促进幼儿生长发育必不可少的物质；补充维生素、无机盐的食物，如新鲜的蔬菜和水果海产品等。具体从主食、水果蔬菜、肉类的选择上进行详细说明。

（1）主食的选择

主食的选择上应米、面交替食用，适量添加豆类、薯类、杂粮与稻米或者面粉一起蒸煮。谷类蛋白质中赖氨酸含量低，豆类蛋白质中富含赖氨酸，谷类和豆类食物搭配，可通过蛋白质互补作用提高蛋白质生物价（生物价是反映食物蛋白质消化后，被机体利用程度的一项指标，生物价越高，说明蛋白质被机体利用率越高，即蛋白质的营养价值越高，最高值为 100）。

在制作方面，幼儿园根据幼儿年龄及进食量的不同，按年级制作的主食大小也有差异，以达到精准带量。以下是下发至班级供教师参考的三餐主食量化表（见表 4.5 所示）。

（2）蔬菜、水果的选择

蔬菜、水果应选择应季、新鲜的蔬果，蔬菜水果能量低，是维生素、矿物质、膳食纤维和植物化学物质的重要来源。要注意的是，蔬菜与水果分属不同类别的

表 4.5 三餐主食量化表（面粉或大米量）

班级每人量	饺子 70 克	包子 50 克	馒头、花卷 豆包、果酱包 早 20 克、晚 45 克	米饭 中午 50 克 晚上 45 克	面条 50 克
大班	80 克 8 个	55 克 3 个	早 30 克 1 个（大）	中 55 克	55 克
			晚 50 克 2 个（大）	晚 50 克	
中班	70 克 7 个	50 克 2 个	早 25 克 1 个（中）	中 50 克	50 克
			晚 45 克 2 个（中）	晚 45 克	
小班	60 克 6 个	45 克 2 个	早 20 克 1 个（小）	中 45 克	45 克
			晚 40 克 2 个（小）	晚 40 克	
一碗米饭 =50 克大米					

食物，不能互相替换。在蔬菜中，因深色蔬菜中所含的胡萝卜素、铁、钙等一般优于浅色蔬菜，所以，在日常食谱制作中要注意浅色和深色蔬菜的搭配使用，增加深色蔬菜（绿、橙蔬菜）的摄入。

（3）肉品种类的选择

在肉品种类的选择上拒绝单一化，猪肉、牛肉、羊肉、鸡肉、鱼、虾等可以轮换着吃，鱼、禽、蛋和瘦肉是优质蛋白、脂类、脂溶性维生素、B 族维生素和矿物质的良好来源。但如果摄入过多，又不增加活动量，则容易引发超重、肥胖，进而可能导致糖尿病、心血管病等疾病的发生，因此要适量食用。

（4）加餐（零食）的选择

零食是指一日三餐时间之外吃的所有食物和饮料，不包括水。零食作为学龄前儿童正餐之外的营养补充，可以合理选用。建议零食尽可能与加餐结合，安排在两次正餐之间，零食量不宜多，以不影响正餐食欲为宜，进食零食前洗手、吃完漱口，睡前 30 分钟内不吃零食。选择零食应注意以下几点（见表 4.6 所示）：

① 优选奶制品、水果、蔬菜和坚果；

② 少吃高盐、高糖、高脂及可能含反式脂肪酸的食品，如膨化食品、油炸食品、糖果甜点、冰激凌等；

③ 不喝或者少喝含糖饮料；

④ 零食应新鲜卫生、易消化；

⑤ 要特别注意幼儿的进食安全，避免食用整粒豆类、坚果，防止食物呛入气管发生意外，建议坚果和豆类食物磨成粉或打成糊食用。

表 4.6 推荐和限制的零食

推 荐	限 制
新鲜水果、蔬菜（黄瓜、西红柿）	果脯、果汁、果干、水果罐头
奶及奶制品（液态奶、酸奶、奶酪）	乳饮料、冷冻甜品类食物（冰激凌、雪糕等）、奶油、含糖饮料（碳酸饮料、果味饮料等）
谷类（馒头、面包、玉米） 薯类（紫薯、甘薯、马铃薯）	膨化食品（薯片、虾条等） 油炸食品（油条、麻花、油炸土豆等）、奶油蛋糕
鲜肉及鱼肉类	咸鱼、香肠、腊肉、鱼肉罐头
鸡蛋（煮鸡蛋、蒸蛋羹）	
豆及豆制品（豆腐干、豆浆等）	烧烤类食品
坚果类（磨碎食用）	高盐坚果、糖浸坚果

5. 丰富菜肴种类

为了进一步丰富幼儿园的美食，保健医在菜肴的搭配上融入中国传统节日的特色美食，如重阳节的重阳糕、端午节的粽子、中秋节的月饼等，让幼儿在品尝美食的基础上了解中国的传统节日。

教师在班级内开展美食调查活动，以采访的形式进行美食调查，幼儿喜爱的主食、菜肴都有什么，统一汇总提交医务室，同时幼儿园制作美食征集表向家长朋友征集适合幼儿园烹制、符合幼儿食用的营养美食。班级内提交的和家长推荐的美食经过医务室和食堂的斟酌研究，会体现在食谱中由食堂进行制作，同时在幼儿园宣传栏的每周食谱公示中标注幼儿的姓名和班级。详见附表。

附：幼儿园美食征集

家长您好！

您了解幼儿带量食谱吗？幼儿带量食谱是根据国家规定，在市、区妇幼保健院儿保部的监督指导下，依据托幼机构儿童膳食管理原则，利用膳食营养软件制定的一日三餐食谱。

幼儿带量食谱不仅以满足幼儿生长发育所必需的物质为基础，更讲究蛋白质、脂肪、碳水化合物三大营养素的供热比以及各种营养素和微量元素的摄入标准。为保障幼儿的饮食营养均衡，幼儿园由专职负责膳食营养的保健医每周制定带量食谱，每月开展营养计算与分析，同时保健医与食堂餐饮人员积极配合，不断调整和增加幼儿带量食谱中的花样品种。

为进一步丰富我园幼儿的美食花样，现向家长朋友征集适合幼儿的营养美食。具体要求如下：

1. 推荐的美食应在我园食谱中未出现过；
2. 面点：制作方法适合蒸、煮；
3. 菜品：制作方法适合大锅烹饪，以炒、炖为主；
4. 推荐的美食适合幼儿食用并能提供均衡的营养；
5. 如被征集使用，将在幼儿园门口橱窗“每周食谱”中标注幼儿班级和姓名。

让我们家园携手，共同守护幼儿的膳食营养美味与健康安全！

感谢您的积极参与！

幼儿姓名 ________________ 班级 ________________

美食名称	所用食材	烹饪方法

（四）精准进行营养计算

幼儿园每月进行营养计算，月末通过统计营养素摄入量、就餐人日数、计算营养量等数据，与本月膳食计划的计划用量做比较，查看实际消耗与计划用量是否一致，对超出或者不足的食物种类进行分析并找出原因。通过对食物结构、能量来源、蛋白质来源、营养素供应等进行分析，得出结论并与食堂探讨制定改进措施，为下月膳食制作做指导（见表 4.7 ～表 4.9 所示）。

1. 食堂按量登记出入库

食堂库房管理员每日对订购的食材进行统一入库登记，对每日发出的食材进行出库登记，出入库的具体数量统一填写在记录表中，按时间周期，保健医与食堂管理员对食堂的所有食材进行盘库，在食物量记录表中详细记录食物名称、结存数量、购物累计、剩余数量、实际消耗。记录时食品单位应统一，按斤或者公斤记录。

表 4.7 食物量登记表

序号	食物名称	实际用量	购物累计	剩余数量	结存数量
1					
2					
3					
4					

2. 统计就餐人日数

就餐人数由班级教师根据每日实际来园人数进行早、中、晚三餐的记录，月末统一汇总至保健室，由保健室统一记录在用餐人数记录表中。用餐人日数 = 全月各班每日每餐人数相加 ÷3。

表 4.8 就餐人数记录表

年　　月

日期	早餐	午餐	晚餐
合计			
总人日数			

3. 计算营养量

表 4.9 每人每日营养素摄取量计算表

序号	类别	食物名称	食部(%)	全园总消耗量	平均每人每日进食量	能量		蛋白质	脂肪	碳水化合物	维生素A	维生素B_1	维生素B_2	维生素C	钙	锌	铁	钠
				斤	克	千卡	千焦	克	克	克	微克	毫克	毫克	毫克	毫克	毫克	毫克	毫克

在膳食管理过程中，需要对膳食的效果（即幼儿园的膳食营养是否满足幼儿生长的需要）进行评价，以便及时发现问题，及时处理和调整，主要通过以下四个方面进行评价与分析。

（1）对食物结构分析

膳食结构和数量是否符合膳食指南的建议，特别是全谷物、深色蔬菜、牛奶、豆类是否满足要求。

（2）对能量来源分析

计算三大营养素来源——碳水化合物、脂肪和蛋白质比例是否恰当，食物来源与膳食指南的参考是否适宜。

（3）对蛋白质来源分析

来源于动物和大豆蛋白质是否有 1/2 以上，优质蛋白比例是否合理。

（4）对营养素供应分析

膳食提供的主要营养素是否达到参考摄入量 DRIs 的要求，主要营养素如钙、铁的食物来源是否得当（《北京市托幼机构卫生保健工作常规》中提出：日托园能量、蛋白质及其他各种营养素达到 DRIs 的 80% 以上，DRIs：膳食营养素参考摄入量）。

通过对以上数据的分析，我们可以直观地看到食谱搭配、食物用量、营养素摄入等项目是否符合制定食谱的要求，可以发现工作中存在的问题。如分析结果显示蔬菜实际用量大于计划用量，保健医就要根据这个分析结果开展调查，主要从食谱制作、班级就餐人数上报、食堂采买及分餐四个环节进行，通过多方面的调查，找出问题原因进行调整及改进。

（王蒙）

第二节　膳食专业化服务

幼儿园膳食服务工作是为了幼儿健康饮食、保障幼儿每日摄入营养素的需要而制定的一系列服务政策和措施。为了更好地促进幼儿健康成长，幼儿园提供了更加专业化的膳食服务。

一、幼儿膳食专业化服务的意义

膳食专业化服务具有成熟的管理方法和操作标准，确保服务质量和安全，主要意义有以下几个方面。

（一）膳食搭配更加科学合理

幼儿园实施专业的营养配餐。根据幼儿身体需要，保健医精准计算幼儿一日所需的营养量，并对食物进行科学搭配，制定每周带量食谱，满足幼儿一日所需营养，促进幼儿身体健康成长。

（二）膳食食谱更加丰富

为了提高膳食制作水平，让幼儿喜欢吃幼儿园制作的饭菜，保健医与食堂厨师及班级教师三方协调配合。首先，保健医积极听取班级老师对幼儿进食情况的观察以及提出的意见和建议，对相应问题进行分析改进食谱。其次，保健医与食堂进行制作上的探讨，尝试如何制作出让幼儿更加喜欢的美食。在三方共同配合下，幼儿园实现每周一张食谱，做到不重样的营养搭配，更加完善和提高膳食服务的内容和品质。

（三）食品安全得到充分保障

幼儿园在膳食制作等方面结合市区以及行业标准，在食材购买、运输、储存、加工、卫生消毒等方面进行严格管理，有效防止食品污染和卫生安全问题的发生，保障幼儿的饮食安全。

二、幼儿膳食专业化服务的管理

（一）成立膳食管理小组

幼儿园本着牢固树立“让每名幼儿健康安全，快乐成长”的服务理念，牢记保教育人的职业使命，树立精细管理的工作素养，建立健全幼儿膳食管理体系，成立膳食工作管理小组，由幼儿园领导、保健医、厨师、财务人员、教师和家长代表组成。在实际运行中，小组成员各司其职，分工明确，定期召开膳食交流会，研讨出现的问题和解决方案。

（二）建立反馈机制

为了了解膳食接受度，提高膳食管理水平，幼儿园定期对家长和教师进行问卷调查，了解家长的需求，征集家长和教师对膳食管理的意见和建议。幼儿园领导和教师还会对幼儿进行访谈，获取幼儿对食物的直接感受，及时调整和改进膳食计划，为后期优化膳食管理工作做好充分的准备。

（三）严格执行各项管理制度

为确保饮食安全万无一失，幼儿园严格执行并完善各项食品安全管理制度，安全管理从细微处入手，将各项工作落到实处，在保证安全的前提下，更好地完成幼儿高质量膳食工作，食品的质量达到国家食品安全的标准。在食品制作、食品储存、食品供应和服务、食品浪费管理等方面，幼儿园获得 A 级三星标准，达到了餐饮服务食品安全量化分级管理中最高等级。

（四）定期开展教育和培训

为提高膳食人员工作水平和业务能力，幼儿园定期对膳食工作人员进行培训。如：膳食营养知识培训、食物营养成分培训、饮食健康指导培训、烹饪与加工培训等，为高质量膳食制作打下坚实的基础。

三、膳食专业化的实施

（一）制定合理的管理制度

为了保障幼儿饮食安全与卫生，提高食堂工作效率，规范各项操作流程，幼儿园制定了相应的规章制度。这些制度可分为以下五类。

1. 食品安全管理类

食品安全管理类制度主要有《食堂安全管理制度》《食品安全管理组织机构和职责制度》《食品安全自检自查制度》《食堂员工健康管理制度》《食堂员工食品安全知识培训制度》《食堂员工晨午晚检制度》《食堂安全卫生制度》《投诉与管理制度》《食品安全事故应急预案》《食堂防火安全制度》《饮用水安全管理制度》《食品召回制度》《不合格食品退货制度》《食品安全追溯制度》《食品留样管理制度》《饭菜运输卫生制度》等。

2. 工作人员职责类

工作人员职责类主要有《食品安全总监职责》《食堂管理员职责》《食堂卫生责任分工与标准》《食堂安全员守则》《食品从业人员自查和检查制度》《主副食制作管理制度》等。

3. 设施设备类

设施设备类制度有《食堂设施设备管理制度》《刀具使用管理制度》《餐饮具清洗消毒制度》《紫外线灯使用和管理制度》《餐厨废弃物和废弃油脂处置管理制度》《食堂燃气运行安全管理制度》等。

4. 库房及财务管理类

库房及财务管理类制度主要有《食堂库管管理制度》《采购人员岗位职责制度》《食品采购索证索票验收管理制度》《库房食品退货制度》《食品安全隐患排查挂账销账制度》《食堂台账管理制度》等。

5. 加工流程类

《粗加工管理制度》《烹调加工管理制度》《主食、面点制作管理制度》等。幼儿园食堂管理制度从幼儿园后勤工作的严谨性和规范性出发，以安全为主，以健康为重。这些制度的形成和完善，大幅提升了食品安全管控精准化水平，全面排查了食品安全隐患和实际操作流程的薄弱环节，让幼儿饮食的保障体系更加系统，更加科学。

（二）制作科学营养的膳食

3～6岁是儿童发育的关键时期，也是儿童健康成长的重要过渡期，食物的摄入既要讲究口味更要讲究营养，合理的营养是保证幼儿健康最根本的物质基础。合理的膳食是由粮食、蔬菜和水果、肉类和豆制品、糖和油四大类食物组成，来供给人体所需的各种营养素，它是一个整体，缺一不可。

1. 注重食物搭配

在食物搭配过程中，保健室注重主副食相互搭配，荤素之间科学组合，原材料品种多样化，保证食谱便于操作，易于烹制，烹制以清淡为主，不过于油腻，利用色、香、味、形刺激幼儿的食欲。

2. 注意加工方法

（1）洗：仔细冲洗去除寄生虫卵和农药残留，不要先切后洗，更不要在水中长时间浸泡，以减少水溶性营养素的流失。

（2）切：根据幼儿消化机能尚未发育健全的特点，食材要加工得更细致一些，做到现切现炒，减少营养素流失。

（3）配和焯：在食材搭配上食堂注意色、香、味、形，荤素搭配，粗细搭配；在焯的过程中注重营养，绿叶菜在沸水中翻个身就得捞起，保持色泽口感适中。

（4）烹：要想减少食材营养素流失的最佳烹调原则，就是旺火急炒，叶菜类的维生素C平均保存率为60%～70%，而胡萝卜素的保存度则可达到76%～96%。一些含有丰富水溶性蛋白质的原料如果加热时间过长，会使水溶性蛋白质逐渐凝固得更硬，影响口感及营养素的价值利用。厨师们要精心烹调各种食品，做到色泽美观，外形新颖，让幼儿在进餐时感到是一种享受，诱发幼儿的愉悦感，有助于幼儿的消化和吸收。

3. 注意食材的轮换和搭配

在制作过程中，要注意各类不同的食材轮流使用，使膳食更多样化，从而发挥出各类食物营养成分的互补作用，达到均衡营养的标准。更要注重荤素、粗细、干稀、咸甜的合理搭配。尽量少吃油炸食品和甜食，粗细粮合理搭配制作营养互补，更有利于促进幼儿的成长和发育。

4. 根据季节变化制作膳食

春季幼儿要多沐浴阳光，室外活动增多，维生素 D 一部分来自太阳照射皮肤转化而来；另一部分则通过食物来汲取，这一季节幼儿对钙的需求量增多，如：海带、虾皮、骨汤等食材。春季幼儿易患口腔炎和皮肤病，所以更需要补充新鲜的蔬菜，如莴笋、油菜、菠菜等。

夏季是幼儿新陈代谢最活跃的时候，血液循环加快，体内能量消耗多，此时，幼儿饮食应以清淡为主，如：清炒芥兰、虾皮炒小白菜、苦瓜炒鸡蛋等菜品很适合幼儿食用。炎热的天气幼儿会出现厌食的现象，更容易发生蛋白质摄入不足，应多食用肉蛋类和豆制品，如：西红柿炒鸡蛋、红烧肉、西芹炒腐竹等菜品。

秋季云高气爽，此时，幼儿普遍食欲比较好，是儿童调节营养状态的重要时间段，所以这一时期应该着重补充维生素 A，如：瘦肉、胡萝卜、南瓜、白薯等食材。由于天气逐渐转凉，部分幼儿也容易产生消化不良的症状，所以，还需要适当吃一些有助于消化的水果和蔬菜，如：火龙果、苹果、山楂、芹菜、韭菜等。

冬季天气寒冷，幼儿需要消耗较多的营养物质来产生热能，保持体温的恒定，从而对食物的要求量也随之增大。因此，膳食的制作更应有充足的热量，增加蛋白质和脂肪的摄入量，应多吃偏热性的食品，如：牛羊肉、香蕉、柚子等。在烹调方法上，可选择红烩，红烧等口味较香浓的技法。反季节的蔬菜尽量让幼儿少食用，因为反季节的蔬菜是通过人工培养的，里面会有一定量的植物性激素或者是其他残留的农药等，有可能会对幼儿体内的激素分泌造成失衡，容易诱发早熟的情况，一定要遵循饮食安全为先的原则来给幼儿制作膳食。

5. 满足特殊幼儿需求

在幼儿饮食中存在一部分特殊需求的幼儿，如食物过敏、清真膳食幼儿等。在膳食制作或护理中我们也要对这部分幼儿进行关注。幼儿园会对过敏的幼儿和清真膳食幼儿进行登记，给这部分幼儿进行单独制作，以满足这部分特殊幼儿身体发展需要，确保身体健康。

总之，幼儿园科学营养的膳食制作十分重要，它是保证幼儿健康成长的一项关键措施，也是衡量办园质量的重要指标之一，合理、健康、科学的饮食是一切的保障。

（三）打造过硬的膳食队伍

膳食队伍建设是幼儿园膳食专业化管理的重要组成部分，也是确保饮食安全，提供营养均衡的关键，在膳食队伍建设中，幼儿园主要做到以下几个方面。

1. 人员配备

幼儿园根据幼儿人数配备了营养搭配负责人，按照50:1的比例配备了有专业厨师等级证书的厨师；根据管理需求，配备了有资深经验的食堂管理员和食品安全总监。在优秀的膳食队伍助力下，幼儿膳食管理与制作水平得到充分的保障。

2. 规范流程

食堂人员在食堂管理员与总监的带领下，严格遵守食堂各项规章制度，规范自己的言行；认真规范膳食制作流程，细化采购及库房管理，食材验收登记做到层层把关，收货人员与验收人员双人签字，保证幼儿所用饮食用品新鲜、安全、卫生；严格按教委及食药所要求建立采购索证索票台账，管理员落实日管控、周排查、月调放制度，对食堂进行全方位的管理，让各项制度落实到位。

3. 加强学习与培训

（1）制度学习

定期组织员工学习各项规章制度、操作流程及方法，学习有关食品安全方面的新理念，如《中华人民共和国食品安全法》《餐饮服务食品安全监督管理办法》《中华人民共和国食品安全法实施条例》等内容，掌握食品安全、操作场所卫生知识、健康科学膳食制作、食品量化分级管理等学科内容。用理论指导实际工作，提高工作质量和职业素养。

（2）定期培训

为了增强膳食队伍安全意识，提升专业知识，幼儿园定期组织培训和演练活动，如膳食制作及流程培训、卫生消毒培训、设施设备使用培训、食品安全培训、火灾应急演练、食物中毒演练、突发事件演练等。在培训中，所有人员认真对待，有疑问现场进行解答。有经验的厨师也会介绍自己宝贵经验，在学习中共促成长。

（3）外出学习

为了开阔视野，幼儿园给膳食负责人提供外出参观学习的机会，学习其他幼儿园优秀做法，改进自身问题与不足，让幼儿园膳食工作更加合理。

4. 密切配合

部门主厨人员积极配合医务室保健医制订营养菜谱，能够根据幼儿消化吸收能力较弱，对营养素要求高的阶段特征，做到搭配合理，品种多样，满足不同年龄段幼儿的营养需求。工作人员也能够很好地合理操作科学烹制，提高菜品的质量，增加幼儿的食欲，促进幼儿更好地消化吸收。

科学合理的平衡膳食对幼儿成长发育至关重要，幼儿园高度重视这项工作。强化操作流程与细节，以科学理论指导实际工作，促进膳食服务高质量发展。

（安超）

第三节　食品安全与管理

食品安全是幼儿园工作中的重中之重，它关系到孩子的健康与未来，食品安全问题也越来越受到家长和社会的关注。因此，幼儿园要加强对食品安全的管理，通过合理的措施，确保食品的质量和安全，保障儿童的身体健康，杜绝食源性疾病的发生。强化食品安全过程监管，建立健全食品安全责任制，着力推进各项管理措施落到实处。

一、食品安全与管理的意义

幼儿园食品安全与管理是幼儿园工作中的重中之重，直接关系到每一名幼儿的身体健康，也牵动着每一位家长的心，其意义主要有以下几个方面：

（一）促进幼儿身体健康

幼儿正处于生长发育关键时期，对营养需求比较旺盛，同时，免疫系统尚未成熟，对食品质量要求和卫生要求非常高。健全的食品安全与管理可以提供幼儿身体所需的多种营养，确保食品安全，促进幼儿身体健康成长。

（二）培养良好的饮食习惯

良好的食品管理，可以提供多样化的、营养均衡的食物，为幼儿提供科学的膳食结构。同时，通过教师的引导，可以帮助幼儿形成良好的习惯，如：不挑食、不偏食等。

（三）促进家园和谐

家长对幼儿园饮食非常重视，他们非常关心幼儿一日食谱的种类、花样及味道。良好的食品安全与管理可以提供多样化的食谱，确保饮食卫生与安全。同时，通过家园合作与宣传，得到家长的认可，确保家园和谐。

（四）维护社会稳定

幼儿是祖国的花朵，也是祖国的未来，幼儿的饮食安全引起社会广泛关注。幼儿园确保食品安全，就会避免食品安全事件的发生，也会避免不好的社会舆论，维护社会的和谐与稳定。

二、食品安全管理要点

食品安全通过采购、加工、分餐、卫生消毒、存储、培训与演练等进行严格管理，才能确保食品安全万无一失。具体要点有以下几个方面。

（一）审核资质

幼儿园资质审核包括自身经营许可证的审核、供应商的资质以及员工的资质审核。幼儿园《食品经营许可证》要审核有效期限、经营范围与实际相符、无涂改和转让、租赁情况；供应商要选择有资质、有良好信誉和声誉、能够提供优质服务、确保效益稳定、有社会责任感、服务态度好；对上岗人员要保证持证上岗，有责任心、情绪稳定、热爱幼儿和本职工作。

（二）卫生要求

1. 人员卫生要求

（1）食堂员工每年必须按时进行健康检查，保证健康证明在有效期内。新参加工作的员工必须先进行健康检查及食品安全知识培训，取得健康合格证明后方可上岗，不得先上岗后体检。

（2）患有痢疾、伤寒、甲型病毒性肝炎、戊型病毒性肝炎等消化道传染病的人员，以及患有活动性肺结核、化脓性或渗出性皮肤病等有碍食品安全疾病的人员，不得从事接触直接入口食品的工作；患有发热、腹泻、皮肤伤口或感染、咽部炎症等有碍食品安全病症的，应主动报告，立即脱离工作岗位，待查明原因、排除有碍食品安全的病症或治愈后，持医生证明方可重新上岗。

（3）建立食堂员工健康档案，将食堂员工健康证明原件存档，到期前组织员工进行健康检查，确保健康证明在有效期内；对食堂员工健康状况进行日常监督管理，组织每日人员晨检并详细记录。

（4）食堂员工必须认真学习有关法律法规，掌握本岗位要求，养成良好的卫生习惯，严格遵守操作规范。接触食品时，应洗净双手，穿戴清洁的工作衣、帽；头发梳理整齐并置于帽后。不得用手抓取直接入口食品或用勺直接尝味，用后的操作工具不得随处乱放。

（5）严格按规范洗手。工作人员操作前、便后以及与食品无关的其他活动后应清洗双手；接触直接入口食品时，应用肥皂流动水按七步洗手法洗净双手，再戴一次性塑料手套，戴口罩。

（6）工作人员不得留长头发、长指甲、涂指甲油、戴戒指、耳环等饰物。不得面对食品打喷嚏、咳嗽，不得在食品加工场所内吸烟、吃东西、随地吐痰及存在其他有碍食品安全的行为。

（7）如厕前必须换下工作服，如厕后必须洗净双手，重新换上工作服后方可进入食品操作场所。

2. 环境卫生要求

（1）食堂的建筑、设施、设备应符合上级食品卫生监督部门的相关要求。

（2）食堂应当每日清扫、消毒，保持室内外环境整洁，有防蝇、防鼠、灭蟑设备，操作间无苍蝇。

（3）室内外存放物品整齐，室内地面无油污。墙壁无明显塌灰，玻璃百叶无泥垢。水池清洁。

（4）库房整洁，要干燥、凉爽、通风，有防鼠、灭蟑设备。

（5）清洁用具专用，面案、菜案、餐具橱和地面要经常擦拭保持清洁。有固定、专用垃圾桶，垃圾桶有盖，垃圾不能外溢和滴漏，垃圾按要求分类投放。

（6）加工生熟食品所用的工（用）具及盛放生熟食品的容器要分开，并有明显标记。

（7）餐具及炊事用具的消毒严格按照规范流程进行，餐具的消毒设施齐全；餐具消毒时，消毒温度、消毒液浓度、消毒时间必须达到规定要求。餐具消毒后呈保洁状态，防止使用前的污染。炊事用具及容器用后洗净消毒。

（三）采购储存与保管

1. 严格把好食品的采购关。幼儿食品必须在具有《食品生产许可证》或《食品经营许可证》的单位采购。食品进货前必须进行采购查验及索票索证，并建立食品采购和验收记录。

2. 定型包装食品和食品添加剂必须有产品说明书或商品标志，根据不同产品按规定标出品名、产地、厂名、生产日期、批号、规格、配方或主要成分、保质期限、食用或者使用方法等。

3. 食品储存要做到生熟食品分开，分类、分架、隔墙、离地存放，并注有标识、注明保质日期、定位储存，生食在冰箱内存放不得超过 2 周。定期检查，及时处理过期、腐烂及变质食物。

4. 食物要保证新鲜洁净，禁止加工变质、有毒、不洁、超过保质期的食物。外购熟食品食用前要加热。加工后的熟制品应与食品原料或半成品分开存放，半成品应与食品原料分开存放，防止交叉污染。

5. 确保食品的储存环境符合温度要求，特别是易腐食品。

6. 定期对库存食材进行检查，及时发现并处理过期、变质等食品。

（四）加工与制作

1. 严格按照操作流程进行加工，确保在加工过程中食物不受到污染。

2. 保持加工场所的清洁与卫生，防止细菌的滋生。

3. 烹饪时确保食物煮熟煮透，避免生熟食品交叉污染。

4. 菜板生熟分开使用，避免造成污染。

（五）分餐与进餐管理

1. 分餐要在分餐区进行。

2. 分餐前对餐具进行消毒。

3. 食堂人员按照班级人数进行分餐，班级教师除根据幼儿进食量分餐外还要指导幼儿按需、按量自主取餐，确保每个幼儿能获得适量、均衡的食物。

4. 进餐时教师进行引导和监督，防止意外事件发生。

（六）教育与培训

1. 定期进行食品安全培训，增强食堂员工安全意识、提高操作技能。

2. 对幼儿进行健康教育，将食品安全教育纳入教学活动中，了解食品安全知识，提高食品安全意识。

3. 定期进行食物中毒等突发事件的演练，提高应急能力。

三、食品安全管理方法

为确保幼儿园食品安全，从管理上主要做到以下几个方面。

（一）加强食品采购环节的监管

为从源头杜绝食品安全问题的发生，幼儿园对采购环节进行严格监管。对商家运营资质、社会满意度、信誉度、服务态度及食材质量进行严格把关；规范食材对接、检查、出入库流程，管理落实到人。认真检查各项记录，积极主动配合教委第三方人员对食材进行采样检测等。

（二）加强食品制作环节的监管

为保证食品制作质量与安全，幼儿园加强对操作流程的监管。建立健全管理机制，规范各项操作流程，日常加强操作环节培训与考核，防止制作环节出现食品污染等情况。

（三）加强进餐环节的监管

为确保饮食安全，幼儿园加强进餐护理。首先，教师要掌握每名幼儿的饮食情况，根据不同情况给予不同的指导；其次，教师掌握班级特殊幼儿需要，检查食堂是否为特殊儿童准备了餐食，如果出现问题，及时与食堂负责人联系，及时解决问题；最后，班级教师还要培养幼儿养成良好的卫生习惯及饮食习惯，均衡营养。

（四）加强食品安全追溯监管

为了在出现食品安全问题时能够尽快追本溯源，幼儿园加强食品追溯的监管。首先，建立健全食品安全追溯制度，责任落实到人；其次，定期进行演练，提高各位负责人实战经验以及对工作的责任感与使命感，提高应对突发事件的处突能力。

四、食品安全管理保障

幼儿园食品安全管理方法是确保幼儿园食品安全、保障幼儿健康成长的重要内容，具体有以下几个方面。

（一）建立健全食品安全制度

幼儿园建立了以园长为第一责任人的安全管理制度，明确各岗人员责任与分工；明确食堂各项管理要求，将安全工作落到实处。

（二）加强食堂员工健康管理

食堂员工健康直接影响到饮食安全。因此，幼儿园对食堂员工管理非常重视。首先，要求从业人员持有效证件上岗，积极参加岗前培训，提高对岗位的责任心和归属感；其次，每年定期对食堂员工进行健康体检，身体健康状况达标后方可上岗；最后，每日进行晨午检，确保健康上岗。

（三）开展安全教育和培训

为了提高教职工和幼儿的食品安全意识，幼儿园定期对幼儿进行食品安全教育，通过故事、儿歌、歌曲、参观等多种形式增强食品安全意识，让幼儿牢记不吃“三无”、过期、变质等食品；生吃瓜果要洗净，少吃冷饮等，掌握简单的食物中毒自救方法。定期对食堂员工进行食品安全培训和演练，提高食品安全知识、加工技能技巧以及应对突发事件的能力。

（四）认真对待自查与检查

食品安全工作非常重要，食堂管理员对这项工作非常重视，定期组织食堂人员对照自查表对食堂食品安全进行自查，发现问题及时进行整改，当场整改不了的限期进行整改，力保食品安全不出错。

幼儿园每学期会由学区教育委员会、学校商贸与食品安全管理中心、市场管理监督管理局进行食品安全拉网检查；学区教育委员会委托第三方进行每月两次的随机抽查食品农残检测；主管领导对食堂进行每周一次食品安全监督检查，并做好记录。每次检查出的问题我们都会认真对待，立即建立整改台账并及时进行整改。

（五）建立安全检查台账

为加强食品安全管理，保障幼儿饮食安全，能够追溯食品安全信息，幼儿园建立安全管理台账，台账由专人进行管理，确保记录的准确性和完整性。其中包括食材采购记录、消毒情况记录、食品留样记录、出入库记录、出锅温度记录、食堂人员卫生情况记录等内容。

（孟妍）

第四节　进餐护理与指导

进餐是幼儿生活的一个重要环节，有研究表明，进餐时幼儿保持愉快的情绪，不仅能增进幼儿的食欲，有利于食物消化，而且还能促进幼儿养成良好的用餐习惯。进餐护理与指导也是一个对幼儿进行健康教育的过程，作为教师，应该充分利用这一过程，养成幼儿健康的行为和良好习惯，不断提升幼儿的健康水平。

一、儿童进餐护理的意义

3～6岁幼儿生长发育迅速，适时摄入充足的营养是促进其生长发育的重要保障，而良好的进餐护理是确保幼儿营养摄入的重要前提，主要意义有以下几个方面。

（一）保障幼儿营养均衡摄入

幼儿期是生长发育迅速的时期，通过科学的进餐指导，可以确保每位幼儿都能获得全面、均衡的营养，为健康成长打下坚实的基础。

（二）有助于培养幼儿的生活自理能力

在进餐环节中，教师鼓励幼儿尝试当值日生，为班级幼儿服务；鼓励幼儿学习使用餐具，养成独立进餐的好习惯；还会鼓励幼儿尝试各种食物养成不挑食的好习惯。在老师的鼓励和引导下，幼儿进餐自理能力得到很好的培养。

（三）有助于文明习惯的养成

由于家庭教养方式不同，幼儿进餐习惯也不同。有些幼儿进餐过程中喜欢大声讲话；有些幼儿出现挑食、偏食等现象。在进餐护理中，教师会引导幼儿洗手、盛饭时学习等待；吃饭时要细嚼慢咽，充分咀嚼食物；轻声讲话，不影响他人进餐；进餐过程中保持桌面、地面、衣服清洁等。通过教师耐心引导，帮助幼儿形成良好的进餐习惯。

（四）保障幼儿的安全

在进餐护理中，教师会关注食物的新鲜卫生、餐具的安全无毒以及进餐环境的整洁舒适。通过细致入微的照料和严谨的安全管理，降低幼儿在进餐过程中可能面临的风险，为幼儿安全保驾护航。

二、具体进餐中的护理与指导

进餐是幼儿园一日生活中重要的环节，幼儿进餐护理工作是教师在照顾幼儿时的重要组成部分，旨在帮助幼儿培养良好的饮食习惯和健康的进食行为，为了保证这项集体活动的有序进行，提高孩子们的进餐质量，教师要有固定的组织流程和要求。

（一）进餐前的护理

1. 做好卫生消毒工作

进餐环境应当卫生、整洁、舒适，餐具清洁，大小适中。开餐前餐桌按照清—消—清要求进行清洁消毒（清：用清水毛巾擦去餐桌的浮土、油渍及残渣；消：用配制好的含氯消毒液浸泡消毒毛巾均匀擦拭桌面，滞留 10 ～ 30 分钟，消毒毛巾的湿度为用手轻攥，保留足够水分，以不滴水为宜；清：消毒液滞留 10 ～ 30 分钟后，用热力毛巾擦净桌面，擦拭前要先将热力毛巾拧干）。每餐使用后的毛巾必须彻底洗净，清洗掉上面的污渍、油渍，保持无污、透亮，清水毛巾和热力毛巾用肥皂清洗干净并保持毛巾的本色。餐桌消毒使用的含氯消毒液浓度为 250mg/L。

2. 餐具准备

为每位幼儿准备干净、安全的餐具，在固定位置按要求摆放好。如碗、勺、筷子等，确保餐具无毒、无害。

3. 情绪调节

在进餐前组织一些轻松的安静活动，避免在进餐前进行剧烈运动，以免影响孩子们的食欲和进餐质量。如听音乐、讲故事、做手指游戏等，帮助幼儿调节情绪，准备进入进餐状态。

4. 食欲激发与知识拓展

（1）介绍菜谱：向幼儿介绍当日的菜谱，让幼儿了解食物的名称、颜色、味道等，激发食欲。

（2）食物知识拓展：结合菜谱，向幼儿讲解食物的营养价值、来源等相关知识，拓展他们的知识面。

5. 卫生习惯培养

引导幼儿在进餐前使用洗手液按照七步洗手法认真洗手，确保双手干净卫生，预防病从口入。

6. 注意特殊幼儿需要

进餐前，班级教师一定要对照特殊幼儿统计表，检查本餐中有无过敏幼儿，查看食堂为特殊幼儿准备的食物是否到位，以免安全隐患发生。

（二）进餐中的护理

在幼儿园幼儿进餐时，教师的护理工作至关重要，它关系到幼儿的饮食健康、营养摄入以及进餐习惯的养成。

1. 营造愉悦的进餐氛围

（1）播放柔和的音乐，为幼儿创造一个轻松、舒适的进餐环境。

（2）鼓励幼儿与同伴适度交流，分享食物和进餐的快乐，但避免过于嘈杂影响进餐。

2. 关注幼儿的进餐情况

（1）密切观察幼儿的进餐速度、食量和表情，及时发现可能存在的问题，如食欲缺乏、食物过敏等。

（2）对于食欲缺乏的幼儿，可以引导他们尝试少量多样的食物，激发他们的食欲。

（3）对于有特殊饮食需求的幼儿，如过敏、忌口等，要确保他们的饮食安全，避免误食。

3. 培养良好的进餐习惯

（1）鼓励幼儿细嚼慢咽，不挑食、不偏食，尽量吃完自己碗里的食物。

（2）引导幼儿正确使用餐具，如握筷、握勺的姿势，避免用手抓食物。

（3）学习餐桌礼仪，如不大声喧哗、不随意离开座位、不浪费食物等。

4. 保持进餐环境的卫生整洁

（1）及时清理餐桌上的残渣和污渍，保持桌面干净整洁。

（2）提醒幼儿注意个人卫生，如擦嘴、擦手等，避免将油污带到其他地方。

（三）进餐后的护理

1. 清洁卫生

（1）桌面清洁：幼儿进餐后，教师要引导幼儿用桌布将掉到桌子上的饭粒、菜等擦到碗里，保持桌面干净。

（2）面部清洁：教师指导幼儿用餐巾纸将嘴角和脸上的食物残渣或汤汁擦干净，保持面部干爽。

（3）口腔清洁：进餐后，引导幼儿养成刷牙、漱口的好习惯，这有助于清除口腔内残留的食物残渣，保持口腔清洁，预防蛀牙等口腔问题发生。

（4）手部清洁：进餐后幼儿的小手可能沾上油污，教师要引导幼儿用洗手液洗干净，确保手部清洁卫生，防止病从口入。

2. 摆放餐具

进餐后，教师要引导幼儿将餐具放到固定的位置进行分类摆放。

3. 组织安静活动

餐后可以组织一些轻松的安静活动，如听音乐、看图书、画画等，让幼儿在愉悦的氛围中逐渐过渡到午休时间。还可以组织幼儿进行适度的餐后散步活动，有助于促进食物消化，避免餐后立即进行剧烈运动导致肠胃不适。

（四）特殊需求幼儿进餐护理要点

1. 营养不良幼儿

对营养不良幼儿要做到少盛多添，帮助幼儿养成不挑食、不偏食的良好饮食习惯。可安排营养不良幼儿先进餐，适当提醒和指导其进餐速度，指导幼儿用两边牙齿咀嚼。可以将肥胖幼儿和营养不良幼儿安排在同一餐桌进餐，起到相互提醒、相互影响的作用。

2. 肥胖幼儿

安排肥胖幼儿在班级中最后洗手进餐，进餐时可先喝汤，再吃蔬菜、主食和荤菜，并随时提醒肥胖幼儿的进食速度要慢，鼓励教育幼儿细嚼慢咽，保证进餐速度控制在 20 ～ 30 分钟。

3. 挑食、偏食幼儿

对于挑食、偏食的幼儿，根据幼儿的年龄和性格特点，充分利用餐前引导的方法，利用集体氛围的渲染，用情绪感染他们，为他们树立榜样，同时也可以通过幼儿爱模仿的特点，利用动画片人物特点，介绍各种营养素用途，激励幼儿进食各种食物，从而保证幼儿饮食的营养均衡。教师给幼儿盛饭时，应注意方式方法，利用少盛多添、逐渐加量的方法。因为一次性给挑食、偏食的幼儿盛较多的饭会使幼儿有恐惧感，太多太满的饭菜会加重幼儿的心理负担，产生畏难情绪，所以给这类幼儿盛饭时，应有意不盛太满，鼓励幼儿吃完再添，这样既不减少饭量，又不会使幼儿对吃饭有畏惧感。例如有幼儿不吃绿色蔬菜，开始可以少盛一些，之后逐渐加量，幼儿慢慢适应，教师也要及时进行言语表扬，反复鼓励，激起幼儿的食欲，帮助幼儿逐渐改掉挑食、偏食的不良饮食习惯。

4. 不良习惯幼儿

模仿是幼儿的天性，同伴的榜样能引起幼儿的关注，更能激发幼儿模仿的兴趣。进餐时，教师应为幼儿树立正面榜样，将不挑食、一口菜一口饭、不掉饭粒、细嚼慢咽的幼儿当作典型榜样，去鼓励其他幼儿，使他们主动调整自己的不良行为。同时，班级教师还要有意识地把进餐表现好的幼儿与偏食挑食、进食慢的幼儿座位安排在一起，用身边的榜样影响带动他们，这样，他们看到自己周围的好朋友吃得这么香，受到感染和鼓舞，渐渐也吃得快，吃得香了。

5. 味道敏感幼儿

食物味道的浓淡以及韧性大小也是导致幼儿偏食的一个原因。某些食物拥有特殊味道，这会导致部分幼儿排斥这类食物。在不影响身体健康的前提下，教师可以利用少量添加的方式，逐步让幼儿适应食物的味道，观察幼儿情况。另外，积极与家长配合，鼓励家长在家尝试进行制作，消除对食物味道的敏感。

6. 咀嚼困难幼儿

由于幼儿成长发育还没有完成，有些幼儿会对韧性大的食物可能咬不动，这也导致他们排斥这类食物。教师要帮助幼儿学会咀嚼，同时与家长密切配合，双方共同努力，提高幼儿咀嚼能力。

7. 新环境恐惧幼儿

刚刚来到幼儿园的幼儿，陌生的人、陌生的环境，会导致幼儿产生恐惧心理，而当吃饭时碰到不喜欢的饭菜时，幼儿的情绪会更加低落，这时候就需要教师多陪伴，多进行鼓励和引导，帮助幼儿逐步适应新环境，消除心理恐惧。

（五）幼儿家庭进餐护理指导

家长的文化知识、饮食行为、饮食态度、教养方式等都对幼儿的进餐行为和习惯有影响。幼儿饮食行为与家庭教养方式和喂养行为存在密切关系，父母的教养方式直接影响幼儿的饮食行为。幼儿的营养平衡，需要幼儿园与家长的通力配合；幼儿在园内获得的营养知识、养成的饮食卫生习惯需要在家庭生活中保持下去。为此，幼儿园通过多种形式对家长进行进餐护理指导。

1. 与家长密切沟通

为了帮助幼儿养成良好的进餐习惯，班级教师定期与家长进行交流，首先了解孩子在家庭中的进餐情况，包括食欲、爱好和进餐习惯等；其次，向家长介绍孩子在幼儿园学到的进餐技能和知识，鼓励家长在家中也进行实践，从而达到家园教育一致性。

2. 通过多种形式进行宣传

首先，幼儿园发挥宣传栏的作用，在宣传栏公示每周食谱，让家长了解幼儿膳食情况；其次，保健室通过清华幼教共享平台提供带量食谱，不仅让家长提前知晓下周食谱中所含的食材，还可以了解到每餐中的营养量，有助于家长参考幼儿园的配餐情况调整幼儿居家期间的饮食，达到营养平衡的目的，也提醒有食物过敏的幼儿家长，注意让幼儿避免进食过敏食物。同时，教师会让幼儿与家长一起绘画出一餐需要的食材，拿到班级进行美食播报，让幼儿充分了解自己吃到的食材种类及其含有的营养成分价值，也让家长了解营养配餐的意义，最后，幼儿园也会通过班级家长会、家委会以及膳食委员会向家长进行宣传和指导，让家长了解进餐护理中的内容及注意事项，取得家长的理解和支持。

3. 提供专业指导和帮助

幼儿园有专业的营养师和厨师。为了满足家长需求，达到家园共育的一致性，幼儿园根据孩子的年龄和发育阶段，为家长提供关于食物选择、搭配和烹饪方法的建议，并推广一些孩子喜欢吃的食谱制作方法，确保孩子获得均衡营养。

此外，针对问题我们也进行专业的指导。如有些家长反映，幼儿晚上回家后会和家长再吃一顿晚饭，很多家长对于这个问题很困惑。对于这个问题，保健室也进行专业的指导，建议幼儿晚上放学回家可以吃上一些坚果或者豆干类当零食，补充微量元素和优质脂肪酸，还可以喝一杯牛奶或者酸奶，进食 1 ～ 2 种水果或蔬菜，增加维生素和钙的补充。肥胖幼儿应少吃，且避免选择油炸食品及膨化食品，膨化食品为“四高一多”食品，即高脂肪、高热量、高盐、高糖、多味精，长期进食可损害幼儿大脑的发育，造成幼儿发育迟缓、智力受损，并且还可以降低小肠的吸收能力，造成厌食。学龄前幼儿正是模仿能力强、注意力容易分散的时期，进餐过程中可能会想到其他事情，所以在幼儿吃饭时一定要专心致志，不要一边看电视一边进餐，且睡前不吃零食。

三、进餐护理检查与评价

幼儿园时期的幼儿是人体生长发育最为迅速的阶段，良好的饮食习惯和卫生保健意识对幼儿的健康起着至关重要的作用。幼儿期的饮食不仅能够满足身体的营养需求，还能培养良好的饮食习惯，提高免疫力，预防疾病的发生。因此，幼儿进餐护理的检查与评价同样重要。

幼儿园建立了进餐护理检查与评价制度，规范幼儿进餐环节护理内容，并制定了进餐护理检查表。通过保健人员对班级日常检查和教师自查及时发现班级护理中出现的问题。通过评价和反馈进餐及餐饮相关情况，不断提升幼儿园幼儿的餐饮水平，助力全园幼儿健康成长（见表 4.10 所示）。

表 4.10　幼儿进餐护理及口腔保健检查记录

班级：　　日期：　　教师：　　检查人：

项目		时间			教师指导	反馈指导
		早	中	晚		
食物种类						
分饭量						
剩饭情况						
餐前	消毒					
	洗手					
	围裙					
	安静活动					
	餐前介绍					
餐中	餐桌礼仪					
	卫生习惯					
	进餐情绪					
	饭菜分开					
	过分催饭					
	进餐时间					
餐后	擦嘴					
	擦嘴动作					
刷牙时间						
刷牙动作						
牙膏量						
牙刷清洁						
漱口						
漱口动作						

（管晓彤）

第五节 个性化膳食管理与指导

个性化膳食管理与指导是幼儿园膳食管理的重要组成部分。幼儿园非常重视过敏幼儿和清真膳食幼儿等特殊幼儿的膳食管理与指导，始终将个性化幼儿的膳食安全与营养放在幼儿膳食工作的首位，坚持用最新鲜的食材，制作最美味的餐点，用爱与责任守护特殊幼儿的营养健康。

一、个性化膳食管理

幼儿园通过多种方式加强对个性化幼儿膳食的管理，落实各项制度，促进个性化幼儿身体健康发展。具体措施如下。

（一）前期调研

为了个性化膳食管理的准确性与科学性，家长在办理入园手续当天，幼儿园会通过调查表的形式对个性化膳食需求的幼儿进行调查和统计，统计分为三个步骤。

1. 统计全园个性化膳食管理幼儿信息

保健医在幼儿办理入园手续时会向家长发放“幼儿健康状况登记表”，指导家长认真、详细地填写幼儿健康信息。对于过敏幼儿，保健医指导更加细致，会全面、客观、系统地了解幼儿的饮食状况，如食物过敏的确诊时间、过敏食物名称、目前过敏症状、幼儿既往家庭饮食史等，并主动了解过敏幼儿的饮食偏好、饮食习惯、饮食时间、方式、饮食质量和摄入量等内容，为过敏幼儿的膳食制定和指导提供科学的参考。

对于清真膳食幼儿，保健医会依据幼儿保健记录本和幼儿基本信息登记表进行筛查，入园当天，保健医会与家长详细沟通幼儿的民族饮食习惯和家庭饮食习惯，了解清真膳食幼儿的食物偏好、饮食习惯、饮食时间、方式、饮食质量和摄入量等内容，通过全面和客观的了解，为清真膳食幼儿食谱制定提供科学依据。

2. 制定班级个性化膳食管理幼儿信息登记表

前期调研结束后，保健医会制定班级个性化膳食信息登记表，并与班级教师及家长认真核对，保证信息准确有效。待核对无误后，将“班级过敏幼儿信息登记表”“清真膳食幼儿登记表”打印出来发到班级，班级教师会在保健医指导下将统计表张贴在班级配餐间的醒目位置，以方便保育教师配餐时认真核对过敏及清真膳食幼儿信息，并在进餐护理过程中给予其重点的关注和照顾。

3. 及时更新登记表

幼儿入园后，由于各种原因，过敏幼儿及清真膳食幼儿数据会有所变化，所以，个性化膳食登记表的信息也会及时进行更新，并与家长进行确认和核实，以便教师今后对幼儿的饮食指导。

（二）制订个性化膳食计划

保健医根据过敏体质幼儿和清真膳食幼儿的年龄、性别、体重、身高等因素，有计划地按照幼儿营养需要选择食物种类、数量，结合膳食费用，参照膳食营养素参考摄入量（DRIs）标准、各类食物每日参考摄入量，依据《北京市托幼机构卫生保健工作常规》中膳食相关要求，结合特殊幼儿进食量、营养计算的结果，结合当时市场供应情况、物质条件、饮食习惯等方面，定出谷类、干豆类、肉类、蛋类、鱼虾蟹贝类、蔬菜类和水果类等的具体用量，以满足个性化膳食幼儿每日对营养素的需求。

（三）个性化膳食服务

1. 过敏膳食服务

进食过敏食物对幼儿健康成长会造成很大影响，如引起皮肤疾病、消化系统疾病、心血管疾病以及过敏性休克反应等。为了避免此类疾病发生，幼儿园对过敏幼儿膳食进行以下服务。

（1）严格回避变应原

幼儿园为过敏幼儿提供餐食时，会严格回避变应原，用同类代替的方式提供适合不同个性化幼儿需求的餐食，如鱼虾过敏幼儿，可以用畜禽肉类、豆类和豆制品替代；对牛奶过敏的幼儿可以改喝豆奶或者豆浆，在需要牛奶的食谱里可用水果汁或蔬菜汁等替代牛奶去烹饪；对核桃过敏的幼儿可以更换成不过敏的其他坚果比如开心果等，以确保幼儿身体发育所需的营养。

（2）与家长密切沟通

过敏幼儿家长非常关心幼儿园每日菜谱，因此，班级有食物过敏幼儿的教师与家长沟通比较密切，需要每周告知家长菜谱中的食材配料，每天及时与家长取得联系，了解哪些食物能吃，哪些食物不能吃，以避免发生食物过敏现象。

（3）对进餐进行科学护理

进餐前，班级教师要对照“班级过敏幼儿信息登记表”进行核对，检查本餐有无过敏幼儿，如果有，取餐时要注意是否给个性化幼儿准备了特殊餐食，并为幼儿营造适宜的环境，提供光线好、通风好、不拥挤、洁净的环境。幼儿进餐时，不强迫、不指责、不批评幼儿，使幼儿心情愉快进餐。就餐过程中，将情感沟通和行为习惯相结合，保证幼儿的就餐质量，进餐中还要加强幼儿饮食安全教育。

2. 清真膳食服务

清真饮食历史悠久，科学、文化内涵丰富，是中华饮食文化重要的一部分。清真饮食在食材选择上有其独特标准和理论依据，有诸多原则和禁忌。为了尊重少数民族幼儿的民族风俗习惯，幼儿园主要做到以下几点。

（1）注意食材采购

幼儿园根据带量食谱和全园清真膳食幼儿数量采购新鲜的食材和调味料，尽量采购有“清真”字样的新鲜食材，肉类以牛羊肉为主，可以适当添加鸡肉和鱼类，注意粗细粮的搭配、荤素搭配、干稀搭配等。

（2）餐具分开使用

食堂为清真膳食幼儿准备了单独的餐具，与其他幼儿餐具分开使用，并单独清洗和存放。

（3）单独提供膳食

幼儿园为清真膳食幼儿单独提供膳食服务，如：吃饺子、包子时，除了素馅统一外，会提供牛肉馅；在吃排骨或者红烧肉时，会为清真膳食幼儿提供羊排或红烧牛肉，以确保幼儿营养的摄入。

（4）加强护理

根据当日上报食堂清真膳食儿童就餐人数，班级保育教师根据本班清真膳食儿童实际出勤人数领取餐点，回班后认真核对清真膳食儿童名单，及时发放清真餐点，并给予清真膳食幼儿进餐护理与指导，为儿童提供卫生、整洁、舒适的进餐环境。幼儿进餐时，不强迫、不指责、不批评幼儿，使幼儿心情愉快进餐。纠正偏食、挑食现象，培养良好的饮食习惯和卫生习惯等。

（四）定期进行监测

对于过敏体质幼儿和清真膳食幼儿，保健室定期进行营养监测与评估，通过观察幼儿的生长发育情况、食欲和饮食习惯等方面来了解其营养状况，发现问题，保健医及时对特殊幼儿个性化膳食计划进行调整和优化，比如，可以增加某些营养素的摄入量、调整食物的种类和搭配方式等，并鼓励幼儿多参与体育活动和户外活动，帮助幼儿更好的生长发育，降低过敏反应的风险和营养不良的风险。

（五）制定应急处置方案

为预防食物过敏突发状况发生，幼儿园制定了食物过敏应急处置方案，在最大程度减少过敏对幼儿的伤害的同时也能够提高保健人员、班级教师的快速应急处置能力。幼儿园在幼儿入园前针对幼儿过敏及过敏的症状和严重程度进行前期调研，并建立相关档案，做好风险评估。日常工作中，加强班级教师的相关知识培训和宣教，提高其对食物过敏的认知和应急处置能力。同时指导过敏幼儿要知晓致敏食物不能进食，加强自我保护能力。

当发现幼儿不小心误食或者接触过敏食物后，班级教师立刻制止幼儿继续食用或接触变应原食物，快速了解过敏食物的名称及食用量，观察幼儿身体状况，如是否出现口周泛红或者身体局部出现皮疹，是否出现消化系统、呼吸系统等其他过敏反应。同时，班级教师尽快带幼儿到保健室，说明幼儿过敏情况，保健医测量过敏幼儿的生命体征：体温、血压、脉搏、呼吸等，继续密切观察有无咳嗽、呼吸急促等全身症状，指导幼儿多饮水，促进新陈代谢。班级教师也要及时通知家长，告知幼儿过敏情况和处理意见，可接幼儿回家继续观察，不适时及时就医，保健医做好应急处置记录和回访。

当发现幼儿食物过敏后，出现呼吸急促及严重的全身症状时，一名班级教师陪护在幼儿身边并远离过敏物，另一名班级教师电话通知医务室保健医来现场紧急处置，同时电话联系幼儿家长，告知幼儿病情，尽快来园或直接赶去就诊医院。保健医接到电话立刻携带急救箱和物品到达班级现场（同时上报保健室主任，保健室主任上报主管园长），密切监测过敏幼儿生命体征及病情变化，同时保健医拨打 120 急救电话，告知急救人员幼儿病情情况，等待 120 到达去上级医院就诊。保健医做好过敏幼儿的应急处置记录和回访，关注幼儿后期恢复情况。幼儿园针对事件进行安全分析，进一步完善过敏幼儿的护理流程及应急处置流程。

二、个性化膳食指导

（一）对食堂的指导

食堂是个性化幼儿膳食服务关键一环，其采购、加工与制作流程要格外注意。

1. 核对过敏幼儿班级及人数

每天食堂负责人要指导食堂人员根据班级个性化膳食登记表认真核对当天过敏幼儿情况，根据人数进行食材的采购，采购时注意个性化膳食幼儿需求。

2. 根据情况进行制作

在膳食制作加工时，厨师要根据不同班级实际情况进行制作，如：班级中有对虾过敏的幼儿，那么，制作时就要用其他同等营养的食材进行代替；对核桃过敏的幼儿要更换成不过敏的其他坚果，比如开心果等。班级清真幼儿膳食，制作时提供牛羊肉和鸡肉做的食物。

3. 食品标识

制作完成的个性化膳食食堂会有明显的标识，使用单独容器盛装，以便与其他餐食进行区分，也有助于老师和个性化膳食幼儿能够准确地找到自己的餐食，避免误食。

4. 员工培训

食堂定期对员工进行个性化膳食培训，了解过敏症状、处理方法以及在紧急情况下采取哪些应急措施等等，增强过敏意识和应对能力；了解清真膳食制作时的注意事项，提高民族融合度等。

（二）对班级教师的指导

班级教师要对班级内过敏幼儿及过敏信息做到心中有数，每日取餐前核对个性化膳食幼儿名单，取餐时检查有无个性化膳食幼儿的餐食，出现问题及时与食堂进行联系。加强个性化幼儿进餐护理，培养幼儿良好进餐习惯，确保个性化膳食幼儿健康成长。对食物过敏应急处置预案进行培训，了解流程及应对措施，提高应急处突能力。

（三）对家长的指导

1. 对过敏体质幼儿家长的指导

保健室通过展板、公众号、美篇等多种渠道和方式指导家长对过敏体质幼儿加强生活护理，如果发现幼儿吃过一种食物后，仅仅是口周泛红或者身体局部皮肤出现皮疹，并没有消化系统、呼吸系统等其他过敏反应，可以在过敏症状彻底消失后，再次少量喂养，多次少量的刺激喂养会让幼儿对这种食物适应得更快。如果摄入某种食物后，幼儿发生多个身体系统的过敏反应，甚至引起了严重的过敏性休克等全身反应,这种情况下是需要严格回避引起过敏的食物,并且及时就医。

定期指导家长在家庭生活中对于过敏幼儿给予科学、均衡、营养的膳食，既要减少或回避幼儿过敏现象,又能保证能量、蛋白质及其他各种营养素的充分摄入，满足幼儿正常的生长发育，也有利于培养幼儿良好的饮食习惯。指导家长在挑选食材时要注意查看食品包装上的标签，留意成分表中标注的变应原，选择一些不会引发过敏反应的食品，减少采购食品添加剂较多和成分较混合的零食和食品，在制作食物的过程中，将容易引起过敏反应的食物与其他食物分开烹饪、存储和食用，避免交叉感染。

变应原虽然种类繁多，但仍可以通过预防来有效规避。日常生活中加强预防幼儿发生食物过敏的措施，减少空气污染，加强户外活动，合理使用洗涤剂，保护人体皮肤屏障，尽量避免接触变应原，出现症状及时就医，过敏严重的幼儿，家中要常备抗过敏药物。

2. 对清真膳食幼儿家长的指导

幼儿园通过多种形式和清真膳食幼儿家长加强沟通和交流，了解其民族风俗和家庭饮食习惯，定期向家长宣传、培训均衡膳食的相关知识，指导家长正确认识五大类食物，在家庭生活中注意食物多样，每天保证幼儿摄入充足的脂肪类食物、蛋白质类食物、碳水化合物类食物，适当摄入维生素和各种矿物质类食物（多吃新鲜的蔬菜水果、大豆、奶类、谷物等，适量吃鱼、禽、蛋、肉类），注意荤素、粗细粮、干稀、甜咸的合理搭配；减少油炸食品和甜食的供给，少油少盐，符合幼儿清淡口味；食物加工中还要注意采取科学的烹饪方式，以蒸、炒、煮为主，少采用炸、烤等方式，减少营养流失，提供充足的营养成分；创造良好的家庭进餐环境，保证幼儿规律进餐，足量饮水，在尊重民俗饮食习惯的基础上，提供学龄前幼儿营养、科学、合理的平衡膳食，家园共育，共同为少数民族幼儿的生长发育提供坚实的力量（见表 4.11 ～表 4.14 所示）。

表 4.11 班级过敏幼儿登记表

班级：

序号	姓名	性别	过敏食物							
			牛奶	鸡蛋	坚果	海鲜	小麦	大豆	水果	其他
1										
2										
3										
4										

管理要求：

1. 本班保教人员对过敏儿童做到心中有数，每餐查看食谱，指导过敏儿童能自行不进食过敏的食物。

2. 每次配餐前保育老师认真核对过敏儿童信息，再进行发放餐食，杜绝向过敏儿童发放过敏的食物。

表 4.12 幼儿健康状况登记表

家长朋友：

您好！为全面了解幼儿的身体健康状况，让班级教师在幼儿一日生活各环节如进餐、运动、睡眠、如厕等过程中照顾幼儿时做到心中有数，同时也便于保健医对幼儿的突发状况进行最大限度的、有针对性的救治，特对新入托幼儿的身体健康状况进行统计，内容详见下表。如幼儿有以下情况，请在相应栏内详细填写，如无任何异常状况，请在“健康”一栏内画“√”。

为了幼儿的健康与生命安全，请家长朋友积极配合做好统计工作，不要隐瞒实情，感谢您的理解与支持。

幼儿姓名： 性别： 填表时间：

疾病名称	确诊时间	目前病情	家长联系电话		您希望孩子在幼儿园得到何种特殊照顾	家长签字
			父亲	母亲		
健 康						
食物过敏（具体食物）						
药物过敏（具体药物）						
高热惊厥史						
癫痫						

续表

疾病名称	确诊时间	目前病情	家长联系电话		您希望孩子在幼儿园得到何种特殊照顾	家长签字
			父亲	母亲		
其他脑病						
糖尿病						
心脏疾患						
肾脏疾患						
肝脏疾患						
哮喘						
脱臼						
骨折						
视力异常						
听力异常						
血管疾患						
常见畸形						
其他疾患						

表 4.13　食堂张贴食物过敏幼儿汇总表

序号	班级	姓名	性别	变应原

表 4.14　食堂张贴清真膳食幼儿汇总表

序号	班级	姓名	性别	备注

（梁闪闪）

第五章

安全管理与服务保障

幼儿园安全管理包括园所整体的安全事项，从管理要素来说包括人、财、事、物、信息等安全，从管理对象来说包括安全组织体系、安全制度建设、安全宣传教育、安全防治体系、安全隐患排查、安全突发事件应急处置等。因此，对于园所安全管理与服务保障，需集合全园力量，关注安全管理要素，加强人、财、物等多方资源的协调配合，优化管理措施，从而维护全园安全稳定，为幼儿园高质量保教活动的开展奠基。

第一节　门卫安全与管理

校园安全是教育工作正常开展的首要前提和基本保障，又是保证师幼安全生活的必然要求。门卫工作承担着维护校园内外秩序和安全的职责，是校园安全的重要组成部分。因此，在门卫安全与管理工作中，要增强门卫安保意识与能力，严格落实各项安全制度，确保充分发挥校园门卫的职能作用，为建设平安校园构筑安全屏障。

一、门卫安全与管理的重要性

教育部颁发的《中小学幼儿园安全管理办法》规定，幼儿园应当健全门卫制度，禁止无关人员和校外机动车入内。首先，门卫是幼儿园安全防范的第一道防线。由于幼儿年龄小，自我保护能力较弱，他们无法有效识别潜在的危险。因此，门卫的存在可以及时发现并阻止可能对幼儿构成威胁的人员进入园内，从而确保幼儿的人身安全。其次，门卫安全与管理有助于维护幼儿园的正常秩序。无关人员和校外机动车的随意进入，不仅可能带来安全隐患，还可能干扰到幼儿园的正常活动。通过严格的门卫管理，可以确保幼儿园内部环境的安静与稳定，为幼儿提供一个安全健康的生活环境。此外，门卫安全与管理还能增强家长对幼儿园的信任度。家长是幼儿园的重要合作伙伴，他们对幼儿园的安全状况极为关注。一个安全、有序的门卫管理环境，可以让家长更加放心地将孩子送到幼儿园，从而建立起家园之间的良好互信关系。

依据《中小学幼儿园安全管理办法》，公安机关在校园安全中扮演着重要角色。他们不仅需要了解掌握幼儿园及周边的治安状况，还需要指导幼儿园做好校园保卫工作。在幼儿园门卫安全与管理方面，公安机关可以协助幼儿园完善相关制度，提供安全培训，以及在必要时及时介入处理相关安全事件。

同时，幼儿园可以聘请属地派出所警官为法制副园长，进一步加强与公安机关的合作。法制副园长的参与，不仅可以提供专业的法律和安全指导，还能在入离园高峰时段加强门岗力量，与民警、保安、值班教师以及家长志愿者共同守护幼儿的安全。这种多方协作的模式，能够大大提高幼儿园门卫安全与管理的效能，为幼儿营造一个更加安全、和谐的成长环境。

二、门卫安全与管理要求

门卫管理是园所管理的一个缩影，是体现管理水平的标准之一。作为幼儿园对外联系的第一“窗口”，门卫向往来者行礼、询问和进行登记；负责来访人员如司机、快递员的接待和其他相关询问；对重要设备或重点区域的定岗守护和巡查；停车管理和门口交通维持，通过设立固定岗、巡逻岗、视频中控岗等岗位进行安全护卫。

（一）增强安全意识

门卫是幼儿园重要的防线，加强门卫的培训学习，提升工作能力、加强工作责任心。门卫须熟知门卫制度与幼儿接送制度，严格落实幼儿园安全制度。门卫人员要有安全防范意识，牢固树立“安全第一”的思想，充分认识到守好幼儿园的大门是维护社会稳定、保障家庭和幼儿园切身利益的前提。

（二）提高应急处置能力

门卫须具备一定的处置应变能力，对安全通道，消防设备要经常检查，做到日常性保养维护，有一定对人员疏散、突发事件的紧急处理能力。对园区内 24 小时进行定时巡逻，排查可能存在的安全隐患，发现可疑人员及时查询对方意图，保证校园内外安全有序。

（三）严格落实入离园管理

做好入离园登记，需要进入校园的人员由门卫人员进行身份查验并做好登记。严禁无关人员进入校园，凡非本校人员还须查验核实身份证，得到幼儿园负责人许可方可进校。同时，规范各种值班记录，加强值班人员管理，严格值班值守制度，并要求值班门卫按时交接班，全力做好安全防护工作。

（四）服务幼儿园保育教育

门卫管理中，要根据服务对象提出的需求，在保障幼儿园各项工作安全有序的前提下，处理好原则性与灵活性的关系，按需提供门卫服务。门卫管理是幼儿园安全管理的一个部分，加强校园的巡逻工作和重点关键部位的安全保卫工作，真正实现内紧外松、以内为主，点面结合、以点为主的管理要求。

三、门卫制度与职责

为保证幼儿、教职工在园安全，幼儿园实行封闭式管理，门卫及保安员应自觉养成安全工作的职业意识，树立为幼儿园全体师幼服务的宗旨，并自觉遵守幼儿园的各项规章制度，坚守工作岗位，遵守相关幼儿园保安制度，明确岗位职责。

（一）传达室门卫安全制度

1. 做好门卫保卫工作，对陌生人及来园办事人员进园认真询问，来客登记并与接洽人联系同意接洽方可进入。

2. 定时开关大门，按时上下班。工作时间传达室必须保证有一人看守，早、晚家长接送幼儿时间，保安在大门两边站岗，严防幼儿独自走出大门。

3. 杜绝推销人员进入幼儿园。

4. 严禁骑自行车入内，非公汽车不得入内，幼儿户外活动时间任何车辆不得入内。

5. 认真监控报警设施，遇有报警迅速到达出险地点，根据事发情况及时向园领导及有关部门报告。

6. 值班时间不得会客，不得带亲属、朋友到幼儿园，不得随意拨打、占用电话。

（二）夜班安全保卫制度

1. 夜班值班人员必须按时上岗。

2. 在全园静园铃声响后负责督促家长尽快离园。

3. 全园静园后锁大院门，检查楼道各班门窗是否关好，锁好新楼各段大门。

4. 值班时间内除定时巡视，其他时间不得擅自离开值班室，注意接听电话。

5. 如接听到报警器报警后迅速到事发地点检查异情。

6. 熟记火警、匪警、派出所电话号码，会使用灭火器。

7. 值夜班期间不得会客，不得带亲属、朋友到幼儿园留宿。

（三）幼儿园保安制度

1. 保安严格执行幼儿园规定的工作制度，坚守岗位，不闲坐聊天、不擅自串岗离岗，严防幼儿自行走出幼儿园大门。

2. 保安定时开、关大门。幼儿在园期间，实行封闭管理。

3. 外来人员入园必须用电话联系有关人员接待，无接待一律不许入园，禁止非幼儿园工作人员进出。

4. 保安应在早晨教职工和幼儿来园之前以及全体教职工和幼儿离园之后对幼儿园进行全面安全检查。

5. 家长应按规定时间凭接送卡接送幼儿，如有特殊情况未在接送时间内接送幼儿时，保安需协助家长联系班级教师，由本班教师到园门口交接幼儿。离园时间，须密切关注幼儿出园情况，严防冒领幼儿的事故发生。

6. 保安应衣着整洁、待人接物和气，热情接待因公事来访人员、幼儿家长，主动服务，耐心询问，及时掌握去向和离开时间。不允许无关人员在园内聊天，不在传达室、大门口逗留。

7. 加强幼儿来园离园时的车辆停放管理，保安应指挥家长将车辆停放在指定地点，排列有序。

8. 加强节假日的门卫工作，保安应维护校门附近的清洁卫生，不允许外来人员进园玩耍游乐。

9. 做好报刊、信件转发工作。

（四）幼儿园保安职责

1. 保安严格执行幼儿园规定的工作制度，熟知幼儿园的报警系统，坚守岗位，做好园舍保卫工作，做好巡逻任务，防止闲杂人员混入园内。

2. 工作时按规定保安穿戴好保安制服、帽子，佩戴安保器械，衣着整洁、文明用语、待人接物和气。不能擅自离岗，不接待私人会客。

3. 幼儿来园离园期间，保安人员必须在大门口观察幼儿，严防冒领幼儿的事故发生。

4. 保安应在早晨教职工和幼儿来园之前以及全体教职工和幼儿离园之后对幼儿园进行全面安全检查。

5. 保安人员要热情接待每位幼儿和家长，对家长的疑问，能解答的及时解答，不能解答的，询问园方有关人员，再给予解答。

6. 做好幼儿入园和离园时的治安保卫工作，引导家长把自行车等交通工具摆放在规定的位置，防止车辆乱停乱放，堵塞交通。劝退幼儿园周边环境的小商小贩，遇到问题及时与工商部门联系，确保幼儿园周边环境畅通、安全。

7. 对幼儿园职工的车辆进行管理，一律不准入园。

（五）门卫管理方法

门卫管理方法是确保校园环境安全与秩序的重要手段。人防、物防是通过人力和物力进行安全防范，比如人员巡逻、站岗、使用器械保卫等防范措施。随着科学技术的进步，传统的防范手段也不断融入新科技的内容，技术防范手段作为人力防范手段和实体防范手段功能的延伸和加强，是对人力防范和实体防范在技术手段上的补充。为确保幼儿园的安全与稳定，门卫管理方法必须全面、细致且高效，结合了人防、物防和技术防范等多种手段。

1. 人防策略

门卫定时定点对园内进行巡查，特别是重点区域，如出入口、周边围墙等。巡查时要认真仔细，按照既定要求执行，并准确填写巡查记录，确保字迹工整，记录完整。定期组织保安进行实操演练，提高应对突发事件的反应速度和处置能力。

2. 物防措施

为门卫配备必要的防护装备，如防刺服、防刺手套、橡胶棒、腰叉、脚叉等，并确保他们熟悉使用方法。制定物防设备检查记录制度，定期对头盔、影像记录仪、对讲机等设备进行认真检查，确保设备处于良好状态。每次检查后需签字确认，以便追踪责任和管理记录。

3. 技术防范

利用现代科技手段，如周界报警系统、监控设备、无线烟感和报警按钮等，提升安全防范能力。定期对门卫进行技术防范手段的培训，如一键式报警器的使用、监控设备的切换等，确保在紧急情况下能够迅速响应。建立技术防范设备的维护和更新机制，确保其长期有效运行。

四、门卫安全与管理的措施

充分认识加强校园门卫安全与管理的重要性和必要性，增强责任感，发挥职能作用，强化校园安全保卫工作，维护校园安全。

（一）加强安全教育

幼儿园安全教育涵盖全园每一名教职工、幼儿及家长，通过安全宣教与培训使安全理念深入人心。除了日常的安全教育，还可以在门卫室张贴各种安全教育宣传标语，组织应急处突培训等，使人人知安全、懂安全、具备一定的安全防护能力。作为校园门卫，有责任肩负起宣传教育安全知识的职责，在幼儿和家长入离园的时候，强调“小朋友拉好家长的手”“和家长一起入离园”等。面对幼儿独立入离园的情况，门卫及时关注并加强教育，守护幼儿安全。

（二）加大巡查力度

幼儿园对门卫人员严格要求，定时定点排查安全隐患。校园门卫加大巡视防范力度，定时在校园内巡视检查，并加强对校园周边的巡视观察，发现隐患立即排除，对于校园周边的可疑人员，随时保持警惕，防止破坏校园安全和伤害幼儿的事件发生，以最大的力度维护校园的安全稳定。

（三）及时完善规章制度

平安校园工作深入推进，以制度建设为依托，不断提升校园安全治理工作规范化、科学化、现代化水平。幼儿园以完备、科学、规范的安全管理制度，夯实安全工作之基。先后制定与完善了消防、交通、反电诈、防溺水等安全制度和各类日常安全工作管理实施措施，以提升教职工安全意识和规范教职工安全行为，营造安全的幼儿园环境。深入细致地开展各项安全工作，把平安校园建设与促进幼儿园改革发展相结合，建设工作稳步推进，展现强大保护力。

（四）有效应对突发事件

作为幼儿园的第一道安全防线，门卫安全守护着全园师幼的安全。除了做好日常安全工作之外，门卫还随时面临各类突发事件。比如家长忘记带接送卡，保安会在值班室请家长登记，门卫会给班主任老师打电话，让老师出来接送幼儿。遇到身体突然不适的家长或幼儿，门卫在询问情况后，会联系幼儿园医务室，请医务工作人员出来做判断，并建议及时就医。

（高翼）

第二节　班级安全与管理

班级安全管理是通过创设良好的环境与氛围、有计划地开展安全教育活动以及制定安全制度等预防安全事故的发生，增强师幼安全意识，为幼儿身心发展提供安全保障。

一、班级安全与管理的意义

幼儿园是幼儿生活和学习的场所，幼儿的安全关系到家庭和社会的稳定。而班级是幼儿园组成的基本要素，班级的安全管理关系到幼儿园的整体安全，因此，班级安全管理非常重要。

（一）保障幼儿安全与健康

幼儿的身心健康是学习和成长的基础。良好的班级安全管理可以预防和减少各类安全事故的发生，同时，通过班级安全教育等活动，让幼儿了解各项安全防范知识、躲避危险，增强自救能力。

（二）保障班级工作顺利开展

安全的环境是工作顺利开展的基础。班级安全稳定，师幼关系和谐教师才能够安心开展教育活动，完成幼儿园及班级各项任务。班级出现安全问题，不仅会影响师幼心理情绪，教师工作效率也相应会受到影响。

（三）促进家庭和谐与社会稳定

幼儿在园安全也是家长关注的内容之一。安全可靠的班级环境和氛围也会让家长感到安心和放心。很多幼儿园出现了安全问题，对幼儿身心造成了不可挽回的影响，这些行为受到了社会的关注。因此，维护幼儿园班级安定和谐，也有助于社会的稳定。

二、班级安全与管理的内容

幼儿园班级安全管理包括班级物品安全管理和班级人员安全管理两个方面。

（一）班级物品安全管理

幼儿园班级物品比较多，包括电器、家具、游戏材料等等。这些物品使用不当、操作不当、摆放不当等都会造成安全隐患，威胁到师幼安全。因此，在物品安全管理中注意以下几点。

1. 物品选择注意安全性

班级物品是一日生活的基础保障，物品选择将直接影响到师幼安全。因此，在选择上应该注意安全性。

（1）电器设备选择

电器设备选择应符合安全标准，定期进行检查和维护。使用电器时应遵守相关规定，禁止使用损坏或老化的电器。

（2）班级家具选择

幼儿餐桌、餐椅、水杯架等家具应该根据幼儿年龄特点选择棱角圆滑的，若有尖锐边角，应及时用软性材料巧妙包扎好；教室的门应该向外开，不宜安装弹簧，午睡的床要有护栏。

（3）玩具材料的选择

幼儿使用的玩具、各种材料等从正规玩具厂商进行选购，并且按时更换和更新陈旧材料、器械，以确保使用安全。不给幼儿投放体积过小的、锐利的、有毒的玩具材料及物品，如：小珠子、别针、牙签、小刀等，以免幼儿放入口鼻或引起割伤、刮伤等。

2. 物品摆放确保安全性

在班级教室中，物品摆放也是影响安全的因素之一。因此在物品摆放中注意以下几点。

（1）合理规划空间

班级活动室空间有限，区域规划时，每个区域空间要满足幼儿活动需要，区域摆放要开放，利于教师观察幼儿活动情况。

（2）不堵塞安全通道

班级入口和出口是安全疏散通道，任何物品都不能摆放在疏散通道，以免发生火情等紧急情况时影响幼儿疏散。

另外，幼儿座位摆放也非常有学问。幼儿在活动室走动频率较大，椅子摆放科学，幼儿走路安全就不会受到影响，如果椅子位置不合理，如两排椅子之间距离过小、出口过窄等，都会在幼儿离开座位后发生摔倒、绊倒等现象。

3. 物品使用注意规范性

很多班级安全事故都是由于对物品使用操作不当引起的。如：班级热水壶放到了幼儿唾手可得的地方，造成幼儿烫伤；班级电器插销不拔，造成火灾等。因此，班级任何物品都要按照规范进行操作，避免发生意外。

4. 定期进行安全检查

班级物品安全巡检非常重要，主要目的是查看班级物品是否存在安全隐患，发现问题及时进行整改，避免发生安全事故。物品安全检查主要包括以下几个方面。

（1）班级电器检查：检查教室内电器使用是否符合规范，电源是否正确插线，插座是否完好，电线是否存在老化现象等。

（2）教室走廊安全检查：检查教室和走廊是否存在安全隐患，如地面有无杂物堆积、窗户是否牢固、有无危险物品等。

（3）消防安全检查：灭火设施是否齐全，消防指示灯、应急灯是否完好无遮挡，疏散通道是否畅通等。

5. 注意清洁卫生

班级是一个集体，病原、微生物的存在严重影响师幼健康，而且传播速度比较快。因此，班级清洁至关重要。班级所有物品如：地面、厕所、用具等，都要根据消毒要求进行消毒和清洁，避免对师幼健康造成伤害。

（二）班级人员安全管理

教师和幼儿是班级成员的组成部分，为了培养师幼安全意识，提高自我保护和自救能力，注意做好以下几点。

1. 制定安全管理制度

为加强班级安全管理，幼儿园指导班级制定班级安全规章制度，如：《班级安全管理制度》《教育活动中的安全制度》《户外活动安全制度》《户外场地安全制度》《外出活动安全制度》《大型活动安全制度》《班级卫生消毒安全制度》等，通过制度规范教师的行为，为幼儿在班安全提供良好的保障。

附 1：班级安全管理制度

（1）教室安全检查：定期对教室进行安全检查，包括检查电气设备、窗户、门锁、灭火器等是否正常。检查结果应及时记录并解决存在的安全隐患。

（2）防火防灾：教室内应配备灭火器、烟雾报警器等消防设备，并建立灭火逃生预案。师幼应定期进行火灾逃生演练，并提醒大家禁止燃放烟花爆竹等引发火灾的行为。

（3）防盗防抢：教室内安装监控设备，加强教室周边的安全防范，确保入侵者无法进入教室。

（4）电器安全：教室内的电器设备应符合安全标准，定期进行检查和维护。使用电器时应遵守相关规定，禁止使用损坏或老化的电器。

（5）教室清洁和卫生：教室内应保持整洁，垃圾应及时清理，教室内的卫生设施如洗手盆、厕所等也应保持良好状态。

（6）确保安全通道畅通：教室内的安全通道应保持畅通，不得堆放杂物或干扰通道的使用。

（7）急救和危险物品管理：教师应具备基本急救知识。教室内应禁止存放危险物品，如易燃品、尖锐物品等。

（8）紧急情况应对：幼儿园应建立紧急情况应对机制，确保在紧急情况下能够迅速有序地疏散幼儿，并进行紧急处置。

教室安全管理制度的实施需要全体师幼共同努力，幼儿园应加强对师幼的安全教育和培训，增强师幼的安全意识并定期进行安全演练和检查，确保教室内的安全。

附 2：班级幼儿安全管理制度

（1）教师要做好一日活动内对幼儿的安全管理，随时让幼儿在教师视线范围内活动。

（2）教师要经常教育幼儿有序玩耍，不互相争抢玩具，不拥挤、推、拉、打闹或玩危险的游戏，及时制止幼儿的过激行为。

（3）随时清点幼儿人数，做好交接班工作，防止幼儿私自出走或丢失及其他意外事故的发生。

（4）每天坚持对室内外环境、设施的安全检查，特别是户外活动前，要检查场地有无石块、玻璃碎片等危险物品，检查活动材料、设施是否安全，发现问题及时处理，确保幼儿活动安全。

（5）班上热水壶、保温桶等要放置安全，严禁让幼儿提开水壶、靠近汤菜桶，避免幼儿烫伤。

（6）所有盥洗用品和剪刀、小刀等尖锐物品放置在幼儿够不到的地方，避免意外事故发生。

（7）教育幼儿不把异物放入口腔、鼻腔与耳内；不佩戴项链、耳环、别针等危险物品。

（8）所有电器用后，马上切断电源。

（9）随时对幼儿进行安全教育，讲解和宣传安全科学知识，增强幼儿的安全意识，提高自我保护能力。

（10）午睡值班要勤巡视，勤观察，及时发现生病的幼儿，防止意外事故的发生。

（11）严格执行接送制度，教师不熟悉的人来接孩子时，必须与家长进行身份核对，与家长确认并签字才可交接。

2. 定期进行安全教育与培训

安全教育和培训是获取安全知识的直接手段。日常安全工作中，通过法制副园长进校园开展专项培训、观看安全宣传片、安全知识竞答、教师经验交流等多种形式对师幼进行消防安全、交通安全、防震安全、防诈骗安全、防拐、防暴等多项安全培训，通过生动的讲解、鲜活画面、案例分析等让师幼了解安全问题的重要性，知道如何躲避危险。

3. 加强安全应急演练

演练的目的是让师幼在了解安全知识的基础上，在模拟场景下进行演练活动，通过亲身体验，更加深入地了解不同类型的突发事件所带来的危害和影响，检验预案的有效性、可行性，能将所学的逃生避险知识进行运用，以备不时之需。每月对师幼进行一次应急演练活动，如：消防安全演练、防震演练、防拐演练、反恐防暴演练等。

4. 加强安全宣传

为了增进师幼安全意识，安全宣传也是重要的措施。平时结合安全生产月以及宣传日等，通过大屏、宣传海报、微信群、公众号等多种形式开展安全宣传活动，加强教职工、幼儿及家长的安全意识。也会在班级内提示幼儿遵守各项安全管理规定，如：不带危险物品来幼儿园、上下楼不跑、不推、不挤、不跟陌生人走、离园时要拉着家长的手等，帮助幼儿养成安全的行为习惯。

5. 按时召开安全例会

安全例会是班会中的一部分。每月班会中，老师们都会根据班级存在的安全问题进行梳理，总结经验，及时制定安全措施，避免安全隐患的发生。同时，通过安全例会，也会学习幼儿园一些安全制度，如：班级安全管理制度、幼儿活动安全制度、安全隐患排查制度等，增强班级安全管理意识。

6. 安全课程设置

幼儿园将安全课程纳入正式课程体系。教师每月有重点地对幼儿进行防火、防震、防拐、生活中的安全、运动中的安全等安全教育，每周计划中也针对班级安全问题进行梳理，制定相应的重点培养目标开展安全教育。通过课程设置及日常安全提示，使幼儿掌握生活、学习、游戏等相关的安全知识，增强安全意识和自我保护能力。

7. 做好家园沟通

家园共育是幼儿园重要工作内容。教师要了解幼儿的身心发展情况，及时与家长进行沟通，共同关注幼儿安全问题。同时还可以通过家委会、微信群、家长会等多种形式传递幼儿园安全工作和相关信息，共同为幼儿安全保驾护航。

三、班级安全与管理的模式

班级作为幼儿园安全管理的重要单元，也是幼儿最主要的活动场地，要加强班级安全与管理，落实岗位责任，加强问题发现与解决。

（一）落实安全责任制

班级主班教师承担安全管理的主要责任，带头做好班级各项安全工作，制定班级安全教育内容，落实幼儿园各项安全制度。班级三位教师签订安全责任书，对班级安全工作进行明确的分工和责任落实，提高班级教师对安全的责任感和主动性。

（二）注重安全文化建设

班级教师共同建立安全文化，在工作中不断加强安全意识的培养，强化对安全的重视，遵守幼儿园各项安全规章制度和操作规程，积极参加安全培训和演练，增强安全意识和安全素养。

（三）落实定期检查制度

班级教师定期对班级物品进行检查，发现安全问题及时整改，对存在的安全问题及时上报。

（四）落实安全奖惩制度

幼儿园建立安全奖惩制度，对安全表现优秀的教师进行奖励；对出现安全事故的教师进行责任追究，并视情节严重程度进行处罚和处理。

班级安全管理是安全管理工作中的重要内容，幼儿园要把安全工作放在首位，培养师幼安全意识，避免安全事故的发生。

（王桂红）

第三节　公共环境安全与管理

幼儿园公共环境安全是园所安全不可或缺的一部分，它为幼儿一日生活的有序进行提供了必要的环境保障。由于幼儿在园内的活动范围较广，且自我保护能力弱，因此，对公共环境的安全与管理必须给予高度重视。

一、公共环境安全与管理的意义

幼儿园公共环境安全与管理，不仅为园所环境服务，更能影响幼儿的习惯养成。要坚持安全第一、环境富有教育性的原则，规范幼儿园内公共环境的安全管理，增强全园教职工的安全意识，维护幼儿在公共环境中的健康与安全。

（一）保障幼儿安全

公共环境安全与管理的首要意义在于确保幼儿在园所的安全。公共环境是幼儿日常活动的重要场所，安全的管理措施能够有效预防意外事故的发生，保护幼儿免受伤害，为他们的健康成长提供有力保障。

（二）促进幼儿发展

环境是第三位教师，除了基本的安全保障功能，良好的公共环境还能促进幼儿的发展。设计合理、充满教育元素的公共环境，能够激发幼儿的好奇心，培养他们的探索精神和创造力，有助于形成积极向上的学习氛围。

（三）培养良好习惯

公共环境的安全与管理有助于培养幼儿的规则意识和良好行为习惯。通过日常行为规范的教育和引导，幼儿在遵守公共环境规则的过程中，逐渐养成良好的行为习惯。

（四）提升园所形象

环境是对外宣传，让社会、家长了解幼儿教育的重要阵地。家长考察、评价一个幼儿园的时候，首先关注的就是这所幼儿园的环境，从硬环境到软环境，比如幼儿园的园舍规模、设施设备、幼儿园的文化氛围等都是家长关注的点位。国家提出要建设教育强国，建设高质量教育体系，幼儿享受到丰富的环境熏陶就是高质量教育的一种体现。

二、管理要点

幼儿园的公共环境范围是指班级教室以外从事和进行正常的生活、工作学习、游戏和交往所需要的稳定的外部环境和秩序。由于幼儿以自我为中心，探索性强，对一切事物都充满好奇心，但他们不能清楚地看到周围环境中潜伏的危险因素，缺乏对行为结果危险性的预测，更不会正确、及时地应对各种突发的危险事件。

为了尽可能减少公共环境中的安全隐患，需要从安全教育、活动场所的布置、物品的摆放、大型玩具的安全隐患排除等方面考虑，根据幼儿园的现有设施设备等制定相关的安全管理要求。

（一）责任到人

为了确保幼儿园公共环境的安全与有序，我们提出以下“管理责任到人”的实施方案，旨在通过精细化分工与管理，确保每个公共区域都有专人负责，从而构建一个安全、舒适的幼儿成长环境。

1. 明确管理责任分工

将幼儿园公共环境划分为若干个安全责任区域，如走廊、楼梯、活动室等，确保每个区域都有明确的负责人。该负责人需全面了解所负责区域的安全状况，负责日常的安全检查、隐患排查、问题上报以及处理突发事件等工作。

2. 严格执行隐患排查制度

各区域负责人需定期对所辖区域进行巡查，重点关注设施设备的安全性、环境卫生的整洁度以及幼儿活动的秩序等。一旦发现安全隐患或问题，负责人需立即上报安全小组，并根据实际情况采取必要的临时措施，如围挡、警示等，确保幼儿安全。安全小组在接到反馈后，需及时组织相关人员进行处理，并将处理结果记录在案，以便后续追踪与改进。

3. 建立健全环境安全管理体系

根据幼儿园实际情况，制定公共环境安全管理制度，明确各项管理要求与操作流程。定期对全体教职工进行安全知识与技能培训，增强教职工的安全意识与应急处理能力。同时，将公共环境安全管理纳入教职工考核体系，激励教职工积极履行职责。

4. 全员参与，共创安全环境

通过日常教育、宣传活动等手段，不断增强幼儿及家长的安全意识，明白安全无小事，人人都是安全员，携手共创一个安全、和谐的幼儿成长环境。

（二）公共环境安全与管理的主要范围

幼儿园公共环境是幼儿园实施全面发展教育的前提和基础，它对保教质量有重要的影响。构成幼儿园公共环境安全与管理的主要内容包括以下 6 个方面。

1. 公共楼道及走廊

公共楼道及走廊是幼儿园日常活动中不可或缺的一部分，也是幼儿频繁使用的公共区域。

（1）保持通畅与整洁

严格规定公共楼道及走廊不得随意堆放杂物，确保通道始终保持畅通无阻。在显眼位置设置安全使用说明，如楼道照明开关、消防栓、电闸等的位置，以便在紧急情况下能够迅速找到并使用。

（2）定期巡查与维护

保洁和保安人员需定期巡查公共楼道及走廊，发现问题如破损、污渍等应及时整改，确保环境整洁且设施完好。对于损坏的部分，应及时报修，并由后勤维修部门负责及时修补，以消除安全隐患。

（3）公共安全标识的设置与维护

在公共区域设置适合幼儿园师幼认识的醒目安全标识，如上下楼梯的安全提示、紧急出口指示等。这些标识应设计得既有趣又易懂，如使用小脚印贴纸引导幼儿靠右行，或通过儿歌等形式帮助幼儿记住安全规则。定期巡视并清洁安全标识，确保其清晰可见。如有破损或褪色，应及时更换。

（4）安全教育与宣传

教师需定期组织安全活动，帮助幼儿认识并理解公共环境中的各种安全标识及其含义。通过故事、游戏等形式向幼儿传授安全知识，如保持前后空一人的距离上下楼梯、不追逐打闹等。加强对幼儿的安全宣传教育，增强他们的安全防范意识和自救自护能力。

（5）规范幼儿行为

教育并引导幼儿养成靠右行走、轻声过楼道、有序走路的良好习惯。严禁幼儿在走廊、楼道等地方追逐打闹，确保他们在公共环境中能够自觉遵守安全规则。

2. 公共教室

公共教室作为幼儿园内多个班级共用的活动空间，其安全管理尤为关键。为确保公共教室的安全与整洁，需做到以下四点。

（1）日常清洁与维护

公共教室指定专人负责日常清洁工作，确保教室时刻保持干净整洁。物品摆放规范，应摆放在固定位置，并在每次使用后及时归位，避免造成混乱或绊倒风险。定期检查与消毒，除了日常清洁，还需定期对公共教室进行深度清洁和消毒，确保卫生达标。

（2）设备设施安全检查

教师在每次使用公共教室前后，都需对教室内的家具、玩具教具进行安全检查，确保其安全无隐患。老化物品及时更换，对于发现有老化、损坏或存在安全隐患的物品，应及时进行更换或处理。

（3）进出管理与幼儿安全

教师在带领幼儿进出公共教室时，需随时清点幼儿人数，确保无幼儿遗留在教室内。在幼儿进入公共教室前，教师应向幼儿说明需要注意的安全事项，如不乱跑、不随意触摸设备等。引导幼儿在使用完教室后将物品归位，桌椅摆放整齐，避免造成绊倒等事故。进出公共教室时，需确保人走关窗、关电、关灯，节约能源的同时确保安全。

（4）教具与教学电器管理

确保公共教室内的教具和教学电器数量充足、种类齐全，满足日常教学需求。对教具和教学电器进行定期检查和维护，确保其性能良好且安全可靠。教师在使用教具和教学电器时应遵循规范操作要求，并在使用后及时存放回指定位置。

3. *户外活动场地*

户外场地是幼儿园中幼儿进行活动、游戏的重要场所，因此其安全管理至关重要。

（1）定期进行地面安全检查

安全员和维修师傅需定期对幼儿园户外活动场地进行安全检查，特别关注地面是否平整，不同材质地面（如水泥、塑胶、假草坪等）有无破损、裂痕或隆起。一旦发现地面存在安全隐患，如破损、裂痕等，应立即进行修理。对于小面积破损，可及时请专业维修师傅进行修补；若破损严重或面积较大，需先用警戒线或放置锥体等标识物进行围挡，防止幼儿进入危险区域，并尽快安排维修。安全员需定期检查地垫状况，尤其是大型玩具（如滑梯、秋千等）下方的地垫应保持平整、无破损，以减轻幼儿意外跌落时的冲击力，如有问题及时更换或修理。

（2）场地维护与修复

除了进行定期的安全检查外，还需对户外场地进行日常维护，如清理杂物、保持排水通畅等，以确保场地的正常使用。对于需要大面积修复或改造的场地，可利用周末或假期进行。在此期间，应确保场地内无幼儿进入，并设置明显的施工警示标识。场地修复完成后，需由安全小组进行验收，确保所有安全隐患已得到妥善处理。验收合格后，方可重新开放给幼儿使用。

（3）安全教育与宣传

教师在组织户外活动时，需向幼儿强调安全注意事项，如不乱跑、不推搡、不攀爬未开放的设施等。同时，可根据幼儿年龄特点，通过故事、游戏等形式进行安全教育。

4. 大型玩具设施

大型玩具设施是幼儿园中备受幼儿喜爱的活动设备，但由于其体积庞大、结构复杂，因此安全管理涉及的内容较多。

（1）设施检查与维护

安排专人对大型玩具设施进行定期巡视，特别是在幼儿活动高峰期，要增加巡视频次。巡视时要关注设施的整体结构、连接部件以及使用状态，发现安全问题及时上报。每学期开学前，请厂家专业人员对园内所有大型玩具设施进行全面的安全测试与检修，确保设施在新学期开始前处于良好状态。每月组织安全员对户外大型玩具进行联合检查，重点关注设施的稳固性、零件的紧固情况以及表面的磨损程度。发现问题及时上报维修师傅，确保问题得到及时解决。

（2）防滑与防摔措施

在雨天或潮湿天气后，要及时清理大型玩具及地面上的积水，确保设施干燥，防止幼儿因地面湿滑而摔倒。在大型玩具的滑梯、攀爬架等关键部位设置防滑材料，如防滑垫、防滑条等，增加幼儿活动的安全性。

（3）安全标识与警示

根据大型玩具的适宜年龄段，在设施显眼位置张贴相应的年龄标识，引导教师和家长合理安排幼儿活动。在设施的关键部位和潜在危险区域设置安全警示标志，如“注意安全”“禁止攀爬”等，提醒幼儿注意安全。

（4）幼儿安全教育与引导

在幼儿使用大型玩具前，教师要向幼儿说明正确的游戏方法和安全注意事项，如上楼梯靠右行、滑梯不能逆行等。同时，要教育幼儿在游戏中保持秩序、不推搡、不拥挤。定期组织幼儿进行安全教育动员活动，通过讲解安全知识、观看安全教育视频等方式，帮助幼儿增强安全意识，懂得如何保护自己。此外，还可以利用情境模拟等方式让幼儿了解在紧急情况下的自救与互救方法。

5. 绿植园地

幼儿园内的植物遵守幼儿园的种植要求进行有层次的种植管理。绿化园地和动植物角的设施设备定期检修，工具需定期维修，避免潜在危险的发生。每学期开学前，将幼儿园内绿地及大树进行整理与修复。定期请园林绿化工作人员对灌木等1.40米以下的枝杈进行修剪。园所内的大树，由于长势比较高，园所内安全员须定期巡视，发现有枯枝或短枝及时上报，请高空作业的园林工作人员及时把枯树枝修剪掉，保证幼儿在安全的绿化园地上游戏。绿化活动场的地面尽量保持平整，及时填补草皮下的凹坑，绿地上面不随意堆积杂物。绿化场地的管理由保洁每天打扫、巡视，发现问题及时汇报。

6. 动植物园地

动植物园区的安全管理，需要专人负责，在相应位置做好安全提示标识。教师带幼儿来到动植物区域前，要提前做好安全教育，了解动植物的安全隐患，知道正确在园区活动的要求，遵守动植物园区安全管理规定。使用动植物园区里的工具时，注意自己和同伴间的安全距离，特别是用铲子时，注意不要把土弄到眼睛里；浇水时不要把水弄湿衣服或身体。喂小动物时要保持安全距离，不轻易触摸小动物。与小动物接触后，请幼儿尽快洗手，清除手上的细菌，避免不健康带来的不安全问题。植物间有小虫子时，需要在周末或放学后进行统一的消杀处理，避免危险的发生。

三、公共环境的安全与管理制度保障

（一）做好各部门定期联动巡查工作，发现问题，及时记录，做好排查工作。

（二）分区管理，保洁员认真做好公共环境清理工作，发现安全隐患，及时报修处理。

（三）保安员每天定时巡视公共环境的安全问题，发现问题，及时排除。

（四）教师在使用前先检查公共环境中的安全问题，发现问题，尽早排除安全隐患。

（五）健全公共环境中的安全管理体制，明确责任，依据不同位置的相关标识提示，规范使用。

（六）开展园内专项安全培训，师幼共同遵守安全工作规定。

（七）教师熟知公共场所安全制度规范，在公共环境中组织活动，要做到想在前、说在前、做在前。

（八）关注公共环境中的安全问题，做好宣传教育工作，增强全园师幼的安全意识、危机意识和社会责任意识。

四、公共环境安全与管理方法及效果

安全管理工作要从细节入手，公共环境安全与管理更要加强安全管理和安全教育，增强教职工的安全管理意识是做好幼儿园安全工作的前提。健全的安全管理制度，是做好幼儿园安全工作的保证。组织幼儿进行必要的训练和安全演习是做好幼儿园安全工作的有效手段，全员参与，是做好安全工作的要素。幼儿园领导小组，根据幼儿年龄及班级情况，安排好适宜的活动场地及游戏时间段，保证幼儿在户外游戏场地的空间和时间。

（一）消防安全管理

在幼儿园的公共环境中，走廊、户外场地、公共教室等位置都承接着重要的消防通道的作用。公共环境的消防通道，禁止堆放一切物品，时刻要保持消防通道的畅通。这也是公共环境中，贯彻始终，禁止堆放一切物品的原因。消防安全管理是幼儿园公共环境安全的核心。除了确保消防通道畅通无阻、消防器材配置齐全并定期检查外，还需加强对教职工的消防安全培训，使他们能够熟练掌握消防器材的使用方法，并在紧急情况下迅速组织幼儿疏散。此外，定期开展消防演练，增强全体师幼的消防安全意识和自防自救能力也是必不可少的。

（二）环境卫生管理

公共环境的卫生状况直接关系到幼儿的身心健康。建立健全的环境卫生管理制度，明确清洁责任划分，并确保专人定时清洁和消毒。同时，加强环境卫生的监督检查，及时发现并处理卫生问题，为师幼营造一个整洁、美观、舒适的生活和学习环境。

（三）行为管理

做好周边环境、场所的安全卫生管理工作，减少或禁止噪声，保证教育教学工作、生活的正常开展。在公共环境里，要保持环境卫生，及时处理废弃物，随时清理生活垃圾，为师幼营造良好的生活空间。加强对幼儿和教职员工的行为规范教育，引导其养成良好的行为习惯。

（四）安全隐患排查管理

每月各安全部门进行联动安全巡查，做好公共环境隐患排查工作，做好巡查记录。定时请设备厂家来园做好维护与安全排查工作，对于有安全隐患的部分，做好更换与维修工作。积极与安全部门做好配合，高质量完成公共环境的安全排查工作。例如大型玩具的安全检查与维护，为师幼安全使用提供帮助。

（五）突发事件应急管理

在公共环境中，配合班级和安全部门做好各种演习撤离训练，为其提供安全可靠的环境保障。公共环境中如有突发事件发生，例如楼道的玻璃碎了、楼道暖气漏水等突发事件，首先疏散师幼避免造成二次伤害，其次做好现场秩序维护，在安全距离拉好警戒线，同时通知即将通过的师幼要绕行。通知维修师傅或工人第一时间来处理突发事件中的相关工作。安全责任人，需第一时间到达现场，与相关单位、相关负责人尽快联系。

（六）维护与管理

公共环境要做到定期维修，小的维修项目需要在周末时间，大的维修项目需要利用寒暑假的时间。这样做，不影响师幼在园的正常生活，也保障公共环境的维修效果。当然也会有突发的维修情况，例如户外台阶被硬物压坏，这就需要快速用警示牌的摆放，提示路过的人要小心，不能踩踏。请维修师傅快速修理恢复。对于危害范围重大的，要追究相关人员的责任，杜绝此类公共环境安全事件的发生。

总之，公共环境中的安全与管理，对于一个园所来说非常重要。幼儿园教育肩负着对幼儿健康发育、各种习惯培养的使命。如何确保儿童在安全、舒适的校园环境中生活、游戏，是幼教工作者需要思考的重要问题。重视幼儿园的公共环境，共同维护好公共环境的安全，做好公共环境的安全管理，为幼儿在园的健康成长保驾护航。

（赵新爱）

第四节　幼儿园教职工集体宿舍安全与管理

为有需求的教职工提供安全宜居的住宿条件，是幼儿园顺利引进并稳定师资、实现规范化管理的重要因素。集体宿舍的安全与管理直接关系到住宿教职工的生活质量和工作状态，更影响到幼儿园的整体运营与发展。幼儿园探索出一套科学、合理、高效的宿舍管理制度，是当前幼儿园管理者面临的重要课题。

一、集体宿舍管理的目的和意义

集体宿舍是住宿教职工工作学习和生活的重要场所，也是加强教职工思想道德建设的重要阵地。因此，幼儿园需要将集体宿舍管理提升到一定高度加以认识，构建科学的宿舍管理模式，使集体宿舍管理工作更具指导性和预见性，充分实现刚性的制度约束与柔性的人文关怀有机结合的目的。

规范化的管理是保障安全的必要前提，同时也是营造宿舍环境氛围和谐的充分保障。规范化的管理保障教职工生活品质，在增强教职工的归属感，培养教职工团队精神，树立良好的幼教人形象，推动幼儿园文化建设等方面具有现实意义。

二、集体宿舍管理的要点

宿舍人员管理的要点不仅包括对宿舍基本秩序的维护，还涉及对宿舍入住教职工的生活、学习、心理等方面的关怀与引导。牢固树立以人为本的管理理念，积极探索和创新宿舍管理模式，才能为教职工营造一个安全、舒适、和谐的居住环境，为幼儿园的持续发展奠定坚实基础。在此过程中，需要紧扣宿舍管理的原则，梳理宿舍管理的主要内容，并持续优化。

（一）集体宿舍管理的原则

1. 安全性原则

集体宿舍环境中人员相对密集，健全和完善各项管理制度，制定相关的应急预案，安全措施到位，做好突发事件的应对工作。同时加强日常检查，及时发现，甚至提前发现可能存在的安全隐患并及时解决，切实保障住宿教职工的生命财产安全。

2. 科学性原则

从实际出发，以客观的住宿现状和丰富的实践基础为依据，以严谨的管理理论逻辑为指导，形成“幼儿园办公室—宿舍组长—宿舍室长”分级管理的科学方法论，实现责任划分清晰，做到权责分明。

3. 宜居性原则

幼儿园严格遵照住建委等对于集体宿舍人均居住面积的要求，合理配置宿舍资源。不仅要做到及时发现问题及时解决问题，同时要有预见性地关注到宿舍楼宇可能会发生的不利于居住的情况，积极推动改善和调整。

4. 人文性原则

始终把“以人为本、服务到人”作为根本出发点。在日常管理中，注重与住宿教职工的沟通和交流，及时掌握宿舍情况。了解其需求，协助解决问题。此外幼儿园还可以开展“联欢会”“交流会”等丰富住宿生活。

（二）集体宿舍管理的主要内容

1. 制定宿舍管理制度，并推进执行

规范化、科学化的制度是实现有效管理的根本保障。幼儿园根据相关法律法规的要求，制定符合幼儿园集体宿舍管理实际的《幼儿园集体宿舍管理制度条例》，并以条例为集体宿舍的行为依据。

2. 宿舍人员入住、退宿登记

幼儿园对住宿教职工的入住、退宿等情况进行记录，建立宿舍人员档案。每一名新入住教职工均与幼儿园签订《宿舍入住协议书》《宿舍安全责任书》。同时，在每学期开学初，由幼儿园办公室负责，整理更新入住人员信息情况，并留档保存。进入宿舍必须出示有效证件，对来访人员由寝室楼长进行登记核验且不得留宿。

3. 宿舍人员离宿、晚归的管理

建立离宿、晚归台账。掌握住宿教职工晚10点前未能回到宿舍的情况，切实保障住宿教职工的生命财产安全。

4. 宿舍卫生情况检查

围绕制度落实、消防卫生、电气设备使用等方面，在宿舍内每周一次自查，宿舍组长两周一次检查，幼儿园每学期进行一到两次的检查。学期初定向检查一次，学期中抽查一次。每次检查后及时出具宿舍检查情况反馈，对出现违规的住宿教职工督查整改，整改后仍然不合格者，清退宿舍。

5. 安全教育

为了保障住宿教职工的生命财产安全，增强自我防范意识和能力，幼儿园每年都开展形式多样、内容丰富的安全教育活动。如：消防演练；交通安全知识讲座；电动车充电安全提示等。

6. 突发性事件处理

教育指导全体住宿教职工掌握应对各类突发事件的处置方法。当发生紧急事故时，应立即采取相应措施，并向幼儿园相关领导汇报。

7. 管理内容的动态调整和细化

在遇到新变化新形势时，因时、因事地调整补充制度，如在住宿人员体量增大时，根据教职工入住的年限、婚否情况，制定适宜的调整方案。

三、集体宿舍管理的制度保障

合理的宿舍管理制度既包括教职工权益的充分保障，确保教职工享有舒适居住环境及个人隐私和财产安全，同时也包括提升安全管理、促进文化建设等方面。为进一步完善和规范幼儿园宿舍管理，保障教职工享有一个安全、整洁、卫生的居住环境，幼儿园制定并调整完善了一系列相关管理制度，包括但不限于以下方面。

（一）宿舍管理组长管理制度

1. 每间宿舍公平选出有管理能力、有组织能力、有威严的、负责任的宿舍长，多间宿舍共同推选出宿舍组长。

2. 宿舍长严格按照住宿制度管理，做好教职工入住、搬出登记。

3. 宿舍长保管宿舍的公共财物，发现破损或丢失要及时上报并追究责任，监督宿舍用水用电安全。

4. 宿舍组长根据幼儿园宿舍管理工作安排，每月对宿舍的安全、卫生情况进行巡查和指导，做好相应记录，视情况给予提醒或上报。

5. 根据幼儿园工作安排，配合幼儿园办公室工作人员按时完成通知、统计等其他各项工作安排。

（二）教职工住宿管理制度

1. 严格遵守幼儿园规定的上下班作息制度，早上按时上班、晚上按时归宿，严禁夜不归宿或超过规定时间归宿，未经允许不得带非住宿人员进入宿舍。

2. 幼儿园集体宿舍是园方为家在外地或京郊通勤不便的教职工提供的宿舍，须由教职工本人提出申请并由幼儿园相关领导审批通过后方可入住。入住集体宿舍前须办理相关手续，在幼儿园宿舍管理人员的安排下入住，不得自行搬入宿舍。入住后不得私自搬、调宿舍，如确有需要，应报予管理人员安排。

3. 教职工须使用自己的床、柜等物品，不得随意调换或多占。

4. 教职工对所居住宿舍，保持原有结构的安全完整，不得随意改造或变更宿舍。如有故意破坏，由现住人员负担该项修理费或赔偿费。

5. 自觉保持宿舍的良好生活环境，不得大声喧哗，影响同宿舍人员的休息。同事之间应和睦相处，不得以任何借口争吵、打架、酗酒。

6. 自觉节约水电，爱护公物，损坏公物照价赔偿，不得将宿舍公物带出宿舍。

7. 宿舍内外一律禁止养家禽家畜及宠物。

8. 住宿人员离职或被取消住宿资格时，应于2日内搬出宿舍，并于离舍前通知幼儿园宿舍管理人员，办好电费、门卡钥匙、宿舍内公有物品等交接手续。

（三）宿舍卫生管理制度

1. 自觉养成良好的社会公德和卫生习惯，保持宿舍内外环境卫生清洁。严禁将垃圾等杂物抛出窗外。

2. 自觉将室内物品摆放整齐，注意室内通风，保证空气流畅。

3. 宿舍卫生做到地面干净、墙壁清洁，严禁乱钉钉子，乱挂杂物，乱贴字画，乱扯绳子。

4. 室内垃圾须按照垃圾分类丢到对应垃圾桶，不得随手丢弃或累积、堆放垃圾杂物。不准将室内垃圾随便扫到走廊等公共区域。

（四）消防安全管理制度

1. 自觉遵守宿舍楼的各项消防安全制度。

2. 严禁在宿舍出口堆放杂物，保障各出口的通畅。

3. 使用和保管好电器，做到人离灯熄断电源，不准私自接电线、插座。严禁吸烟。严禁使用大容量的电器（电炉子、热得快）等电器。

4. 学会使用灭火器，发生火灾立即采取措施自救，及时向园领导汇报。

5. 保管好自己的物品财产，出入房间随手关门，注意提防盗贼。

6. 严禁将电动自行车推进宿舍楼内，严禁将电动自行车的电池拎到宿舍放置或充电。

7. 不得安装全包一体式床帘（如拉链款床帘），遇紧急情况能快速撤离。

（五）宿舍出入管理制度

1. 进入宿舍必须出示有效证件，并服从值班人员的管理。

2. 带行李物品出宿舍大门的教职工须自觉接受管理员的检查。

3. 凡外出的教职工要向宿舍长汇报，且必须在22时前回宿舍。有夜不归宿等现象，宿舍长应及时向上级报告。如过时不归者发生任何意外事故责任自负。

4. 来访者，需到门卫处登记，经验证核实后方可进入。住宿教职工严禁带本单位以外任何人员在幼儿园宿舍留宿，异性禁止入内。

（六）住宿违规情况管理制度

有以下行为的，取消其住宿资格：

1. 不服从幼儿园和宿舍管理人员的安排、监督和管理；

2. 在宿舍赌博、斗殴、酗酒、吸烟及其他不良行为；

3. 蓄意破坏宿舍内物品或设施；

4. 经常妨碍宿舍安宁，影响宿舍安定和谐，屡教不改；

5. 严重违反宿舍管理制度；

6. 有偷窃行为；

7. 园内检查以及宿舍组长检查不符合相关规定者。

（七）宿舍考核管理制度

1. 宿舍组长每学期召开一到两次组长会。

2. 每张床位贴人名签，便于管理人员管理。

3. 宿舍内自查安全用电、消防、卫生等情况，每周检查一次，群内接龙。

4. 宿舍组长检查一月一次，三次不合格且整改后依然不合格者，清退宿舍。

5. 幼儿园检查每学期一到两次。学期初定向检查一次，学期中抽查一次。如有违规，先进行整改，整改后仍然不合格者，清退宿舍。

四、集体宿舍管理方法及效果

落实集体宿舍的管理首先要明确入住标准，才能有利于实现管理制度的目标，以及后续能更有针对性地持续加强宣传与培训。

（一）教职工入住集体宿舍的标准

1. 住宿服务的对象

（1）本人自愿提出申请的幼儿园新入职的单身教职工；

（2）本人实际居住地为本市外或者是远郊区的单身教职工；

（3）因工作需要或个人困难等原因申请入住集体宿舍，并由幼儿园审批通过的教职工。

2. 宿舍分配顺位

（1）优先满足工作年限不满三年，实际居住地在本市外或者是远郊区的单身教职工。

（2）根据宿舍情况和房租差异，校内宿舍须优先安排新入职和因特殊工作需要的教职工居住，其次入住校外宿舍。

（3）根据入住教职工的工作年限按由短到长排序进行分配。住宿年限超过10年的教职工原则上应自行腾退。

（4）根据宿舍床位类型差异，怀孕期的教职工若因自身情况仍然自愿申请居住集体宿舍，须协调搬至有下铺的宿舍。

（二）入住教职工的协议书签订

1. 关于办理宿舍入住手续部分

（1）甲方提供宿舍一床位给乙方居住使用。期限自__年__月__日至__年__月___日止，乙方同意一次性预交上述借房期间的房租。乙方承诺住房到期后，无条件腾退住房。

（2）乙方之前须认真阅读《幼儿园宿舍管理制度》《幼儿园安全责任书》，严格遵守国家法律法规和幼儿园相关制度。

（3）甲方应确认租借的房屋能够正常使用，并及时为乙方办理入住，不能无故拖延。

（4）乙方向甲方一次性交租房押金，退房时退还。

乙方持本人身份证，两张一英寸照片，幼儿园介绍信，在办公室人员的带领下办理入住手续，备案入住的房间号码不得私自调整房间及床位。

2. 关于居住部分

（1）乙方应严格遵守国家法律法规及《幼儿园宿舍管理制度》《幼儿园安全责任书》的规定。服从管理、尊重他人、团结同事。积极支持和维护宿舍的纪律秩序、清洁卫生、安全消防工作。

（2）乙方要爱护室内公共设施，不得私自更改室内结构、配套设施，如有违反须恢复原状或照价赔偿。若发生影响安全的问题，由乙方承担责任。

（3）甲方有权随时对住宿人员和房屋使用情况进行核查。禁止在集体宿舍中从事违法违规或扰乱社会公共治安的活动。住宿人员必须服从幼儿园管理。

（4）乙方必须遵守国家和幼儿园的防火安全规定，房屋内禁止使用电炉子、存放危险物品。由于乙方原因造成的事故或损失，由乙方承担经济和法律责任。

若甲方发现乙方在使用上述租借房过程中存在安全隐患或违规、违约行为，有权根据有关规定进行处理或处罚。

3. 关于退宿舍部分

租借期满后乙方同意无条件退房。由于乙方个人原因提前退宿舍时，乙方应以书面形式递交申请。待甲方审批后，乙方持集体宿舍楼长的退房证明，到房管处办理退房手续。办理完结后甲方应及时将乙方预交的押金退回。

在乙方办理退房期间，必须清洁个人床铺、桌柜等，房屋内个人物品将保留二日。期满后，如果房间内仍留有个人物品，将视为个人放弃保留该物品，甲方有权对室内遗留的物品进行清除。

若乙方逾期不退还借住房，或者出现其他违约行为时，同意甲方采取相关措施清除房内物品。

幼儿园教职工集体宿舍管理制度是保障教职工合法权益、提升安全稳定的重要举措。幼儿园教职工集体宿舍安全与管理，事关教职工的切身利益，关乎幼儿园的稳定发展。只有牢固树立以人为本的管理理念，积极探索和创新宿舍管理模式，才能为教职工营造一个安全、舒适、和谐的居住环境，为幼儿园的持续发展奠定坚实基础。

（刘萍 曲霄悦）

第五节 网络信息安全与保障

随着互联网的发展与普及，计算机网络应用在幼儿园教育教学和办公管理中发挥着巨大作用，促进教育的快速发展与创新，与此同时校园网络信息安全问题也在增加。没有网络信息安全也就没有校园安全，网络信息安全是教育教学发展和幼儿园管理的重要前提。

一、网络信息安全的重要性

网络信息系统安全是指组成网络信息系统的硬件、软件及数据受到保护，不会由于恶意的原因遭到破坏、更改或泄露，能保证系统安全、连续、正常运行。计算机网络具备分布广域性、体系结构开放性、资源共享性和信道共用性特点，增加了网络的实用性。同时由于信息在网络上存储、共享和传输会被截取、篡改或破坏而导致损失，破坏后势必带来系统的脆弱性，使其面临严重的安全问题，在校园网络建设中加入安全建设模块，可以提升校园网的安全防护效果，保障师幼信息隐私安全，因此保障信息系统的安全需要特别重视。

二、网络信息安全的主要内容

网络信息安全是一门涉及多个学科的综合性领域，其主要内容包括保护网络系统的硬件、软件以及系统中的数据，确保它们不会由于偶然的或恶意的原因而遭到破坏、更改或泄露。这涉及保证系统能够连续、可靠且正常地运行，同时保证网络服务不会中断。幼儿园网络信息安全主要包括：物理安全、网络安全和数据安全等。

（一）物理安全

物理安全主要指基础设施、设备和线路等，它们是安全防护的硬件基础，确保这些硬件免于遭受自然灾害和人为失误等的损害，是校园网络信息安全的前提。通过安全规范的建设，让网络机房用电、消防和环境等均符合相关要求。为此幼儿园网络系统安装使用了 UPS 电源，使网络能够以持续的电压运行；网络机房内的设备属于高密度、高发热量的设备，会散发出大量的热量，安装机房空调 24 小时运行，确保了环境温度和湿度适合设备的运行，减少出故障的频次；安装防雷、防水、防火、防盗、防电磁干扰及对存储媒体的安全防护；在教师机房安装防静电地板，防止静电的积聚和释放、减少电磁干扰，提高稳定设备的稳定性，也更便于设备的扩充和维护。

（二）网络安全

网络信息安全所涉及的方面很多，在各种互联对抗事件发生的基础上，各种技术的产生，促进了网络安全系统的建立。建立一个安全、可靠、智慧化的校园网，需要根据具体现状，在不同层次使用最优的信息安全技术。

1. 防火墙技术

维护校园网络信息安全，防止外网攻击，防火墙是行之有效的防范方式，它的作用就是根据策略对进出网络的信息进行过滤，本身有较强的抗攻击能力，是实现网络和信息安全的基础设施，能够阻挡外部网络威胁和入侵，是防御网络入侵的最有效机制。幼儿园可以选择硬件防火墙设备，这类设备具备智能感知、检测内容信息、入侵防御、预防病毒、过滤有害网址等多项内容。

网络通过防火墙后，进入核心交换机，它会控制全园网络，为了防止核心交换机出现问题，幼儿园可以配备两台交换机，一台作为主交换机，另一台作为备用，这样可以保障校园网的稳定。面对幼儿园占地面积大，班级多，教学楼比较分散，有相对独立的办公区域等特点，可以对网络进行细分。合理的网段划分结合灵活的 VLAN 规划，可以有效地降低网络风暴的产生，保证整个网络的稳定，同时也起到一定的网络安全功能。

2. 网络信息安全的软件防护

（1）设置系统安全

为了保证计算机系统安全，对系统做了如下设置。

安装正版操作系统是确保系统安全的重要步骤，幼儿园为电脑安装纯净的正版操作系统，因为正版操作系统经过官方认证和更新，可以提供最新的补丁和安全更新来修补已知漏洞，减少系统被攻击的风险。同时纯净版系统没有预装第三方软件或插件，可以减少系统崩溃、漏洞和恶意软件感染的风险，也由于开机启动没有第三方软件占用资源，系统可以快速启动和运行。安装操作系统时修改 Windows 用户登录名称，并设置高强度登录密码，建议密码至少 9 个字符，包含大小写、特殊字符、数字三种或三种以上组合。

合理设置计算机自带的安全策略功能，计算机自带的安全策略功能可以帮助我们提高计算机的安全性，幼儿园通过以下方法进行设置：对于 Windows 系统来说，打开防火墙是保护计算机的第一步，可以通过控制面板中的“Windows Defender 防火墙”来启用。禁用自动运行可以避免病毒通过 USB 设备等途径传播，可以通过组策略或注册表编辑器来实现。

定期检查并安装操作系统和各种应用程序的补丁和更新，以修复可能存在的漏洞和安全问题。关闭默认共享可以避免不必要的网络攻击和恶意访问，提高数据的安全性。对于包含敏感信息的文件和文件夹，使用 Windows 自带的加密功能对其进行加密，以保护数据不被他人访问。

从系统服务中禁止远程桌面共享、禁止用户远程登录、禁止远程控制等，封禁 Windows 系统的共享端口（如 135、137、138、139、445 等端口）。

（2）安装先进的杀毒软件

杀毒软件是每一台计算机都要安装的网络安全防护软件，例如NOD2杀毒软件、卡巴斯基等，这些软件依靠病毒库，定期更新病毒类型，发现类似病毒时进行高效查杀，降低安全隐患。一台计算机要避免安装多个查杀软件，这样会影响软件的病毒查杀效果，而且多个杀毒软件同时运行会争抢计算机系统，会容易漏杀和不能彻底查杀，并且造成计算机运行速度变慢。网络管理人员需要定期查看杀毒软件的运行情况，及时升级。

（三）数据安全

数据安全是指通过采取必要措施，确保数据处于有效保护和合法利用的状态，以及具备保障持续安全状态的能力。在信息化的教育环境下，幼儿园需要存储和管理大量的师幼信息和教学资料，若数据泄露或被篡改，将会对幼儿园和幼儿造成严重的损失，甚至危害个人安全和隐私。

校园数据安全威胁可以分为三方面：

1. 数据窃取或泄露

黑客攻击、数据安全能力不足、内部违规操作、泄露等。

2. 数据损毁

在使用过程中数据损坏。

3. 数据非法利用

对数据任意共享或发布。

数据安全的防范措施主要有：

1. 网络安全防护

网络安全是数据安全的首要保障。建立完善的网络安全系统，包括防火墙、入侵监测系统、安全策略和安全域的划分等。对幼儿园网络进行定期的安全检查和漏洞修复，保障网络的稳定性和安全性。

2. 数据加密和备份

幼儿园的重要数据进行加密存储，确保即使数据泄露，也不会造成严重的损失。定期对数据进行备份，建立健全的数据恢复机制，以防止数据丢失或被篡改。

3. 做好师幼数据管理

严格管理教师和幼儿家长的个人账号和密码，禁止共享账号和密码，避免被非法获取和利用。建立师幼信息管理系统，对教师和幼儿的个人隐私进行保护和管理，并严格限制人员使用权限，确保数据的安全和完整性。

4. 安全意识教育

定期组织数据安全知识培训和教育，提高教师对数据安全的认识和防范意识。强调数据安全的重要性，让教师认识如何正确合理地使用网络和电子设备，避免在网络上留下个人隐私和敏感信息。

确保幼儿园的数据安全，需要幼儿园教师、家长共同努力。加强安全意识教育，建立健全数据安全管理体系，严格执行数据安全措施，让幼儿园的数字化教育环境更加安全可靠，更好地服务于教育教学工作。

三、网络信息安全的制度保障

为了保障幼儿园校园网内所有用户的网络信息安全，制定和执行校园网安全管理制度至关重要，制定严格的安全规定和措施，可以有效限制未经授权的用户访问校园网资源，确保用户账号和个人隐私的安全。通过加密技术和身份验证，有效防止黑客攻击，病毒传播和师幼信息泄露等网络安全威胁。为此幼儿园制定了关于网络信息安全的各种相关制度。

建立网络信息安全应急体系是网络信息安全突发事件应对工作的关键内容。幼儿园建立完整的网络信息安全应急体系，网络信息安全应急体系指的是一套包括预防、检测、响应、修复等环节的安全机制，用于应对网络攻击和安全事件的发生，保障网络安全稳定运行。

（一）幼儿园网络安全责任制度

校园网是为教学及办公建立的计算机网络，目的在于利用计算机与网络通信技术，实现校园内计算机互联、资源共享，并为教职工提供丰富的网上资源。为了保证校园网的网络安全，更好地为教学办公服务，特制定如下管理条例。

1. 电教中心统一在每台计算机上安装防病毒软件，各班级、办公室要切实做好防病毒措施，注意杀毒软件是否开启，及时在线升级杀毒软件，发现问题向电教室报告。

2. 严禁使用来历不明、引发病毒软件或文件，对外部存储器应使用合格的杀毒软件进行检查、杀毒。

3. 教职工不得在计算机上传阅有政治问题和淫秽色情内容的信息。严禁在校园网、互联网站点发布反党、反社会的言论，禁止发布不健康信息。

4. 遵从幼儿园网络规划，避免妨碍校园网管理。所有用户必须使用网络信息中心分配的 IP 地址上网。

5. 严禁除管理员外修改幼儿园服务器用户名、密码。

6. 除幼儿园授权教师，其他老师不能进入幼儿园网站后台系统。

7. 电教中心不定期举行网络安全培训，组织教职工学习网络法律法规，强化网络安全意识，增强守法观念，提高网络安全水平。

8. 幼儿园网络账号仅用于教学和办公，不得用于其他场所，除网络管理员外，其他人不能擅自修改密码。

9. 涉密文件、资料、数据严禁上网流传、处理、储存。

10. 重大事件需关闭网站、网络，管理员及时联系关闭。

（二）幼儿园信息发布、审核机制

为了保证幼儿园信息发布工作的规范化、制度化，保证幼儿园信息发布的及时、准确，进一步强化教职工的信息化意识，根据国家有关法律法规以及大学、市区教委管理规定，结合实际，制定本制度。

1. 建立信息发布管理机制

建立由园长、副园长、部门主任、网络安全管理员组成的管理机构，分级负责。信息发布采用先审后发的措施，严格对发布的信息进行审查。

信息发布内容总原则：遵循积极、健康、向上的原则，准确、及时反映各项工作动态，弘扬爱国精神、传统文化等。

（1）由幼儿园主办或承办的活动。

（2）班级、年级组织的教育教学活动或者各部门业务活动。

（3）校园活动状况及最新动态。

（4）幼儿园可共享的文件信息。

2. 信息发布审核程序

班级信息发布审核：第一负责人是班级主班教师，负责信息整理、编辑审核。年龄部主任为班级信息发布审核人。

部门信息发布审核：第一负责人为部门主任，负责对发布信息的整理、编辑审核。业务副园长、后勤副园长负责审核。

园级信息发布审核：反映幼儿园园级事项信息稿件由信息办负责安排组织与提供，信息办与网络安全管理员共同负责对发布信息的整理、编辑审核，经园长和人事副园长审核后方可发布。

信息发布前须认真校对和审核，确认无误后方可发布。

3. 安全要求

（1）增强安全意识，加强幼儿园网站权限管理，操作人员发布信息后要及时取消登录。

（2）全体教师要认真学习《计算机信息网络国际联网安全保护管理办法》，提高教职工维护网络安全的警惕性和自觉性。

（3）发布的信息必须符合国家法律和法规，不得含有下列内容：违反宪法所确定的基本原则；危害国家安全，泄露国家秘密，煽动颠覆国家政权，破坏国家统一；损害国家的荣誉和利益；煽动民族仇恨、民族歧视，破坏民族团结；破坏国家宗教政策，宣扬邪教，宣扬封建迷信；散布谣言，编造和传播假新闻，扰乱社会秩序，破坏社会稳定；散布淫秽、色情、赌博、暴力、恐怖或者教唆犯罪；侮辱或者诽谤他人，侵害他人合法权益；法律法规禁止的其他内容。

（4）接受并配合公安机关的安全监督、检查和指导，如实向公安机关提供有关安全保护的信息、资料及数据文件，协助公安机关查处通过国际联网的计算机信息网络的违法犯罪行为。

（三）幼儿园网络安全事件应急预案

幼儿园发生网络安全问题时，相关部门要及时响应，应急工作高效、有序进行，最大限度地减少损失。根据互联网网络安全条例，结合园网工作实际，特制定本预案。

1. 如果发现幼儿园网站出现不良信息（或者被黑客攻击修改了网页），立即删除不良信息，联系互联网公司关闭相关网站。备份不良信息出现的目录及信息出现时间前后一个星期内的 HTTP 连接日志，打印不良信息页面留存。

2. 如出现网络攻击，确定该不良信息的 IP 地址，向上级单位或幼儿园及时汇报。

3. 对幼儿园重大事件进行评估、确定所需的网络设备与环境。

4. 在一些重大事件中如某些设备需关闭网络，务必确保相关网站设备或电子设备相关的网络处于关闭状态。

5. 加强电教室与机房的巡检，并做好记录，发现问题及时解决。

6. 加强对校园内计算机设备的管理，加强对幼儿园网络使用者的网络安全教育。加强对重要网络设备的软件防护及硬件防护，确保软件硬件正常运行。

7. 如出现网络事故，及时汇总上报，事后迅速查清事件发生原因，并进行相关整改。

（四）健全安全突发事件网络舆情管理制度

为了保障幼儿园信息公开工作的安全，提高处置网络和网站突发安全事件的能力，及时掌握网络舆情动态，形成积极向上的主流舆论，营造良好的舆论环境，及时发现、上报和处理突发网络舆情，促进和保障幼儿园网络信息服务健康、有序发展，根据国家有关法律法规，现结合实际情况，特制定本办法。

1. 组织结构

成立以园长、书记为组长，其他领导班子成员为副组长，各部门负责人、年级组长、网络舆情监督员为核心成员的安全突发事件网络舆情管理与处置工作领导小组，在领导小组的牵头下开展网络舆情管理与处置的组织、监督、实施、总结和考核工作。

2. 网络舆情监督员工作职责

网络舆情监督员负责监测幼儿园网站、微信公众号、班级微信群等舆情情况，了解各网站针对安全突发事件的舆情，及时将舆情通报安全突发事件网络舆情管理与处置工作领导小组，领导小组督促及时控制和引导，并做好记录和备案工作。各部门负责人持续跟踪各部门的舆情控制及引导情况，及时上报园领导组。

3. 工作原则

（1）及时准确，公开透明

遵循“快速反应、确认事实、妥善处理”的原则及时对安全突发事件的网络舆情进行分析、判断、评估，在第一时间发布权威信息，及时回应社会关切，充分满足群众信息需求，防止出现因处置不当造成信息失真和谣言泛滥。

（2）主动引导，突出重点

坚持“准确报道事实、正面宣传为主”的方针，疏堵结合，以疏为主，及时准备好相关材料，打好网络宣传主动仗。引导公众以健康的心态看待舆论，使网上舆情有利于事件的妥善处理。

（3）分工负责，形成合力

严格执行网络舆情处置工作流程，按照“谁主管、谁负责”的原则将监测到的舆情信息进行分转交办，各司其职，协调配合，上下联动，形成合力。

4. 网络处置应急响应

（1）启动网络舆情应对机制

网络舆情发生后，第一时间由领导小组组织召开安全突发事件网络舆情应对专题部署会，分析舆情的发展形势，统一宣传口径，明确引导要求，建立工作机制，落实工作责任。

（2）启动新闻发布审批和通报机制

网络舆情发生后，严格按照《幼儿园新闻发言人制度》，迅速制定新闻发布方案和发布内容，报上级部门批准后组织发布，及时通报网络舆情发展，汇编舆情专报。

（3）启动网络监控和引导机制

严密监控舆情的发展动向，及时封堵和删除网上有害信息，组织网络舆情监测员针对安全突发事件相关舆情和舆论引导工作，积极撰写网评文章，通过发帖、跟帖等形式进行解释疏导，引导正确舆论发展方向，做好网络媒体的宣传导向工作。

四、网络信息安全管理效果

完善的网络信息安全体系、合理的网络信息安全管理保障了校园网络运行的稳定，各种措施、预案提高了风险控制水平，同时提高了教师的网络安全知识。

（一）提高管理效率

利用信息管理技术解决网络安全存在的问题，提出相对应的方案完善网络安全管理制度，可以提高管理效率，规范网络环境。网络安全管理制度针对安全问题产生的相关漏洞，发现并且依据其特点解决问题。完善网络安全制度是提升网络信息安全的一个重要方法。

（二）提高风险控制水平

在使用信息系统过程中，风险无处不在。电教老师在工作过程中不断提高计算机技术能力为风险控制提供了保障。在日常的信息管理工作过程中，重点查询曾经出现过问题或漏洞的区域，这些区域往往是网络安全问题频发的地方，把风险因素从基础地方消除。

（三）增强教职工的网络安全意识

通过幼儿园各种网络信息安全培训和宣传，教职工理解网络信息安全事故发生的原理和基本应对措施，增强自我保护意识，提高网络安全的警惕和重视程度。

网络信息安全是数字化、信息化时代的严峻挑战，制定合理规范的安全管理体系，并加强实践性安全防护，做好网络信息安全防护为推进教育创新提供必要的保障。

（范凤梅）

第六节 安全教育与事故预防

安全教育为幼儿园构建出了一道安全屏障，幼儿园创建绿色、平安校园，从园所环境、设施设备、安全宣教、家园社协同等方面做好安全部署，筑牢安全防线。

一、开展面向幼儿的安全教育

安全与教育并重，通过面向幼儿的安全教育活动，进一步加强了消防、交通、防溺水等安全宣传，增强幼儿安全防范意识和自我防护能力。把安全理念渗透到幼儿日常生活与游戏，做到安全知识入脑入心，真学真用，确保幼儿在安全的环境中健康成长。

（一）安全生活环境

幼儿在园安全离不开安全的幼儿园生活环境。幼儿园安全管理员对园内生活设施、饮水设备、户外大型玩具等进行日查、周查和月查，确保设施设备的使用安全，将安全隐患消灭在萌芽之中。从儿童视角营造安全的生活环境，例如：在楼道拐角处粘贴防撞条，用柔软的环境保护幼儿安全；在滑梯、围墙、楼梯处张贴安全教育标识，悬挂幼儿自制的关于安全活动提示图画和照片等。幼儿园一日生活皆课程，围绕幼儿一日生活中的入离园安全、起居安全、饮食安全、游戏安全、运动安全和同伴交往安全等，班级教师认真组织相应的教育活动，以生活化、游戏化的内容与方式提升幼儿自我保护能力。教师针对幼儿一日生活中突发事件或安全要点，如上床要踩稳、午睡不蒙头、上厕所站稳、跳绳保持安全距离等，用生活中鲜活、生动的案例引发幼儿讨论与思考，增强幼儿的安全意识与安全能力。

（二）安全教育平台

将安全教育融入幼儿在园的一日生活之中，借助安全教育、安全童话剧、安全主题演练活动，让幼儿真正获得安全认知、安全行为。幼儿园注重对安全教育的梳理和总结，形成安全教育资源库，构建安全教育多媒体平台，进一步丰富教育素材，提高幼儿参与安全知识学习的积极性和主动性。家园协同，从幼儿身边的生活、游戏出发，寻找安全教育点位，录制安全教育宣传片，让安全教育走近幼儿。

二、面向教职工的安全教育

幼儿园将安全教育纳入园级、年级和班级工作计划中，通过全园会、部门会、班会、安全领导小组例会等形式加强对教职工的安全教育，充分利用网站、电子屏、微信等途径有针对性地面向教职工和幼儿开展安全宣传教育活动，增强师幼安全意识，提高自我防护能力。在时间节点上会采取各类方式进行安全教育，如在安全微信群中发布机动车限行、雨雪天气出行安全、节假日安全、反电诈等安全提示。开展常态化应急演练，提高教职工应对突发事件的熟练程度和技术水平，进一步明确各自的岗位与职责，提高幼儿园预案之间的协调性和整体应急反应能力。

三、面向家长的安全教育

幼儿园积极落实家长安全教育，充分利用各类信息手段，例如：电子宣传屏、微信、公众号等对家长进行安全工作、安全生活、安全育儿的宣传与教育，不断增强家长安全意识和安全防护能力。例如，利用家委会代表来园参观的机会，向家长介绍幼儿园的安全工作；假期发家长一封信，宣教防火、防溺水、食品安全等安全信息，家园共育促进幼儿健康成长。

四、事故预防

预案是安全管理工作的重要内容，对于加强对园所活动的安全组织与实施，打造平安校园，防范师幼安全事故的发生，妥善处理安全事故，以及降低安全突发事件的危害和影响面有重要作用。因此制定应急预案、模拟应急处置流程能够帮助教职工更好地应对突发事件。

（一）制定安全突发事件应急预案

幼儿园应急预案主要包含三方面，第一是突发公共事故应急预案，针对不同突发情形下可能存在的安全隐患制定预案。如校园消防预案、交通事故预案、踩踏事故预案、溺水事故预案等。第二是自然灾害应急预案，针对灾害和恶劣天气下可能产生的安全事故制定预案，如防震预案、防汛预案、防雷暴预案、防雨雪天气预案等。第三是应对大型活动安全预案，针对园所开展的不同层次和不同受众群体的活动制定安全预案，如园所大型的家长开放活动、春游活动、亲子运动会等，根据活动场所和活动参与人员数量制定详细的安全预案，确保活动的顺利开展。

（二）落实安全突发事件应急处置

针对不同的安全突发事件制定预案，是将安全隐患设想在前，通过制定预案让教职工做好预防，明确应急处理措施。落实安全突发事件应急处置措施，能够将实操与方案相结合，帮助教职工更加明确突发事件发生后的处置流程。基于此，首先，园所需成立应急处置小组，明确人员的分工和具体安排，将应急处置后的流程分步骤进行梳理，避免应对突发情况后的混乱。其次，园所需加强安全预案的学习培训。应对突发情况后，教职工需要最快速度进行反应，因此对于应急处置的流程，如何对接不同的部门需要有详细的了解。加强对应急预案的学习培训，才能在真正应对突发状况时有条不紊。最后，园所需定期开展安全预案演练。演练是为了真正应对突发事件时不慌不乱，完整演练流程，能够帮助教职工更加明确处置程序，最快速度遏制突发事件的影响，降低危害度。

五、制度保障

对安全隐患要有预见性，并采取积极有效的预防措施。制定消防安全教育培训制度、初期火灾灭火和应急疏散预案演练制度、交通安全制度、保安管理制度、家长接送幼儿制度、内部矛盾纠纷排查调处工作制度、周边治理会商等制度预防事故发生。

（一）幼儿安全教育与宣传制度

1. 幼儿园各班根据幼儿的年龄特点开展相应的安全主题活动或教育活动，各班级每月固定开展两次安全教育活动并形成案例。

2. 在幼儿一日生活活动中，要注意随机渗透安全教育的内容。

3. 幼儿安全教育内容要全面，涵盖幼儿在园一日生活安全、居家安全、交通安全、食品安全、隐私安全等方面，要让幼儿全面了解安全的重要性。

4. 安全教育和宣传的形式要丰富，选择适合幼儿年龄特点的形式开展安全教育和宣传活动，让幼儿通过观察、感知、操作、体验等方式理解安全的重要性。

（二）日常保教安全管理制度

1. 在日常保教工作中，园级、年级、班级要重视安全教育，保教计划和日常活动中要体现安全教育的工作目标和内容。

2. 在年级组业务学习中，根据年龄段的特点将安全教育有计划、分阶段进行教育、宣传活动。

3. 在幼儿一日生活中，要随时关注幼儿的安全，根据班级环境和幼儿情况，随机渗透安全教育内容。

4. 教师要加强安全活动意识，在设计教学活动或幼儿室内、户外活动过程中，要提前考虑活动设计是否存在安全隐患，要提前检查器材是否安全，保证幼儿活动过程中的安全。

5. 无论室内活动还是室外活动，教师要做到眼中、心中有幼儿，随时关注幼儿的安全，发现安全隐患要第一时间做出适宜反应，保护幼儿安全。

（三）安全检查制度

安全工作是幼儿园工作的重中之重。为了贯彻《北京市中小学幼儿园平安校园建设标准（试行）》文件精神，防范重大责任事故的发生，确保广大师幼生命财产安全，创建平安校园维护社会稳定，制定幼儿园安全检查制度。

1. 安全检查的主要项目有师幼安全教育；校园秩序管理、活动安全；饮食卫生安全；防盗安全工作；幼儿园周边环境安全；交通安全；防火安全、应急疏散通道畅通；幼儿园附属设施安全；建筑物安全等。

2. 建立安全检查制度，加强园所安全工作管理。

（1）定期对园所安全工作进行检查。对各部门、各班的安全教育工作进行检查、督促，确保安全工作的深入性和持久性。

（2）配合医务室定期对食堂的卫生及安全状况进行检查。食堂与供货单位签订协议，制定饮食卫生管理制度，严格管理。定期对食品卫生进行检查，坚决杜绝“三无”食品和过期食品进入食堂，严格规范进货渠道。

（3）加强防火和消防安全工作。认真排查各种火灾隐患，经常检查电源线路等，及时维修和更换，添置和保管好灭火设备。发现问题，及时解决落实，如不能解决的要向有关部门上报情况。

（4）保管好贵重物品，如计算机、摄影机、触控一体机等教学仪器。每月检查教育装备的使用情况。

（5）经常对幼儿园围墙、外立面、大型玩具等附属设施进行检查，凡存在安全隐患的设施要及时修缮，保证使用安全。

（6）从严执行封闭管理，严格进出园门管理。门卫要从严执行访客登记制度。禁止无关人员进入校园、教室、食堂等，防止发生侵害幼儿人身安全事件。夜间值班人员要全方位的巡逻，重点部位要重点查看，防止盗窃及影响校园秩序的事件发生。对值班、传达人员工作记录定期检查。

（7）要严格执行安全检查制度并留痕，发现的问题要认真做好记录，并认真研究，及时采取措施，逐项处理，堵塞漏洞，保证幼儿园安全工作万无一失。

（四）内部矛盾纠纷排查调处工作制度

为维护幼儿园稳定及广大师幼员工根本利益，使幼儿园内部矛盾纠纷排查调处工作科学化、规范化、系统化，提高幼儿园综合治理的能力，特制定幼儿园内部矛盾纠纷排查调处工作制度。

1. 坚持“统一领导、协调有力、职责明确、运作规范、工作高效”原则，全员参与，齐抓共管，共同为幼儿园的改革和发展努力奋斗。

2. 健全领导责任机制。形成书记、园长总负责，分管副园长具体负责，各部门负责人牵头协调，努力做到有效排查、调处有力。

3. 健全制度运作机制。定期召开内部矛盾纠纷排查调处工作协调会，找出问题，研究调处措施。在矛盾纠纷集中时，或突发矛盾纠纷时，要及时召开会议，进行研究。主管副园长、各部门负责人要深入群众，倾听群众意见，对幼儿园可能发生的矛盾纠纷的苗头、隐患进行深入排查调处，建立和实行“零报告”制度；对已发生的矛盾纠纷实行包案调处制度，确定牵头领导、确定责任人、确定办结时限，做好调处、追踪和反馈工作。

4. 健全道德法制教育机制。引领教职工恪守社会美德、职业道德，学法、知法、守法，将幼儿园教职工道德法制教育与化解内部矛盾纠纷相结合，将内部矛盾纠纷调处工作纳入法制轨道。

5. 建立排查调处工作报告制度。各部门负责人及时上报调解数量、主要类型、纠纷特点、发展动向、解决办法和预防措施等。

（刘婧雅 高翼）

第七节 安全突发事件应急处理

面对安全突发事件要能够及时、迅速、高效、有序地得到处理，限制和消退发生于幼儿园内安全方面所引发的紧急突发事件的危害，全力保障全体师幼生命、身心健康和财产安全，维护社会稳定。

一、安全突发事件应急处理的重要性

突发事件应急处理问题是当今社会的一个问题，幼儿园是一个人口密集、活动频繁、社会十分关注的公共场所。发生重大突发事件时，必然会带来损失，甚至影响到社会的稳定。幼儿园突发性事件应急处置的构建具有十分重要现实意义。

（一）保障师幼生命安全

维护校园安全稳定，做好突发事件后的应急处理工作，保障全园师幼的生命安全是第一要务。因此，突发事件出现后，安全组织体系发挥作用，明确工作职责，将各项工作任务落实到岗、到人、到位，确保安全稳定，全力保障每一名幼儿和教职工的身体健康和生命安全。

（二）维护校园稳定

落实封闭式管理，完善“高峰警务”和“护学岗”工作机制，确保幼儿入离园期间交通安全有序；推进消防安全重大风险隐患专项排查整治，联合公安派出所、综合执法队、消防等力量，排查整治交通安全、校园消防安全、燃气安全、建筑物安全、食品安全、自然灾害防范和应急准备等方面，建立起行之有效的安全防控机制，确保长久安全，全方位构建安全防护网，筑牢安全保护墙。

二、安全突发事件处理要素

迅速报告、迅速处理、生命至上、科学施救、控制再生危险、防止事态扩大、保护财产安全、保护现场和收集证据。

三、安全突发事件处理原则

有效预防、解决安全突发事件，建设平安校园，是每一所幼儿园所面临的问题，在处理安全突发事件时，可以遵循以下原则。

（一）预防为主

幼儿园提高预见性，对可能发生的各种危机，做出合理预见，包括有哪些可能发生的安全突发事件、性质、规模以及发生后可能造成的影响等。对这些状况预测后，对可能发生的安全事件，应在总结经验和相关预防研究成果的基础上，制定出应对措施和计划，并使之制度化。有效预防、及时控制安全突发事件的发生，消除危害，有效处置安全突发事件，建立各类预防突发安全事件的预案，预防和减少各类突发安全事件对幼儿造成的伤害。

（二）加强教育

当幼儿身边出现了安全突发事件，教师应抓住教育契机，结合幼儿的生活经验对幼儿进行安全健康教育，有选择性地引导幼儿讨论事故发生的原因及避免事故发生的方法。

（三）安全优先

幼儿园危机管理的目的在于保障师幼安全，这是以人为本的理念在危机事件中的体现，也是世界各国处理危机事件的基本原则。发生安全伤害事故时，应当第一时间救助受伤害幼儿或者教职工，采取紧急救援等方式救助，把伤害降低到最低限度。

（四）关注时效性

安全突发事件发生时应沉着冷静、勇于面对问题。先弄清楚状况，在此基础上，幼儿园负责人在最短的时间内采取决策，制定有针对性、超常规、强有力的措施控制事态蔓延，把损失降低到最小。危机一旦爆发，就会造成一定程度的混乱，给师幼心理造成恐惧和紧张，各种谣言也最容易流传。危机从发生到产生大面积影响的时间一般不超过 24 小时。

（五）公开透明

安全突发事件的处理，无论是对教职工、家长，还是新闻媒体、教育行政主管部门，都必须坚持真诚坦率的原则，不逃避责任、不隐瞒事实真相。同时幼儿园还应多沟通说明，主动公布相关信息，把事实真相及正在做出的努力报告给公众，使公众了解情况，理智地对事情作出判断。

（六）联防联控

幼儿园加强与派出所等属地部门的沟通联系，不断加强幼儿园周边环境的综合治理，实行联防联控，协同作战。同时也在专业人士的指导、培训下，确保幼儿园突发事件处置有序。

四、安全突发事件应急处理策略

为了更好地预防安全突发事件，幼儿园可以事先制定相关安全突发事件的应急预案，以便从容应对各种问题。

（一）健全组织体系

安全领导组织体系建设为校园安全提供坚实保障。幼儿园成立了由园长任组长的安全工作领导小组，建立健全统一领导、分工明确、齐抓共管、群防群治的校园安全管理工作体系。根据安全工作会议制度，定期召开安全工作办公会、专题会、安全工作领导小组会等，学习落实有关精神，研究部署安全工作，并做好档案资料收集、整理与归档工作。将安全工作纳入幼儿园“十三五”“十四五”整体规划，园所、部门与班级每学期制定学期安全工作计划并部署落实，学期末进行全面总结。将安全工作考核纳入教职工每月、学期、学年工作考核，切实做到安全工作人人有责。

（二）提高安全预见能力

幼儿园定期召开安全会、部门业务会，分析研判日常工作中的安全隐患以及教育点位。幼儿园可能面临的主要安全突发事件类型与相关政策的变化；招生面临的困难；对幼儿园不利的社会舆论；食物中毒；传染疾病暴发与传染；火灾；建筑物毁坏造成的伤害；其他意外人身伤害；对幼儿园疾病处理方式的不当；交通危害；玩具与设施危害；幼儿走失；其他不可预见的危害等。分析可能发生的各种因素，进行有效预防。

（三）加强制度建设

幼儿园始终坚持制度建设在前，有效的管理制度是安全工作落到实处的重要保障。幼儿园结合工作需要完善各项制度建设，明确岗位职责，不断细化安全管理内容，例如完善消防、交通、预防电信诈骗、防溺水、特殊天气等制度。

（四）提升处突能力

幼儿园在做好校园突发事件应急管理制度建设的同时，更要将重点放在制度如何落地以及制度的实现能力上。首先，通过安全突发事件管理讲座，让教职工初步了解幼儿园安全突发事件的特征、种类等，积极主动地建立安全突发事件意识；其次，通过培训让教职工掌握安全突发事件处理的基本知识，提高处理技能，增强面对安全突发事件的心理素质。幼儿园定期组织全体教职工参加培训，例如消防培训、食品安全培训、交通安全培训等，牢固树立安全意识，明确责任意识和岗位意识。针对幼儿意外伤害事故的发生进行专题培训，增强教师的安全意识和对环境中危险因素的预见能力和应对能力。开展应急演练，提高教职工应急处置能力。每季度开展一次全园参与的专项预案演练活动，通过演练，协调全园各部门的反应能力和配合能力。整合资源，联合保卫、警务等力量开展消防、防暴、处突、地震等应急演练，熟悉掌握器材的使用，提高应急处置能力。

（五）压实安全责任

严格落实幼儿园安全主体责任，建立并落实“党政同责、一岗双责、齐抓共管、失职追责”责任体系。建立健全岗位安全责任制度，与每一名教职工签订岗位安全责任书，做到安全责任层层分解，安全工作人人有责。

（六）筑牢安全防线

“安全重于泰山”，安全工作是一项极其重要、需要常抓不懈的工作，幼儿园以时间节点，如国家安全日、消防安全日、交通安全日等为契机，持续在师幼中树立“安全第一”的意识，坚决做到筑牢安全防线，抓好安全工作，推进建设平安校园工作。

附幼儿园反恐防暴应急预案

根据当前国际反恐怖斗争形势的需要和市区反恐怖工作领导小组的总体部署，为及时、有效、妥善地处置有可能发生在幼儿园的恐怖袭击事件，最大限度地避免人员伤亡和财产损失，确保师幼的正常教学、工作有序进行，根据主管部门的职责和当前工作需要，制定反恐防暴应急预案。

一、反恐防暴应急处置组织机构

校园反恐防暴应急处置工作领导小组，全面负责园区恐怖暴力事故的应急指挥、协调、保卫、救援等处置工作，领导小组下设工作小组，负责具体事宜。

二、岗位职责

警戒处置组：负责事故的报警、报告及各方面的联络沟通。通知相关部门和人员立即赶赴现场，及时向上级报告事故处置情况。

现场医疗救护组：负责对伤亡人员实施救治和处置。

疏散引导组：负责及时提供反恐防暴器材、物资，做好后勤保障工作。

善后处理组：负责事故伤亡人员亲属的安抚、慰问工作，妥善处理各种善后事宜，进行或配合进行事故调查，恢复正常的教学秩序。

三、报警（告）程序

（一）事故发生时，现场教职员工立即报告反恐防暴应急处置工作领导小组。现场教师或负责人要根据事态尽可能地保护幼儿安全并马上组织幼儿有序疏散，维护现场秩序。

（二）恐怖暴力伤害事故重大时，责任人立即拨打医疗救助报警电话“110”和“120”，报警内容为：“××幼儿园发生恐怖暴力伤害事故，伤害情况是何种，请迅速救助”。待对方放下电话后再挂机。

（三）应急处置工作领导小组立即向区教委报告。

（四）应急处置工作领导小组立即组织各工作小组到位，按照预案规定职责开展处置救援工作。

（五）通讯联络组立即与受到伤害的幼儿家长联系。

四、应急处置

（一）保卫疏散：警戒保卫组迅速到达现场，负责在警方未到时保卫师幼安全，控制事态发展，按预案有计划地组织幼儿撤离受伤害地点和危险区域，班级教师清点人数，上报校应急处置工作领导小组。

（二）救助：校园应急处置领导小组根据预案组织有关人员立即赶赴现场，指令各工作小组按职责分工立即到位投入医疗救助。

1. 医疗救护组立即组织幼儿园校医和有关人员携带医疗器械赶赴现场进行救助。

2. 如有需要，医疗救护组要同时拨打医疗急救电话 120。并根据幼儿受伤情况，通知有关幼儿家长到达现场或指定医院。

3. 警戒保卫组设置警戒区域，维护现场秩序，保护现场，疏通校园内的道路，保安员在指定路口等待引导120医疗救助车到达指定地点。

4. 物资保障组准备车辆和有关用品，协助抢救受伤幼儿。

（三）善后：善后处理组做好受到伤害幼儿的亲属的安抚、安置工作，妥善处理相关善后事宜，进行或配合进行事故的调查、调解等工作，恢复正常教学秩序。

五、疏散细节、撤离路线

（一）迅速打开幼儿园疏散门。

（二）电教教师迅速打开应急广播，指挥有序疏散。

（三）各年级主任及各班教师迅速到达自己所负责岗位。

（四）在室内但不在本班级活动的或在室外游戏的幼儿，负责老师应及时带领幼儿疏散到安全空旷区域。

（五）按撤离路线疏散。

（六）撤离到安全区域后，各班老师统计本班人数，并汇报总指挥。

（七）保健医对伤者实施紧急救护。

（高翼）